한국 사상 산고

김형효 철학전작 3

한국 사상 산고

초판 인쇄   2015년 7월 30일
초판 발행   2015년 8월 12일

지은이   김형효
펴낸이   유재현
편 집   온현정
마케팅   장만
디자인   박정미
인쇄·제본 영신사
종 이   한서지업사

펴낸곳   소나무
등 록   1987년 12월 12일 제2013-000063호
주 소   412-190 경기도 고양시 덕양구 대덕로 86번길 85(현천동 121-6)
전 화   02-375-5784
팩 스   02-375-5789
전자우편   sonamoopub@empas.com
전자집   http://cafe.naver.com/sonamoopub

ⓒ 김형효, 2015

ISBN 978-89-7139-343-7   94100
ISBN 978-89-7139-340-6   (세트)

책값 18,000원

김형효 철학전작 **3**

한국韓國 사상思想 산고散考

소나무

일러두기

1. 이 책의 원본은 1976년 일지사에서 출간된 『韓國思想散考』이다.

2. 원칙적으로 출판 당시의 서술 그대로 유지하되, 판형과 레이아웃을 통일하였다.

3. 다만 인명과 지명 등은 국립국어원의 원칙에 따라 표기하고, 명확한 오자와 잘못
   된 문장은 수정하였으며, 미주는 각주로 처리하였다.

4. 또한 강조는 ' '로, 논문·시(시조) 등은 「 」로, 단행본은 『 』로, 잡지는 《 》로,
   영화·드라마와 노래 제목은 〈 〉로 통일하였다.

머리말

광복 30년이 지났다. 전통적인 역법에 의하면 한 세대가 지나간 셈이다. 그동안에 우리의 역사는 전율할 만한, 그리고 짙고 진한 시간의 소용돌이를 체험하였다. 이러한 격동의 시기에 철학이 있어왔지만 과연 그것으로 이 시대를 어떤 점에서 살아왔다고 할 수 있을까?

이런 물음에 대하여 우리는 어딘지 모르게 자신 있는 대답을 할 수가 없는 듯하다. 시대의 문제에 대한 철학의 해답이 헤겔적이든 마르크스적이든 또는 주자적이든 원효적이든 그런 방법의 종류를 이야기하고자 하는 것이 아니다. 과연 광복 30년이 경과하는 동안에 우리의 철학은 이 시대를, 이 시대의 문제를 어떤 점으로 안아왔는가?

우리의 철학이 서양 철학의 해설에 그쳤던 것은 아닌가? 우리의 철학이 동양 사상의 훈고적 풀이에만 그쳤던 것은 아닌가? 또는 우리의 철학적 논문이 자료적 각주의 다과(多寡)에 의하여 평가되었던 것은 아닌가?

만약에 서양 철학의 기초적 해설만을 능사로 우리의 철학이 여겨왔다면, 그것은 서양 철학의 아류 신세를 면하지 못하리라. 서양 철학이 변하면 나의 생각도 따라서 변하여 자기 신원의 확보가 이루어지지 않을 것이다. 또 동양 전통 사상의 개념적 뜻풀이가 우리의 철학이었다면, 그런 철학은 이 시대의 자연·사회·인간의 문제의식에 대응하지 못하였을 것이다. 그리고 철학 논문이 각주의 양을 자랑 삼아 내보이는 정도에 머문다면, 그것은 공부하는 과정의 습작일 뿐 그 이상의 의미를 지닐 수 없게 되리라. 더구나 그런 발상이 더 위험하게 여겨짐은 논문이 각주 붙이기로 평가됨으로써 한 편의 논문이 지녀야 할 창조적 상상력이 시들어버리고 만다는 데 있다.

여기에 수록된 단편들은 그때그때의 요구와 필요에 의하여 이미 학술지, 월간지, 계간지 등에 발표되었던 글들을 모은 것이다. 무거운 논문들도 있고 비교적 가벼운 논설들도 있다. 그래서 하나의 단행본으로 묶음에서 비체계적인 성격을 지니고 있기 때문에 책의 제목을 '한국 사상 산고'라 하였다.

필자는 한국의 대학 시절과 유럽의 유학 시절을 통하여 이른바 서양 철학을 연구하였다. 그러므로 필자가 본격적으로 한문을 공부하고 동양 철학과 한국 사상에 접근한 것은 귀국 후의 일이다. 철학인이 자기의 인식 지평을 넓히고 사유의 가능성을 더 풍부히 갖는 것보다 더 필요하고 긴요한 일이 또 어디 있는가? 무릇 철학하는 이에게 자기의 사상적·이론적 신원을 찾고 확보하려는 노동보다 더 긴급한 과제는 없으리라. 바로 이런 과제의 추구야말로 앞에서 제기된 질문들에서 벗어나는 첩경이 아닌가 여겨진다.

그런데 언제나 의욕이 내용보다 앞서가서 사상과 이론에 허점이 결과적으로 생기기 마련이다. 그 점에서 이 책도 예외는 아니리라. 이 점은 스스로의 배움과 선학들의 가르침에 힘입어 점진적으로 보강되리라 믿는다. 이미 다른 출판사에 의하여 금년에 기간(旣刊)된 『평화를 위한 철학』, 『현실에의 철학적 접근』과 더불어 이 『한국 사상 산고』는 필자의 학문 연구 과정에서 새로운 전기(轉機)를 긋고 싶은 마음에서 이루어진 것이다. 새로운 출발은 옛것들을 정리함과 함께 이루어지지 않을까?

1976년 4월
서강대학교 연구실에서 저자 씀

차례

제2부

제3부

제4부

제1부

'삶의 세계'와 한국 사상사의 진리
후기 현상학의 방법론에 의거하여

1. '삶의 세계'와 그것의 현상학적 의미

하나의 방법론을 선택함은 결과적으로 다른 방법론들이 모방할 수 없는 건축양식에 의하여 건물을 짓게 된다. 그러므로 우리가 어떤 동기에 의해서든 하나의 방법론을 선택할 때에는 그것을 택하지 않을 수 없었던 필요충분조건이 적어도 제시되어야 한다. 그런데 우리가 여기서 한국 철학사의 연구 방법을 현상학―특히 후기 현상학―의 이름으로 채색시키는 데 그럴 만한 필요충분조건을 발견하였기 때문에서가 아니다.

아마도 우리 시대의 지성인들은 여기서 후기 현상학의 방법론을 들고 나옴에 약간의 의혹을 품을지 모르겠다. 왜냐하면 다른 곳에서는 한국학의 연구 방법에서 레비스트로스에 의한 구조주의를 수단으로 연습을 하더니 여기에서는 후설에서 이어지는 현상학을 매체로 하여 한국학을 연습하려 하기 때문이다. 그래서 학문 연구의 무게 중심도 없이 이리저리 부동한다고 비난을 받게 될지도 모른다.

그러나 그런 가상의 비난에 대한 답변이 전혀 희미한 것은 아니다. 적어도 단적으로 간결하게 응답할 수 있는 주장은 다음의 두 가지로 요약된다.

첫째로 이미 우리의 선인 율곡이 금강산에서 불법을 수도하고 하산할 때 읊은 시가 우리의 지금 입장을 돕는다.

진리를 배움에 있어서 집착함이 없는 것이니, 인연을 따라 어디든지 노

니노라.[1]

둘째로 이 시대에서 그 어느 기존의 방법론도 한국 사상 또는 한국 철학을 재해석하는 데 완전무결하지 않다는 점이다. 우리가 아는 지식의 정도에서 보면 한국학을 연구함에 있어서 구조주의 방법, 정신분석학의 방법, 현상학의 방법 등이 다 제각기 장단처를 가지고 있다. 그런 점에서 의도적으로 하나의 방법론만 고수함은 한국학의 풍요한 개발을 위하여 바람직하지 못하다. 또 일반적으로 한 학문에서 자연스럽게 또 튼튼하게 자기의 위치를 정하는 작업은 여러 가지 가정(假定)에 의한 복습과 연습을 통해서 이루어지지 않겠는가?

미켈란젤로가 조각한 모세의 조상(彫像)을 두고 프로이트가 평한 분석은 그것이 한민족의 공통적 체험의 밭으로 이식될 수 있느냐 없느냐 하는 점은 덮어두더라도, 적어도 우리의 생각과 일맥상통하는 데가 있다. 프로이트는 그의 저서 『모세와 유일신론』에서 다음과 같이 말하고 있다.

우리가 미켈란젤로를 통하여 보아온 모세는 스스로 십계명의 석판을 높이 들어 올릴 수도 없었고 또 그것을 앞에 내동댕이칠 수도 없었다. 우상을 숭배하는 자기 종족에 대한 분노와 울화 때문에 그는 자기 성질대로 하면 십계명 석판을 내동댕이치지 않으면 안 되었을 터이다. 그렇지만 그는 다시금 자기 자신을 생각하여 자기의 사명을 기억하고 그것 때문에 그의 감정을 폭발시킬 수가 없었다.[2]

프로이트의 이 말은 미켈란젤로의 모세 조상이 자아가 해야 할 사명과 현실의 불여의(不如意)에서 오는 갈등을 생생하게 그리고 있음을 알린다. 바로

---

1) 李珥, 『栗谷全書』 一卷. "學道卽無著, 隨錄到處遊, 暫辭靑學洞, 來玩白鷗洲."
2) Freud, *Moïse et le monothéisme*.

같은 방식으로 한 인간의 내면적 정신의 추이는 그가 살고 있는 세계라는 삶의 체험적 공간에서 결코 벗어날 수가 없다.

한마디로 현상학을 정의한다면 그것은 의식에 나타나는 현실을 기술하는 학(學)이다. 다시 말하면 현상학은 의식의 지각 작용에 등장되는 실재의 현상을 어떻게 기술할 것인가를 주된 목적으로 겨냥하고 있는 방법론이다. 이미 후설의 후기 사상, 특히 『경험과 판단(Erfahrung und Urteil)』에서 크게 대두되거나 현대의 프랑스 현상학자인 메를로퐁티에서 가장 큰 중심 개념으로 등장된 '지각'은 형태심리학파(Gestalt psychology)의 이론과 분리시켜서 생각될 수 없다. 형태심리학의 이론적 요체는 인간의 의식과 자연의 이원적 대립 및 영혼과 육체의 분리를 반대하고, 그런 이원론의 저면에 흐르는 통일된 '밭(field)'을 존중하는 데서 발생하였다.

따라서 그러한 '밭'은 주체와 객체를, 현전(現前)의 세계와 직관을, 의식의 지향성과 사물의 메커니즘을 각각 고정되고 유리된 개별적인 세포 속에 넣어 결빙시키는 것이 아니라 주어진 사물과 주는 의식의 세포 분리를 넘어서 세포 분리 이전에 혼용되어 있는 하나의 시원적 땅을 가리킨다. 그러므로 형태심리학은 쾰러나 레빈에서 실험적으로 해명되었듯이 겉으로 표현된 무늬(figure)와 저면에 숨어 있는 바탕(fond)을 별도로 생각하는 이원론이 아니며 원자화된 관념의 고정된 개념의 절대성 속에 모든 것을 집어넣은 제국주의적 사고 근성도 배격한다.

그러한 '밭'은 주객의 대립을 출발점으로 삼는 논리적 의미와 과학적 의미의 세계라기보다는 오히려 체험의 뜻을 이미 품고 있는 곳이다. 예를 들면 미국인의 의식구조와 스위스 국민의 의식구조는 각각 미국이라는 '밭', 스위스라는 '밭'과 직결되는 것이다. 그렇게 볼 때 통일된 근저로서의 주객 혼용의 체험은 '살다(habiter)', '나타나다(apparaître)', '존재하다(être)'라는 동사의 원의(原義)와 다르지 않다. 그런 점에서 '밭'의 현상학은 그 자체로 어떤 의미를 객관적으로 소유하고 있다기보다 그 현상 자체가 이미 의미 자체인 것으로 생각되지 않을 수 없다. 이리하여 '밭' 현상의 모든 법칙이 과학적·객관적으로 해석되지 않고 하나의 근원적 현상으로 해석된다면 '밭'의 법칙은 객관적 사실 위에 군림하여 그것을 정리·지배하는 힘을 가진 실재라기보다 바로 현상의 나타남 그것이며, 그런 출현은 메커니즘적인 인과율에 의하여 지배된다기보다 경우에 따른 기회(occasion)로 해석될 수밖에 없다.

이런 점을 감안하여볼 때 하나의 주어진 '삶의 밭'이란 인간이 거기에 사는 공간이요 '또' 현실의 실재가 인간에게 나타나는 지대다. 그래서 그 속에 사는 인간의 이해 방법은 생리적이고 또 심리적이라는 이원성을 띤 것이 아니고 심리적 의식과 생리적 자연의 매개체로서의 '행위(comportement)'와 같은 개념에서만 가능하다. '행위'의 주체가 되는 '지각하는 신체(le corps percevant)'는 삶의 공간인 '밭'으로부터 분리될 수 있는 하나의 부분이 아니며 모자이크식의 조립된 '부분과의 접촉(partes extra partes)'도 아니다.

이상과 같은 지식을 염두에 두고 다시 후기 현상학을 정리할 것 같으면, 현상학은 하나의 특정된 과학을 위하여, 또 목적의식으로 의도된 어떤 현실적 행동을 위하여 지각을 정리·분석하는 것이 아니라 오히려 모든 현실적 행동이 그것에서부터 비롯되고, 모든 과학이 그것에서부터 표면화되는 하나의 근원적 밑바탕을 이해하기 위하여 지각을 문제 삼게 된다. 따라서 현상학적 세계는 '현상=존재'의 등식이 가능한 근저에서 독립될 수 있는 어떤 임의의 존재를 관념적이든 과학적이든 설명하는 그런 세계가 아니다.

현상학의 입장과 그것이 서 있는 지대에서 볼 때 과학적인 눈에는 초보적이고 하찮은 것으로 여겨지는 사건이라도 '이미' 하나의 의미라는 옷을 입게된다. 그러므로 사건과 의식이 현상학적인 '밭'의 세계에서 이원적으로 분리될 수 없다. 거기에서의 의식은 과학적 인식 이전의 의식이며, 따라서 시원적의식이고 반성 이전의 의식이다. 마찬가지로 그런 의식에 현전하는 실재와 현실의 존재는 객관적인 것도 주관적인 것도 아닌 그런 세계다.

그런 세계를 현상학의 용어로는 '지평(horizon)'이라 부른다. 지평이라는 것은 그 세계 안에 들어 있는 모든 존재를 보이게 하는 가시성의 한계다. 그런데 지평이라는 개념은 고정적으로 절대성을 띠면서 도식적으로 정의되어 있는 개념이 아니라 언제나 시계(視界)의 위치에 따라 상대적으로 변하는 본질을 지닌다. 그러므로 지평은 '나는 생각한다'의 칸트적인 입법자의 오만한 관념론과는 너무나 거리가 먼 개념이다. 오히려 시계의 위치 변동에 따라서 지평의 전개가 더 넓어지거나 더 좁아지기 때문에 현상의 지평은 '나는 생각한다'의 세계보다 '나는 할 수 있다'에 의한 나의 신체와 밀접한 관계를 맺게 된다. 그런데 나의 신체의 느낌이 상황의 분위기와 뗄 수 없는 관계에 놓여 있듯이 위에서 언급된 '나는 할 수 있다'라는 것은 주체가 독자적으로 무엇을 임의대로 할 수 있다는 그런 방식의 주관주의하고는 다르다.

그런 점에서 '나는 할 수 있다'의 '신체적 행위'는 나의 공통적인 삶의 '밭'에 거주하며 사는 '세상사람'의 역사의식 이전의 발상법과 분리되어 생각되어질 수 없다. 따라서 지평의 현상은 '인격적 자아'의 역사가 아니다. 그리하여 근원적인 지평의 현상에서 볼 때 '내가 지각한다'는 '세상사람이 지각한다'와 넓은 의미에서 등식의 관계를 지니게 된다.

앞에서 말한 바로 그러한 지평의 현상학적 세계를 '삶의 세계(Lebenswelt)'라고 부른다. 나는 탄생의 순간부터 '삶의 세계'와 부인할 수 없는 교통(communication)을 유지하여왔고 그러한 상관적 교통 위에서 나의 체험들이 채취되어왔다. 이러한 '삶의 세계'와 나의 관계는 한 도시의 소문이 근본적으로 우리가 도시에서 행하고 있는 모든 것에 연결되어 있는 그런 상태와 비슷하다. 따라서 '삶의 세계'는 내가 있기 전에 '늘 거기에' 있었고 모든 시간의 변천을 통해서도 고갈되지 않는 종합적 원천이다. 후설은 그러한 '삶의 세계'를 '원천적 믿음(Urglaube)' 또는 '원천적 독사(Urdoxa)'라 하였다.[3]

후설의 후기 현상학에서 '삶의 세계'를 '원천적 믿음'이라고 하는 이유는 다음과 같다. 낱말의 후설적인 '믿음'은 어떤 과학적 인식을 검증하거나 또는 특정한 현실의 의미를 묻는 태도와 같은 일이 모두 우리가 살고 있는 삶

---

3) E. Husserl, *Erfahrung und Urteil*, p.25. "Weltbewußtsein ist Bewußtsein im Modus der Glaubensgewissheit."

의 세계에 대한 움직일 수 없는 '믿음'의 기반 위에서만 가능함을 뜻한다. 그런데 그러한 믿음을 우리가 대상화한다든가 구성한다는 것은 성립할 수 없기에 후설은 그 믿음을 '원천적 믿음'이라고 하였다. 그와 같은 사실에 의하여 '삶의 세계'는 어떠한 과학적·실증적 판단과 지식보다 앞서며 '삶의 세계'를 인식하려고 하는 순간에 우리는 '삶의 세계'가 지니는 '원천적 믿음'으로서의 지각과 그것이 잉태하는, 이미 거기에 놓여 있는 성격상의 스타일에 의하여 제한을 받게 된다. 여기서 사용된 지각의 개념은 후설과 메를로퐁티를 잇는 계열에서 이해되어야 한다.[4] 그러므로 하나의 '삶의 세계'를 완전히 구성함은 있을 수 없는 일이다. 그런 점에서 '삶의 세계'란 영원히 완결되지 않는 하나의 미완성품이다.

앞에서 논술된 것에서 다시 유도하면 '삶의 세계'는 나의 자유로운 선택과 관계없이 '이미 거기에' 놓여 있다. 그런 한에서 '삶의 세계'가 메를로퐁티에 와서 '사실성(facticité)'의 개념으로 탈바꿈된다. 사실성은 '삶의 세계'가 안고 있는 필연성이고 운명이며 그러한 운명은 '사람들이 지각한다'라는 체험사(體驗史)의 스타일에서 벗어날 수 없는 것이다. '삶의 세계'가 빚는 사실성은 이미 그 언제부터 있어왔던 과거사에 의하여 그 성격이 주어지는 것이고 따라서 사실의 필연성은 '삶의 세계'가 지닌 무의지(無意志)에 해당한다.

'주어진 상황 속에서 나는 어떻게 달리할 수가 없다'로 언표되는 사실성은 과거사의 필연성이 남겨놓은 특정의 제한을 말한다. 따라서 과거의 사실성은 제한의 성격을 지니기에 언제나 닫는 본질을 지닌다. 그런데 인간은 '삶의 세계'를 삶에 있어서 자유의 의식도 가지고 있다. 자유란 무엇인가? 자유란 미래로 자신을 던지는 결단을 전제로 한다. 그러므로 자유는 매 순간 자발적인 실존의 결행에서 펼쳐진다. 그러나 자유를 결행하는 매 순간은 과거와 전혀 관계가 없는 새롭고 갑자기 생긴 독자적 우주를 말하는 것이 아니다. 사

---

4) E. Husserl, *Formale u. Transzendentale Logik*, p.141. "Der Urmodus der Selbstgebung ist die Wahrnehmung."

실상의 자유는 끊임없는 선택을 뜻하지만 그러한 것은 언제나 과거가 남겨 놓은 것을 취득함으로써만 가능한 것이 아닌가!

따라서 현상학적 세계에서 순수 사유, 순수 관념, 순수 자유란 있을 수 없으며, '삶의 세계'와 '원천적 믿음'의 세계에는 과거의 성격과 무의지 그리고 미래로의 자유로운 투기(投企)와 개혁 등이 상호 교차하고 있다. 그리하여 '삶의 세계'의 현상학에서 보면 과거는 닫고 미래는 열고 있다.

2. '신바람'의 성격에 대한 현상학적 분석

앞에서 우리는 '삶의 세계'가 후기 현상학의 입장에서 어떠한 의미를 지니고 있는가를 고찰하였다. 그 세계는 주객 미분화의 땅이고 '내가 지각한다= 세상사람이 지각한다'는 등식이 성립하는 곳이고 '원천적 믿음'으로밖에는 달리 표현할 방도가 없는 지평이다. 그런 뜻에서 이미 거기에 있는 '삶의 세계'는 미래적 자유의 결단을 제약하고 제한하는 성격과 무의지를 함유하고 있다.

이제 우리는 그런 '삶의 세계'를 우리나라 범주에도 적용시켜보아야 한다. 다시 말하면 우리의 삶의 세계'가 어떤 성격을 지니고 있는지 분석하고 그것이 어떻게 우리의 모든 사유와 행동을 닫고 있는지를 고찰해보아야 한다.

여기서 잠시 루마니아의 종교학자 엘리아데의 이론을 원용할 필요가 있다.5) 엘리아데에 의하면 샤머니즘은 '접신탈아(接神脫我)'·'탈혼(脫魂)'으로 표현된다. 그런데 '접신탈아'를 위한 무교 의식에는 필연적으로 노래와 춤이 등장한다. 이런 샤머니즘의 일반적 해석은 이능화(李能和)의 무교 해석과 전적으로 일치한다.6) 이능화는 조선 무속의 유래를 천왕환웅(天王桓雄), 단군왕

---

5) Mircea Eliade, *Shamanism*(translated by W. R. Trask), N.Y.
6) 李能和, 「朝鮮巫俗考」, 《啓明》, 제19호.

검(檀君王儉)에서 찾으면서 그런 무속·무교가 단군시대에서 어떻게 부여, 동예, 고구려, 백제, 신라, 고려로 전승되어왔는가를 밝히고 있다. 그와 동시에 그는 우리나라의 샤먼이 왜 만신(萬神), 무당(巫堂), 박수(博數, 博士), 화랑(花郎), 광대(廣大), 재인(才人) 등으로 불리었는가를 고증한다.

그러면 무교의 기원은 어디에 있는가? 이 점에 대한 이능화의 이론은 엘리아데의 것과 같이 '가무강신(歌舞降神)'을 주장한다.[7] 그래서 춤을 추는 것은 강신하기 위함이요 노래를 부름은 신과 벗하기 위함인데 춤과 노래는 모두 기도를 목적으로 수행한다. 그런데 그 기도는 재앙을 피하고 복을 비는 일이다. 요컨대 무당과 가무자(歌舞者)는 같은 개념이다. 그래서 이능화는 자기의 주장을 강하게 밀어주는 자료로서 여기저기의 고문헌을 참조하면서 『주자어류(朱子語類)』에서 '무(巫)' 자의 자원(字源)을 인용한다. '무(巫)' 자의 유래는 춤추면서 신명을 다함과 같다. 그래서 '무(巫)'는 '공(工)' 양옆에서 두 사람(人人)이 춤을 추는 형상에서 나왔다. 그런데 그런 무의(巫儀)를 하는 목적은 화기(和氣)가 통창(通暢)해서 신명에 도달하기 위해서다.[8]

그러면 그와 같이 신명(신바람)을 내기 위한 무교적 의식이 우리 민족사의 '삶의 세계'에서 어떻게 나타났는가? 여기서 우리는 사서(史書)를 참고해야 한다.

『후한서』「동이전」 부여국조(夫餘國條)에 다음과 같은 기록이 있다.

섣달에는 제천대회(祭天大會)를 연다. 이때에 사람들이 많이 모여 여러 날을 두고 '음식가무(飮食歌舞)' 하는데 이것을 영고(迎鼓)라 한다.

『삼국지 위지』「동이전」 고구려조에는 다음과 같은 기록이 있다.

---

7) 李能和, 같은 글. "蓋舞以降神, 歌以侑神, 爲人祈禱避災趨福, 故曰歌舞者, 卽巫俗之起源云爾."
8) 같은 글. "巫 其舞之盡神者, 巫以工兩邊人字, 是取象其舞, 巫者托神如舞雩之類, 皆須舞, 蓋以通暢和氣達于神明."

시월에 제천의식과 함께 국중대회(國中大會)가 열리는데 그것을 동맹(同盟)이라 한다. 공사(公事)로 모이면 입은 옷은 모두 비단에 금은으로 장식한다.

『삼국지 위지』 「동이전」 예조(濊條)에 다음과 같은 기록이 있다.

해마다 시월이면 제천의식을 행하는데 밤낮으로 '음주가무(飮酒歌舞)'한다. 이것을 무천(舞天)이라 한다.

『삼국사기』 「신라본기」에는 유리이사금 때의 일이 기록되어 있다.

가무로써 온갖 놀이를 하는데 이것을 한가위라 한다. 이때에 진 편의 여자가 일어나서 가무를 하면서 "모이소, 모이소"라고 노래를 읊는다.

『고려사』에 의하면, 제18대 의종 22년 왕의 서경 순시 때 다음과 같은 정령(政令)을 반포하였다.

선풍(仙風)을 숭상하라. 옛날에 신라에는 선풍이 크게 유행하여 용천(龍天)이 기뻐하였고 민물(民物)이 모두 평안하였다. 그러므로 고려 태조 이래로 선풍을 숭상하여 마지않았다. 그런데 요즈음 양경(兩京)에서 팔관회가 점차로 감소하여 유풍(遺風)이 시들고 있다. 지금부터 팔관회를 부흥하여 양반 집안에서 아이들을 선발하여 선가(仙家)를 잇고 고풍(古風)에 의행(依行)하여 사람과 하늘이 함께 기뻐하도록 하라.

위의 증언에서 보면 팔관회는 고려가 불교 국가임을 감안하여도 그 원의(原意)에 있어서 사불행사(事佛行事)가 아니고 사천행사(事天行事)이며 무의(巫儀)의 세계와 직결됨을 추리할 수 있다.

우리 민족사의 무적(巫的) 의식의 세계가 이러한 예증으로 다 나타난 것은 아니다. 우리는 우리 민족의 무적 의식에 관한 충분한 민속학적 자료를 갖고 있지 않기에 많은 방증을 들 수는 없다. 그러나 이 글을 전개하기 위해서 우리가 잘 아는 사실(史實)로서의 화랑도(花郎道)도 그 물길의 시작에서 무적 의식을 함유하고 있었다고 말하지 않을 수 없다. 신라 진흥왕 때의 '욕흥방국(欲興邦國)'을 위하여 일어난 화랑도의 교육 과정을 보면 '상마이도의(相磨以道義)', '상열이가무(相悅以歌舞)', '유오산수(遊娛山水) 무원부지(無遠不至)'⁹)였다. 이러한 화랑도의 정신은 가무로써 서로 신바람 나게 하였다는 것에서 무교의 의식을 짙게 품고 있다. 최치원의 증언에 의하면 화랑도가 유·불·도(儒佛道) 삼교를 수용하여 어떻게 더 정신적인 확장을 전개시켰든지 간에 화랑도의 본디 생명은 무적 의식이라는 자궁에서 자란 것이 분명한 듯하다. 왜냐하면 역사적으로 화랑도(花郎徒) 이전에 원화도(源花徒)가 있었고(한가위가 본디 여자들의 모임이었다), 또 『후한서』 「동이전」의 기록에 의하면 '진한'이라는 부족연맹의 성읍국가에 집단생활을 하는 '도(徒)'가 있었기 때문이다.

그뿐만이 아니다. 이능화의 「조선무속고(朝鮮巫俗考)」에서도 화랑도가 무적 의식의 자궁에서 출생하였음을 여러 각도에서 논증하고 있다. 몇 가지 보기를 들면 다음과 같다.

『조선왕조실록』에 보면 성종(成宗) 2년에 대사헌 한치형(韓致亨)이 상소하기를 남자들이 화랑이라고 칭하면서 미치광이와 사술(詐術)을 일삼는데…여무(女巫)와 같다.¹⁰)

이수광의 『지봉유설』에 보면 신라 시대에 미남자들을 모아 화장시키고 끼리끼리 모여 놀게 하여 그 행의(行義)를 보게 하였다. 그래서 화랑이라고

---

9) 金富軾, 『三國史記』 「新羅本紀」 眞興王編.
10) 李能和, 「朝鮮巫俗考」. "李朝實錄云, 成宗二年大司憲 韓致亨, 上疏曰, 有男人號稱花郎者, 售其狂詐之術, 漁取人財貨, 略與女巫同."

하였는데 지금의 풍속에서는 남무(男巫)를 화랑이라고 부르며 그 원지(原旨)를 상실하였다고 하였다.[11]

신라 방언에 무(巫, Shaman)를 차차웅(次次雄, 고대 신라의 王名)이라 한다. 웅(雄)은 환웅이라는 샤먼(巫)에서 나온 것이다. 신라인은 '차차웅'으로서 사천제사(事天祭祀)를 지냈기에 모두 '차차웅'을 외경(畏敬)하였다. 그런데 차차웅이라는 낱말의 어원은 환웅에서 나왔다. 즉, '환(桓)'과 '한(寒)'은 그 음이 비슷하므로 '차다'는 '한(寒)'은 '차(次)'로 이독화(吏讀化)되었다.[12]

이상의 관점에서 보면 화랑도가 무교의 '가무강신', '유신(侑神)'의 정신인 신명, 즉 '신바람'의 성격을 밑바탕에 깔고 있고 또 그 '신바람'이 역사의 어느 순간에 날조된 것이 아니고 우리 민족의 체험된 '삶의 세계'에서 아득한 시원부터 흘러내려온 불변의 기질임을 알 수 있다.

신라의 흥망은 이 '신바람'의 기류에 탄 결과라 할 수 있을 것이다. 김대문의 『화랑세기(花郎世紀)』에는 "현좌충신(賢佐忠臣)이 화랑도에 따라서 빼어났고 양장용졸(良將勇卒)도 화랑도로 말미암아 생겼다"라는 기록이 있다. 화랑도의 본디 모습이 무도(巫道)이고 그것이 '신바람'이라면 '신바람'이 갖는 에너지가 애국·호국의 정열을 낳았다. 그런가 하면 태평스러운 통일기 이후의 신라는 음주가무가 밤낮으로 끊일 사이가 없었다 한다. 바로 그 신바람 때문에 신라는 왕씨(王氏)의 나라에 국새를 양도하지 않을 수 없었다.

여기서 부연하지 않을 수 없는 사실은 '신바람'의 무(巫)적 의식과 문화가 한국사의 시간적 흐름이 축적되면 될수록 점차로 저변의 의식, 하층 문화로 감추어져간다는 점이다. 그 증좌가 앞에서 언급된 『조선왕조실록』과 『지봉

---

11) 李能和, 같은 글. "芝峯類說云 按新羅時取美男子粧飾之, 使類聚, 觀其行義, 名花郎 時謂郎徒…今俗謂男巫爲花郎, 失其旨矣."
12) 같은 글. "新羅方言謂巫曰次次雄, 雄之謂巫必自神市桓雄始,…新羅人以次次雄 上 祭祀事鬼神, 故畏敬之…桓與寒音相近 而寒訓次…"

유설』 등의 기록들이다. 그리하여 유·불·도 등 이역의 종교사상이 수용되기 전에 우리 민족의 사유방식과 의식구조를 지배하여왔던 무적 의식으로서의 '신바람'은 무당의 지위 격하와 더불어 표면화될 수가 없었다. 그리하여 '신바람'은 우리 민족의 성격을 구현하는 잠재의식으로 면면히 오늘날에까지 흘러온 것이다.

우리 민족의 저변에—한때 찬란히 꽃피었지만—불변의 심적 원동력으로 남아 있는 '신바람'을 전제하지 않고서는 고구려의 조백도(皂帛道), 신라의 화랑도, 그리고 우리 민족의 집단적 동력의 표현들(3·1운동, 4·19운동, 동학란, 묘청의 난, 삼별초의 난 등)을 근원적으로 해명할 수 없으리라. 뿐만 아니라 이 '신바람'을 고려하지 않고서는 이조 당쟁의 극렬함, 종교적 열광성, 정치적 극단성을 해명할 수 없으리라.

따라서 이 '신바람'을 좀 더 가까이서 현상학적으로 고찰할 필요가 있다. 그 일은 말할 나위 없이 앞에서 논술된 '삶의 세계'와의 관계에서 다루어져야 한다. '신바람(神明)'을 불러일으키는 무적 의식은 현상학적 의식의 지향성에서 다루어져야 한다. 왜냐하면 결국 신바람이라는 것은 무적 의식의 지향성 이외에 다른 것일 수 없기 때문이다.

그러면 먼저 의식의 지향성을 어떻게 '신바람'이라는 무(巫)적 의식(意識)과 결부시킬 수 있을까? 이미 철학인에게 고전적인 지식으로 그 위치를 굳힌 후설의 의식론은 곧 지향성(intentionnalité)의 의미를 지닌다. 그래서 인간의 의식은 본질적으로 늘 '~에 대한 의식', '~로 향하는 의식의 현행성'으로 표현된다. 이들 개념을 풀어서 보면 의식은 늘 자기 자신이 아닌 다른 것에로 향하는 운동의 본질을 지니게 된다. 그래서 우리의 의식은 이중적 구조로서 분극화되는데, 의식 자신에 대한 주관적 측면과 의식이 향하는 바의 대상적·객관적 측면이다.

하나의 구체적인 보기를 들자. '나는 생각한다'는 것은 분명히 의식의 한 표현이다. 그런데 '나는 생각한다'라는 의식이 무엇인가를 인간이 반성하려고 하자마자 나의 의식은 '나는 생각한다는 것'을 생각하게 된다. 그런 현상의 계열이 한없이 펼쳐진다. 그래서 후설은 대상화된 '나는 생각한다'를 의식의 객관적 측면으로서 '노에마(noema)'라 하고, 의식의 주관적 측면으로서 내가 지금 생각하는 사유의 현행을 '노에시스(noesis)'라 이름 지었다. 그런 점에서 "노에시스는 지향성을 띤 체험으로 악센트는 주관적인 관점에 놓여 있고, 노에마는 체험의 지향적 구조로 객관적인 각도에서 논급된 것이다."[13] 그러면 이러한 의식의 지향성이 후설에 있어서 어떻게 체험의 세계와 관계되는가를 밝혀야 한다.

보기를 감각의 느낌에서 구하여보자. 예컨대 색채의 감각은 말할 나위 없이 본다는 구체적인 행위에서 생기는 현실적 여건이다. 그런데 그 색채의 감각을 의식의 지향적 체험이라는 현상학적 관점으로 옮겨 놓으면 나의 의식이 체험했던 것은 대상이 아니며 또 대상의 색채도 아니다. 내가 의식한 것은 그런 것들이 아니다. 나의 의식의 체험(지향적 체험)에서 색채를 보여준 대상이나 그 대상의 색채가 존재하지 않을 수도 있다. 그럼에도 불구하고 나의 의식의 지향성은 색채를 체험했다. 색채는 나의 의식에 현전하였고 나타났다. 다시 말하면 객관적으로 대상이 실제로 존재하지 않는 하나의 환영(幻影)이었다고 해도 나의 의식은 색채를 체험했다. 푸른색에서 (비록 객관적으로 환상적이라 해도) 나의 의식은 신선함을 느꼈고 붉은색의 현전에서 나의 의식은 생생하게 위험의 적신호를 체험했다. 비록 그 색을 내가 지각했다고는 볼 수 없으나 그 색을 나의 의식이 체험한 것은 사실이다. 그러므로 현상학적인 체험은 정확히 '체험된 현상(l'apparence vécue)'이다.[14]

그러므로 낱말의 후설적인 뜻에서 의식의 대상적 측면인 '노에마'는 비현실적이고 비실재적일 수 있다. 그렇더라도 '노에시스'는 늘 지향적 체험에 있어 현실적이요 실재적이다. 그리하여 의식의 주관적 측면인 현행 작용으로서의 '노에시스'는 '대상에 대한 몰입', '대상의 파악', '대상에서의 용해' 등 다

---

13) Q. Lauer, *Phénoménologie de Husserl*, P.U.F., p.200.
14) 같은 책, pp.77-78.

양한 의미 부여를 수행하게 된다.

이제 우리가 다루고자 하는 무적 의식으로서의 '신바람(신명)'을 보기로 하자. 이미 이능화의 논의에서 보았지만 '신바람'의 의식은 '무이강신(舞以降神)'·'가이유신(歌以侑神)'의 지향성을 가진다. 춤을 추고 노래를 부르고 싶은 의식은 '노에시스'가 그 지향성에서 신을 '노에마'로 체험하고자 함에서다. 여기서 '신'으로서의 '노에마'가 현실적 존재(실재적 존재)가 아니고 하나의 환상이라도 좋다. 이미 후설의 지향적 체험이 그 점을 용인하고 있다. 그러므로 현상학의 지평에서 '신'이 객관적으로 실재하느냐 안 하느냐의 문제는 전혀 무의미하다. 춤추려는 의식, 노래 부르려는 의식의 '노에시스'가 지향하는 '노에마'로서의 '신'을 체험하는 목적은 '강신(신을 내리게 함)'과 '유신(신과 짝지음)'을 위해서다. 따라서 무적 의식으로서의 '신바람'은 두 가지의 특성을 갖게 된다. 그 하나는 '미치려는 의식'이요, 또 다른 하나는 '풀려는 의식'이다.

미치는 의식은 현상학적으로 자기의 모든 의식을 전인적인 차원에서 하나로 쏟아 넣는 '의식의 현행'을 뜻한다. 즉, 그런 의식을 억지로 양화시키면(사실상 의식의 양화는 불가능하나 대중의 이해를 위해) 어떤 의식을 100퍼센트 한 곳에 전념하는 것이 미치는 의식이다. 그래서 '신바람'의 미치는 의식은 신이 내리게 자기의 의식을 송두리째 부어넣는다.

'푸는 의식'은 '대상에의 몰입'이라는 '미치는 의식'에 비하여 몰입 이후에 일어나는 '대상에의 용해', '대상으로의 해체'라는 특징을 안고 있다. 그러므로 '푸는 의식'은 내려온 신과 혼융 일체되는 의식의 지향적 체험이다. 여기서 '미치는 의식'이 신바람의 발흥기에 속하는 체험이라면, '푸는 의식'은 신바람의 종장(終章)에 해당함을 짐작할 수 있다. 우리말에서 무의(巫儀)를 '푸닥거리'로 표현하는 이면에는 '푸는 의식'을 전제하고 있으며, 그래서 '해(解)'의 뜻을 지닌 '푸닥거리'는 '해죄구복지사(解罪求福之事)'로 이어진다.

여기에 이르러 우리는 한국인의 집단 잠재의식으로서의 '신바람' 속에 응어리처럼 잘 풀리지 않던 하나의 체증이 내려앉음을 느낀다. 그 응어리는 두 가지 상반된 성격을 지녔다. 한국인의 잠재의식은 어떤 경우에는 아주 극단적인 열광으로 표시된다. 이를테면 한국인의 의식은 어느 한 곳에, 일점(一點)에 에누리 없이 몰입한다. 정치적으로 여야의 극한 대립, 사상적으로 남북한의 극한 대립, 종교에의 열광적 심취, 주석(酒席)에서의 가무(歌舞)의 난립, 개인 간의 양보심 결여 등, 이 모든 것은 '미치는 의식'의 표출 양상이다. 김열규(金烈圭) 교수는 이런 의식을 '점지향성(點指向性)'이라 부르리라. 요컨대 미치는 신바람의 의식이 전혀 부정적인 것은 결코 아니다. 신바람이 난 화랑들의 호국 행동, 예술 창조의 에너지, 불의에 대한 민족사의 저항운동 등은 모두 일편단심 한 곳으로 집중하는 한국인의 신바람의 밝은 방사(放射)를 대변한다.

그런 반면에 우리에겐 전혀 다른 의식의 표출 방식이 있다. 우리의 언어 표현이 이를 웅변으로 입증한다. '먹는 둥 마는 둥', '보는 척 안 보는 척' 등과 같은 우리말의 고유한 표현법은 결코 서양 언어의 선택 논리로는 번역이 안 된다. 이어령(李御寧) 교수는 그런 세계를 '쉬엄쉬엄 일하는 세계'라고 명명하리라. 그래서 '일도 놀듯이 쉬엄쉬엄 한다.' 서양의 철학은 우리에게 선택의 결단을 요구할 때가 많다. 키르케고르의 '이것이냐 저것이냐'는 유신론의 실존 사상을 말하지만, 동양인의 눈에는 사르트르의 '자기 선택'의 무신론적 실존 사상과 다르지 않다. 그런 점에서 양자택일의 논리는 '푸는 의식'의 지대와는 거리가 멀다.

신바람의 미치는 의식인 외곬으로 뽑는 '점지향성'적인 철두철미의 극한성과 신바람의 푸는 의식인 안개처럼 깔아놓은 '쉬엄쉬엄 일하는 세계'는 우리 민족의 잠재의식이 지닌 상반된 성격이다. 그러나 이런 성격은 이율배반적이긴 하되 설명이 안 되는 것은 아니다. 왜냐하면 결국 외곬으로 치닫는 지향성과 꽉 풀어진 세계는 신바람의 체험세계에서 서장과 종장으로 나타나는 동일한 의식 행위의 양면성이기 때문이다.

이제 우리는 '신바람'의 의식이 우리 민족의 '삶의 세계' 속에서 어떤 기능을 하여왔는가를 볼 필요가 있다. 그것을 이해하기 위하여 잠시 메를로퐁티의 이론에 귀 기울여보자.

3. 한국 철학사에 나타난 진리에의 요구

우리는 이미 제1절에서 주객의 대립을 초월한 '밭'으로서의 '삶의 세계'에서 '나는 지각한다=세상사람이 지각한다'는 등식으로 성립함을 보았다. 그런 점에서 예의 '신바람'이 나의 것이고 너의 것이 아닐 수 있다고 주장함은 전혀 '삶의 세계'를 이해하지 못한 지식의 결여에서 온다고 볼 수 있다. 그런 점에서 그 신바람은 이 땅을 '삶의 세계'로 살아온 우리 민족 모두의 것이다. 그러나 그것은 다른 민족에게는 신바람의 기질이 없다고 단정함을 뜻하지는 않는다. 단지 그 점은 여기서 특별히 취급할 일이 아니다. 우리는 그런 신바람의 의식(미치는 의식+푸른 의식), 무적 의식이 우리 '삶의 세계'에서 어떤 기능을 해왔는지 정리하는 것에 초점을 맞출 것이다.

도대체 자유란 무엇인가? 태어남은 세계로부터 태어남인 동시에 세계로의 태어남이다. 세계는 이미 구성되어 있다. 그러나 또한 결코 온전히 구성된 것은 아니다. 이미 구성된 관점에서 보면 우리는 권유되고 부추겨진다. 결코 온전히 구성될 수 없다는 관점에서 보면 무한한 가능성이 열려 있다. 그러나 이런 분석은 아직도 추상적이다. 왜냐하면 우리는 그 두 가지의 관계 속에서 동시에 실존하기 때문이다. 그러므로 결코 온전한 결정론도 완전한 절대적 선택도 존재하지 않는다. 나는 결코 사물이 아니요 동시에 나는 결코 벌거벗은 의식도 아니다.…상황의 측면과 자유의 측면을 분명히 구분한다는 것은 불가능하다.[15]

여기에 인용된 메를로퐁티의 말은 매우 무거운 의미를 품고 있다. 이 말은 아마도 이 글의 전체를 살리게 하는 무게 중심의 역할을 하리라. 반추해 보면 이 인용문은 "우리가 우리의 세계를 선택하고 세계가 우리를 선택한

---

15) Maurice Merleau-Ponty, *Phénoménologie de la Perception*, P.U.F., p.517.

다"16)는 동시성과 애매성의 현상학적 뜻을 담고 있다. 그런 점에서 인간이 이 세계(삶의 세계)에 태어난다는 사실은 그 '세계로의 태어남'이고 동시에 그 '세계로부터 태어남'이다. 전자는 태어난 삶의 세계에 대한 귀속의 방향이고, 후자는 태어난 삶의 세계에 대한 초월의 방향, 자유의 방향이다.

그러므로 귀속의 방향은 이미 구성된 세계가 우리를 선택하여 형성하는 성격을 뜻하고 그 방향은 늘 우리의 의식을 제약한다. 그래서 그것은 우리를 닫는다. 결정론의 성향이 거기에 상대적으로 우세하다. 그러나 동시에 우리의 의식은 태어난 삶의 세계로부터 원심적으로 초탈하려는, 분리하려는 자유의 방향도 가진다. 거기에는 절대적 선택의 성향이 상대적으로 우세하다. 우리는 우리의 세계를 선택한다. 그러나 우리의 자유로운 선택이 물론 우리의 세계가 결코 완결되게 다 구성되지 않았기에 가능하지만 온전한 100퍼센트의 자유는 허구적이기에 거기에 있어온 상황의, 성격의, 귀속의 제한을 받게 된다. 그러므로 오이게네 핀크가 후설을 해석하면서 말하였듯이 '삶의 세계'에는 "자유의 밭이 있는데 그 밭은 이미 거기에서 제약된 자유이다."17)

이러한 관점의 세계 속으로 우리가 분석한 '신바람'을 대입시켜보자. 신바람(미치는 의식+푸는 의식)은 우리 '삶의 세계'에서 우리를 선택하는 지평이요 그래서 우리는 '신바람'을 '원천적 믿음'으로 여긴다. 우리가 신바람을 선택한 것이 아니고 신바람이 우리를 선택한다. 그러므로 '신바람'은 우리로 하여금 태어난 삶의 세계 속으로 귀속하게 하며 모든 자유의 미래적 엶을 특정화하고 제약화한다. 그러면 그 '신바람'이 어떻게 우리 모두의 무한한 엶(개방)의 가능성을 제한하는가를 정리하여보자.

① 우리는 신바람이 나야 감정이 자발적으로 발동한다.

② 우리에게 신바람은 휴화산과 같이 폭발력을 잠재적으로 갖고 있다.

③ 신바람은 하나에 전인적으로 몰입하는 열정과 열광성을 갖기 쉽다. 그

---

16) 같은 책, p.518. "Nous choisissons notre monde et le monde nous choisit."

17) E. Fink, *Vergegenwärtigung und Bild*, p.285.

래서 신바람이 공동체의 이념에 의해서 잘 길들여졌을 때 '정신일도하사불성(精神一到何事不成)'의 저력이 나온다. 우리 역사에서 세차게 등장한 저항운동은 신바람이 억눌리는 데서 오는 폭발력과 직결된다. 그런 힘은 호국과 구국의 행동철학을 잉태시키는 강력한 요인이 된다.

④ 마찬가지로 신바람의 의식은 '강신(降神)'·'유신(侑神)'의 '노에마'에 전입(轉入)하기에 그 순간에는 자기의 감정이입과 전혀 다른 이질적인 세계를 수용하지 못한다. 우리의 고전 문학(『흥부전』, 『춘향전』)에서 등장인물들이 선과 악으로 완전히 분리되는 것은 '신바람'의 무적 의식의 소산이 아닌가 여겨진다. 그런 의식이 공동체에 단결력의 부족을 가져올 수 있고 개인 간, 지역 간, 족벌 간의 배타심과 편파심을 조장할 수도 있다. 정치와 신바람이 결부될 때 극한으로 치닫는 당파심을 낳는다.

⑤ 신바람의 기질이 차원 높은 이념에 의하여 유기적인 공동체를 형성하지 못할 때 우리 각자는 스스로 무당 기질을 폐쇄적으로 만든다. 이능화가 무당의 별칭으로 '만신'을 이야기한 것도 실제에서의 각인(各人) 무당과 다른 뜻이 아니리라. 즉, 무당이 섬기는 신이 제한되어 있는 것이 아니라 그 수가 엄청나게 많기에 '만신'인데 그것은 각자가 필요에 따라서 무적 의식으로 '강신'·'유신'에 감정이입을 구현함을 뜻한다. 각인의 무적 의식은 자기 소원을 풀려고만 하기에 대타적(對他的)인 '탓'의 심리가 타인에게 향하면서 광기 어린 '욕'이 나온다. 그래서 겸허한 '자기 고백'의 이성적인 윤리가 잘 자라지 못한다. 그래서 '잘되면 내 탓, 못 되면 조상 탓'의 발상법이 튀어나온다.

⑥ 그와 같은 '푸는 의식'이 비이성적이긴 해도 자기의 응어리를 밖으로 풀려는 우리 민족의 잠재의식이 역기능적인 것만은 아니다. 왜냐하면 그 기질은 정신병의 발생을 막아주며 또 민족적 수난의 시기에 끈질기게 다시 소생할 수 있는 돌파구를 마련하기 때문이다.

이상과 같이 우리 민족의 '삶의 세계'에서 이미 거기에 있어온 잠재의식과 무의지적 성격을 훑어보았다. 이와 같은 무의지적 성격은 하나의 필연성으로서 우리의 모든 자유로운 사고의 폭을 제한시킨다. 낱말의 리쾨르적인 표현에서 필연적인 무의지의 성격은 반성적이고 의지적이며 자유로운 의식과 동시에 고려되어야 한다. 말을 바꾸어 설명하면, 사상은 무의지의 소산이 아니라 무의지로부터 거리를 취하는 반성과 의지의 소산이다.

'삶의 세계'에서 '무의지'와 '의지'는 상보적이고 상충적이다. 그래서 이 두 가지는 완전히 분리되지도 않고 완전히 일치되지도 않는다. 이성적·철학적 사유는 스스로 자기 자신을 잉태하고 정립하는 것이 아니라 그 철학이 뿌리 박고 있는 '원천적인 믿음'과의 대화와 긴장 그리고 마중을 통해서 형성된다. 그러므로 철학적 반성은 '삶의 세계'로부터의 영원한 초탈이 아니라 '삶의 세계'가 본디부터 안고 있던 '무의지'의 성격에 새로이 참여하는 것이다.[18]

그래서 철학은 '코기토'의 확정이요 재정복임에는 틀림없으나 동시에 '삶의 세계'의 무의지와 성격에 의해서 새롭게 수립된다. 그래서 이성적 철학은 지각의 세계, 체험의 세계에만 집착하지 않고 개념적으로 말하는 세계로 비약한다. 사상은 곧 '삶의 세계'에서의 '지각(知覺)함'과 '언표함'의 집합이다. 따라서 한국 철학사의 진리와 그것의 정신적 요구도 이런 각도에서 이해되어야 한다. 우리 민족의 이성적 문화, 반성의 문화, '코기토' 확장의 사상인 한국 철학은 우리의 무의지적 체험의 세계, 지각의 세계인 '신바람'과의 마중과 대화 그리고 긴장 및 치료라는 변증법적 연계성에서 이해되어야 한다. 그렇지 않으면 한국 사상사에서 한국 철학의 정신적 요구와 진리관은 '삶의 세계'라는 모태에서 분리되어 민족의 기질과 개념의 철학이 물과 기름처럼 따로 놀게 된다.

이제 구체적 보기를 들어 한국 철학사의 진리가 그것이 자란 모태와 어떤 함수관계를 갖는지 성찰해도록 하자. 우리는 불교 철학의 두 거봉(巨峰)인 원효(元曉)와 지눌(知訥), 유교 철학의 두 거상(巨象)인 퇴계(退溪)와 율곡(栗谷)을 각각 그들의 철학적 요구가 무엇이었던가 하는 점에서 살펴볼 것이다.

---

18) P. Ricoeur, *Le volontaire et l'involontaire*, Aubier.

1) 원효

이 불교의 고승대덕(高僧大德)은 사상적으로 가장 한국적인 특수성인 신바람에 대해 원근법을 잘 조절하여 보편적인 불교 철학의 이론을 세계적으로 확장시킨 불멸의 인물이다. 한국 철학사에서 원효만큼 민족 특수의 무의지와 이성적 보편성의 철학 반성을 조화롭게 성공시킨 이가 없으리라.

원효의 일생을 이해하는 이는 누구든지 그가 얼마나 '신바람'으로 불법을 교설하다가 입적하였는가를 충분히 알 수 있다. 원효가 황룡사에서 『금강삼매경(金剛三昧經)』을 소석강론(疏釋講論)하게 된 연유를 보아도 그러하고, 또 요석공주(瑤石公主)와의 인연을 보아도 그러하다. 그는 아들을 얻은 뒤에 소성거사(小性居士)라 칭하면서 천촌만락(千村萬落)을 주유하며 경(經)·론(論)을 주(註)·소(疏)하고 또 노래와 춤으로써 여러 사람을 모아놓고 불법을 대중화하는 데 몰입하였다. 또 광대들이 놀리고 다니는 큰 표주박을 이용하여 가무(歌舞)로써 포교하였다. 「무애가(無碍歌)」와 '무애무(無碍舞)'를 부르고 추면서 "모든 것에 걸림이 없는 사람이 한 길로 생사를 벗어난다(一切無碍人 一道出生死)"는 『화엄경』의 한 구절을 모든 이에게 가르쳤다. 이러한 그의 생활철학은 단적으로 그가 무적 의식의 신바람을 수용하여 「무애가」와 무애무로써 대중과 혼융 일체되어 그들을 불법의 세계로 이끌어 들였다는 것으로 표현된다. 그뿐만이 아니다. 그런 '일절무애인 일도출생사'의 생사관(生死觀)은 신라인으로 하여금 삼국 통일을 수행하게 한 구국·호국의 행동철학을 전선(戰線)에서 샘솟게 하였음에 틀림없으리라.

그러니 원효는 신바람에 의한 무적 의식의 화신일 뿐만 아니라 동시에 깊고 깊은 철학인이었다. 그는 한국 철학사에서 최초로 '신바람'을 문화적으로 불교생활화시키면서 동시에 '신바람'이 지닌 역기능적 요인을 최초로 간파한 직관력의 인물이었다. 그는 신바람이 낳는 포용력 결여, 극단적 감정의 노출, 탓의 심리, 타락된 현세주의(金·權 지상주의) 등의 위험성을 간과하지 않았다. 바로 이 점에서 그의 화쟁론(和諍論)을 우리는 진리로서 아끼지 않을 수 없다. 그의 화쟁 논리는 『십문화쟁론(十門和諍論)』뿐만 아니라 『열반경종요(涅槃經宗要)』에서도 보인다.

> 모든 경전의 부분을 통일하여 만류(萬流)의 일미(一味)로 돌려보내고 불의(佛意)의 지극한 공정성을 열어 보이며 백가(百家)의 이쟁(異諍)을 조화함으로써 드디어 요요(擾擾)한 사생(四生)으로 하여금 무이(無二)의 실성(實性)에 들어가게 하고, 꿈에 꿈꾸는 잠을 일깨워 대각(大覺)의 극과(極果)에 이르게 한다.[19]

'신바람'의 성격을 낱말의 프로이트적인 뜻에서 초자아의 입장에서 길들이는 원효의 화쟁 철학은 다음과 같은 네 가지의 언표로서 나타난다.

① 개합(開合)의 논리는 "전개하면(開) 무량무변의 의미들이 종지(宗)가 되고, 합하면(合) 일심이문(一心二門)의 법(法)을 그 요체(要)로 한다(開則無量無邊之義爲宗, 合則二門一心之法爲要)"로 전개된다. 이에 따라 불교 철학의 진리는 펼쳐져도 번잡하지가 않고 모여져도 협소하지 않게 된다.

② 입파(立破)와 여탈(與奪)의 대립을 각각 초월한 논리는 불법의 세계에서 영원한 긍정(與와 立)이 없고 또한 영원한 부정(破와 奪)이 없고 긍정과 부정이 서로 상반되는 것이 아니라 행진할 때의 두 팔과 두 발의 율동처럼 왕래함을 뜻한다.

③ 동이(同異)와 유무(有無)의 대립을 초월하는 논리는 '동(同)과 이(異)가 같다고 하면 내부에서 상쟁(相爭)하고 다르다고 하면 그 둘이 밖에서 서로 상쟁할 것'이기에 비동비이(非同非異)의 철학으로 이어진다. 즉, 같은 것은 다른 것이 있으므로 같은 것이 되고 다른 것도 같은 것이 있으므로 다른 것이 형성되므로 동이(同異)는 불일(不一)·불이(不二)가 된다.

---

19) 元曉, 『涅槃經宗要』, 元曉大師全集 6. "統衆典之部分, 歸萬流之一味, 開佛意之至公, 和百家之異諍, 遂使擾擾四生僉, 歸無二之實性, 夢夢長睡竝到大, 覺之極果, 極果之大覺世."

④ 이변비중(離邊非中)의 사상은 '비유비무(非有非無), 원이이변(遠離二邊), 부저중도(不著中道)라는 일여(一如)로 나아간다. 유무에 집착하지도 않고 유무의 이변을 떠나나 그렇다고 중도에 얽매이지 않는 원효의 철학은 비동등(非同等)의 동등(同等), 비평등의 평등을 주장하는 형이상학을 담고 있다.

이상에서 우리는 원효의 철학을 대요(大要)해서 보았다. 그의 철학적 진리는 분명히 불가의 보편성에 입각해 있다. 그러나 그것은 이 땅의 특수성에서 솟은 보편적 진리이다. 이 땅의 특수성인 '삶의 세계'에 대한 진단을 고려함이 없이, 즉 뿌리를 모르고 열매만을 논의하는 일은 한국 철학사의 진리관을 구체적으로 파악하는 길이 아니다.

2) 지눌

보조국사 지눌의 철학 사상은 원효의 철학정신을 이 땅에서 계승하려는 것같이 보인다. 그러나 지눌이 선 위치는 원효가 선 정신적 지평과 다르다. 왜냐하면 원효는 한국 사상사에서 최초로 신바람의 무적 의식을 보완하고 길들이고 수정하여 차원 높은 불교 철학을 성공적으로 펼 수가 있었다. 그러나 신라의 삼국 통일 이후에 원효 정신의 '코기토'를 확대 재생산하는 사유가 수축하고 불교문화권에서 신바람은 도참풍수사상(圖讖風水思想)으로, 그리고 고등 종교로서의 불교는 선(禪)·교(敎)로 양분되었다. 그와 같은 정신의 수축 현상이 의천(義天)에 이르러 모여지는 것 같더니 천태종으로 교종화(敎宗化)되었다.

이에 지눌은 불교 사상의 혁신을 두 가지 방향으로 추진하였다. 첫째로 신라 이래로 신바람의 풍토와 조화된 현세적 호국 불교는 신바람의 타락된 현세관과 함께 극도로 미신화되었다. 이에 지눌은 이 땅의 '밭'에 바탕을 둔 일심의 반조(返照) 논리를 제창하여 '정법(正法)' 불교와 '수도(修道)' 불교를 고양하였다. 둘째로 원효가 '십문화쟁(十門和諍)'을 제시하여 회통귀일(會通歸一)의 통불교(統佛敎) 건설에 이바지하였던 것과 같이 지눌도 교·선의 대립을 원천적으로 지양하려 하였다. 그의 이론인 '정혜쌍수(定慧雙修)'·'돈오점수(頓悟漸修)'의 방법도 모두 교·선의 대립을 초극하기 위한 논리다. 그래서 그는 '선시불심(禪是佛心), 교시불어(敎是佛語)'[20]라 하여 여래의 마음(禪)과 입(敎)이 둘이 아니라는 선교일원(禪敎一元)을 밝혔다.

보조국사는 타락된 현세주의의 금력과 권력의 추구로 치닫는 신바람을 대중의 마음에서부터 치료하려고 하였다. 인간은 길을 가다가 넘어질 수 있다. 이때 어린이들은 땅이 나를 넘어지게 하였다고 발로 찬다. 그러나 땅에 넘어졌지만 일어서는 것도 땅에 의지해야만 한다. 이러한 지눌의 비유에서 땅은 '삶의 세계'가 이미 잉태하여놓은 대중의 성격, 민족의 무의지, 잠재의식일 수 있고 또 그것이 불법에서의 마음일 수도 있다. 대중이 마음으로 말미암아 쓰러진다면 그 마음으로 마음의 깨달음을 통해서 다시 일어설 수 있다. 그러므로 마음을 떠나 성불하려는 이는 '밭'으로서의 땅을 떠나 일어서려는 것과 같이 어리석다. 이리하여 지눌의 구일심(求一心)의 대중 사상은 '삶의 세계'라는 대중의 '밭'과 마음을 같은 지평 속에 연결시키게 된다.

원효의 화쟁 논리와 같이 지눌의 반조 논리는 문자 그대로 진심의 빛, 불심의 빛, 일심의 빛이 다시 비치게 한다는 것이다. 반조 논리는 자심(自心)에 기초한 것이다. 부처가 묘용자재(妙用自在)한 것도, 중생이 망상을 피우는 것도 모두 마음에 달렸다. 이 반조의 논리는 화쟁의 논리와 유사한 데가 있지만 원효의 것같이 모든 쟁론을 고차적 입장에서 화해시키려 하기보다는 모든 쟁론의 근저로 파고 내려가서 쟁론들이 필요 없다는 밑바닥을 밝힌 것이다.

요컨대 지눌 철학의 진리는 원효 이후 타락되어온 신바람의 대중의식을 '정법'과 '수도'로써 치료하려 하였고 또 다른 한편으로 정치적 당쟁이나 여야의 극한 대립처럼 흘러온 고려 불교의 교·선 싸움을 그 근저에서 무화시키려 한 정신에서 해석되어야 한다. 극한 투쟁과 집착은 신바람의 성격이 낳을 수 있는 결과다. 이렇게 볼 때 지눌 철학의 언어와 반성은 원효처럼 민족 고

20) 知訥, 『華嚴論節要』.

유의 '신바람'과 불교 철학을 회통시킨 것이 아니라 이미 틈이 벌어진 신바람과 불교 사상을 다시금 재수(再修)하려는 데 목적이 있는 것으로 보인다. 그러나 그 일이 원효의 경우에서처럼 멋지게 맞아 돌아가지는 못하였던 것 같다. 그래서 조선의 퇴계 철학에 와서 원효와는 반대로 신바람의 무적 의식을 극도로 견제하고 그것의 역기능적 배리를 체험한 언어와 개념이 생기게 되었다.

3) 퇴계

우리는 퇴계의 생애가 펼쳐진 시대의 앞과 와중을 통해서 당시 사회가 얼마나 정치적·윤리적으로 타락하였는지를 잘 알고 있다. 퇴계의 출생 3년 전에 무오사화, 4세 때 갑자사화, 19세 때 을묘사화, 45세 때 을사사화가 일어났다. 말하자면 신바람의 무적 의식이 하층민에게서는 극도의 미신적 망상으로, 상층민에게서는 극도의 정치적·윤리적 아집으로 왜곡되어 있었다. 이러한 시대상에 상처를 받았을 터인 퇴계는 현실의 '삶의 세계'에 현상학적인 뜻에서 '살고' 함께 '강신(降神)'·'유신(侑神)'으로 존재하며 거기에 뿌리를 박기 매우 주저하였다. 원래 유교적 진리 자체가 이성적 요구가 강한데다가 퇴계의 아픈 체험(그의 형도 을사사화 당시 연루되어 희생되었다)은 그로 하여금 신바람이 괴기(怪氣)처럼 혼탁하고 음산하게 감도는 세계를 멀리하게 하였으리라.

그래서 퇴계는 아예 신바람의 잘못된 '밭'을 멸시하고 정치 현실에서 떠나 오로지 교육과 학문을 통하여 '입언수후(立言垂後)'하려고 하였다. 모든 이상주의자가 그러하듯이 퇴계도 감정이입의 체험보다는 이성적 언표를 중시하였다.

군자의 학이란 자기를 위함일 뿐이다. 자기를 위한다 함은 장경부(張敬夫)가 말한 바와 같이, 하는 바가 없이 그러한 것이다. 이것은 마치 깊은 산, 울창한 산림 가운데 한 포기의 난초가 있어 종일토록 향기를 내어도 스스로 그 향기 됨을 알지 못함과 같다. 군자가 자기를 위함도 이것에 정합(正合)되니, 마땅히 그것을 깊이 체험해야 한다.[21]

이러한 퇴계의 군자지학(君子之學)은 신바람의 무적 의식을 거의 완전히 제거함에 성립한다. 이리하여 퇴계학은 신바람의 맹목적·몰이성적·열광적 병리 현상을 깨닫고, 철저히 '인욕(人欲)을 억제하고 천리(天理)를 보존하는' 경천(敬天)·사천(事天)·외천(畏天)의 윤리학, 교육학, 종교심으로 기울어진다. 그의 "이(理)는 상대적이 아니기에 만사를 주재하나 결코 현실의 사건(事件)에 의하여 명령을 받지 않는다(理尊無對, 命物而非命於物)"는 사상은 우리의 '삶의 세계'가 주는, 이미 거기에 있어온 무의지의 집단적 잠재의식을 유교적 보편주의에 의하여 씻어내려는 정신의 결정이다.

그러나 그가 중국의 주자학과는 다른 이론적·인식론적 입장 속에서 주자학보다 더 윤리적이고 도덕적인 의리지학(義理之學)에 몸을 가까이 하였다는 사실은 역시 이 땅의 타락된 삶의 밭에서 온 반작용이라 생각된다. 그 점에서 퇴계학도 이 땅의 '삶의 세계'가 얽어놓은 특수성의 굴레를 숙명적으로 초탈하지 못했음을 증언한다.

4) 율곡

율곡은 퇴계보다는 훨씬 더 자유스럽게 이 땅의 '밭'을 낱말의 현상적인 뜻에서 살리고 하였고 또 철학인으로서 이 땅에 거리를 취하면서 반성하려고 하였다. 그 점에서 철학적 진리는 현실의 밭에 사는 것만으로가 아니라 그것을 반성함에서 성립함을 보여주었다.

---

21) 李滉, 『言行錄』 一卷. "君子之學, 爲己而已, 所謂爲己者, 張敬夫所謂, 無所爲而然也, 如深山茂林之中, 有一蘭草, 終日薰香, 而不自知其香, 正合於君子爲己之義, 宜深體之."

율곡은 퇴계에 비해 상대적으로 사상의 대중적 기반을 강조하였다. 그의 유명한『국시론(國是論)』은 단적으로 이것을 증명한다.

인심(人心)이 모두 그러하다고 동의하는 내용이 바로 공론(公論)이다. 바로 그러한 공론이 존재하는 곳에 국시(國是)가 이루어진다. 그러므로 국시는 곧 나라 안의 온 사람들이 꾀함이 없이도 다 같이 옳다고 동의하는 내용이다.[22]

여기서 '인심이 모두 그러하다고 동의하는 것으로서의 공론(人心之所同然者 謂之公論)'이라는 율곡적 의미에서의 국시 개념은 일찍이 원효가 스스로 실행한 우리 민족의 집단 무적 의식인 신바람의 성격을 전제로 성립한다. 왜냐하면 이 신바람의 민족적 잠재의식이 고등정신(철학)의 이념에 의하여 바로 정위(定位)되어 공론의 국시로 승화되지 못할 때 그것이 '부의(浮議)'로 타락된다고 율곡이 지적하였기 때문이다.

이른바 부의(浮議)는 그것이 어디에서부터 오는 것인가를 모른다. 처음에는 작지만 점차 더 커져서 온 조정이 흔들리고 버틸 수가 없게 된다. 부의의 힘은 태산보다도 무겁고 칼날보다도 날카로워 한번 그것에 부딪치게 되면 현준(賢俊)도 그 이름을 잃게 된다. 그런데도 끝까지 그 소이연(所以然)은 결코 알 수가 없는 것이다.[23]

위의 인용에서 신바람이 차원 높은 보편적 철학에 의하여 공론과 국시로 승화되지 못할 때 부의와 같이 그 출처를 밝힐 수 없는 유언비어가 발생한다는 것을 우리는 알 수 있다. 이 점에서 율곡은 적어도 퇴계와는 달리 '삶의 세

---

22) 李珥, 「辭大司諫兼 陳洗滌 東西疏」, 『栗谷全書』.
23) 李珥, 「陳時弊疏」, 『栗谷全書』.

계'를 반성하는 것만이 아니라 거기에 산다는 것의 중요성도 말하였다.

그래서 율곡은 반성하는 철학으로서의 '이통기국(理通氣局)'이라는 구원(久遠)의 논리를 정립하고 아울러 그것이 행동의 세계까지 직결되는 변법갱장(變法更張)의 실천학을 언표하였다. 그의 실천학은 '임능현(任能賢)', '양군민(養軍民)', '족재용(足財用)', '고번병(固藩屛)', '비전마(備戰馬)', '명교화(明敎化)' 등으로 세분할 수 있다. 이러한 그의 구체철학이 중봉(重峯) 조헌(趙憲)으로 이어지면서 임란 때 의병 봉기의 행동강령으로 전개된다.[24]

지금까지 우리는 원효·지눌·퇴계·율곡의 철학에서 그들의 철학적 진리가 현상학적으로 어떻게 해석되어야 할 것인가를 간략하게 살펴보았다. 우리의 주제는 이 네 사람의 철학자에 대한 철학 이론을 상세히 논구하는 데 있지 않기에 개략적으로 한국 사상을 해석하는 방법상의 예제로서 그들을 다룸에 그쳤다. 그런데 논문 전개를 통하여, 즉 대표적인 네 사람의 이론을 통하여 우리는 하나의 역사적 진실을 보게 된다.

원효가 '원융무애(圓融無碍)'의 정신으로 신바람과 초자아적 철학을 귀일(歸一)함에 성공시킨 이래로 우리의 사상사는 계속 잠재의식과 이념의식이 분리되고 괴리되어왔던 것 같다. 물론 지눌과 율곡의 철학과 같이 불교와 유교의 입장에서 각각 대중적 신바람과 엘리트의 이념 및 언어를 상호 회통하게 하려고 한 명맥은 있었다. 그러나 그런 명맥은 신라의 원효 시대만큼 활짝 꽃피지는 못했다.

만약 우리가 '민족의 에너지'라는 표현을 실재의 세계에서 사용할 수 있다면 결국 우리의 역사에서 지금까지 '민족의 에너지'가 가장 농도 짙게 그리고 조화롭게 꽃핀 때는 원효 시대의 신라의 전후기가 아닌가 한다. 또 그때가 가장 문화적 본질이 원융하였고 그 행동이 방정하여 절도가 있었던 것이 아닌가 여겨진다. 그런 가설이 성립한다면 그와 같은 민족적 활력소를 잉태

---

24) 李東俊, 「16세기 韓國性理學派의 歷史意識에 관한 硏究」.

하게 하였던 것은 그때의 사상이 원융하였고 행동철학이 방정하여 '일도출생사(一道出生死)할 수 있었기 때문이었으리라. 그렇다면 우리의 사상적 계획은 현상학적 방법의 성과에서 볼 때 찬란하였던 민족의 황금기를 또다시 사상적·철학적으로 회복하는 일에로 모여질 수밖에 없다. 다람쥐 쳇바퀴 돌 듯하는 기계적인 반복이 아니라 전대미문의 찬란한 변형을 안고 예전보다 더 훌륭히 그때를 거듭나게 함이다.

후기 현상학의 관점에서 볼 때 말할 나위 없이 지각(知覺)의 땅, 체험의 밭, 무의지의 세계는 불가오류적인 것은 아니다. 그것은 언제나 보완되고 수정될 수 있다. 그러나 그 땅, 그 밭, 그 세계를 전제로 하지 않는, 그것을 초극하기 위해 거기에 기대지 않는 인식이란 없다. 바로 거기에서부터 출발하여 진리의 기원이 영글게 된다. 그 점에서 우리가 살고 있는 세계는 언제나 의심만 해야 하는 것들의 집합이 아니라 모든 진리가 이끌어내어지는 끝없는 저장소라고 할 수 있다. 그렇다면 한국의 철학도 이미 가까이, 너무도 가까이 있어온 신바람을 어떻게 새로운 '언어'로써 길들일 것인가 하는 문제에 천착해야 하는 것이다.

한국 전통 사상, 그 원형 연구를 위한 연습
레비스트로스의 구조주의 방법론에 의거하여

1. 머리말

구조주의 방법론의 문을 연 프랑스의 사상가 클로드 레비스트로스는 반역사적 인식 이론에 의하여 전통적인 철학의 인식 이론이 하찮은 것으로 쓰레기통에 던져버린 조각들을 다시 배열하는 논리 방식을 발견함으로써 신화의 중요성이 인구에 회자하게 되었다. 이 글은 신화에 대한 새로운 분석의 시도요 연습이다.

첫째로 신화와 같이 거창한 이념을 담지 않고 자질구레한 내용을 구성하고 있는 괴상한 요소는 역사가의 눈에서 보면 그럴는지 모르나 구조 논리의 눈에서 보면 안 그렇다. 왜냐하면 모든 신화의 내용은 지극히 비논리적인 것 같지만 신화를 구성하고 있는 신화소(神話素)의 형식을 보면 모든 신화는 어떤 방식에서든지 각각 구조적 대응방식을 갖고 있다. 그러므로 신화를 구성하는 감각적 이미지는 어떤 형식의 기호에 접하고 있다.

둘째로 신화와 같은 '하찮은 일하기'는 그 신화소와 신화가 빌려 받은 감각적 이미지를 단순하고 일의적(一義的)인 유희로서만 사용하는 것이 아니라 거듭 반복되는 의식(儀式)처럼 불변의 논리적 틀로서 지니게 된다. 요컨대 토템, 신화, 결혼, 교환 방식, 의식(衣食)생활의 관습 등 '하찮은 일하기'의 논리는 레비스트로스에 의하면 '만화경의 방식(kaleïdoscope)'[1]과 통한다.

---

1) Claude Lévi-Strauss, *La Pensée Sauvage*, Plon, pp.48-55.

그러면 이 프랑스의 구조주의자가 사랑하는 '만화경의 논리 구조'란 어떤 뜻을 지니고 있는가? ① 만화경을 구성하고 있는 각 유리조각의 단편들은 그 자체 개별적으로는 전혀 필연성이 없는 우연적 유리 파편에 불과하다. ② 그러나 그 파편들이 집합하여 하나의 전체를 구성할 때 그 집합은 구성 요소들과의 사이에 크기, 색채, 투명도 등에서 어떤 상응 관계를 제공한다. ③ 그래서 하나의 만화경 속에서 각 부분은 고유성을 지니지 않고 단지 집합을 이루어 새로운 형(型)의 형성에 유효하게 참여할 뿐이다. ④ 그러면 새로 생긴 형의 존재는 어떤 성질을 띨까? 그 존재는 실체적으로 독존적 성격을 지니지 않고 단지 유리 단편들의 배합 형식에 지나지 않는다. 그러므로 존재의 내용은 유리 파편들의 배열 방식과 동격이다. 그런 점에서 만화경 속의 내용이 유리 조각이나 거울 조각의 배열 형식과 다른 것이 아니므로 구조주의에서 내용과 형식을 별도로 구분할 필요가 없다.

만화경의 구조 논리는 신화를 중심으로 한 토템의 논리 구조와 같다. 그러면 왜 거창한 일하기가 아닌 '하찮은 일하기'를 구조주의가 즐겨 가까이 하는가? 프로이트의 『꿈의 분석』에서 암시된 바와 같이 꿈이 즐겨 쓰는 기호들은 대개가 '하찮은 것들'—전봇대, 구멍, 떨어지기, 날개 등—이다. 그런 점에서 '하찮은 것'들의 세계는 실로 무의식의 세계요, 모든 것의 하부구조다. 거창한 표상들 앞에서 인간은 미로에 빠지기 쉬우나 하찮고 조그만 모델에서 인간은 전체의 인식을 수월히 갖게 된다.

2. 한국 고대 신화들의 구조론적 분석

지금까지 우리의 옛 신화와 설화를 구조론적으로 분석하기 위한 예비적 단계로 레비스트로스의 '만화경' 논리가 어떤 색조를 품고 있는지 관견하였다. 이제 우리의 단군 신화를 비롯하여 고주몽과 박혁거세의 난형(卵形) 신화, 그리고 신라의 설화—처용, 수로부인, 도화랑(桃花娘)과 비형랑(鼻荊郎), 김현감호

(金現感虎)―등을 분석하면서 한편으로 서양 신화(그리스의 오이디푸스 신화와 성경의 창세기 신화)와 대비하여 연구하려 한다.

단군 신화

I	① 하나님의 아들 환웅(桓雄)이 자주 지상에 뜻을 두고 인간 세상을 탐내어 찾는다. ⑦ 웅녀(熊女)가 잉태하기를 원한다. ⑨ 사람이 된 환웅이 웅녀와 결혼한다.
II	② 환웅이 신시(神市)에 내려온다. ④ 곰과 호랑이가 사람 되기를 바란다. ⑧ 환웅이 임시적으로 사람이 된다.
III	⑤ 환웅이 곰과 호랑이에게 시련을 준다.
IV	③ 홍익인간·재세이화(在世理化)를 구현한다. ⑥ 곰이 웅녀가 된다. ⑩ 웅녀가 단군왕검을 낳는다.

고주몽의 난형 신화

I	② 해모수(解慕漱)가 유화(柳花)를 웅신산(熊神山) 밑 압록강가의 집으로 유혹해서 정을 통한다.
II	① 천제(天帝)의 아들 해모수가 지상으로 하강하고 하신(河神)의 딸 유화도 물으로 나온다.
III	③ 유화의 부모는 중매 없이 딸이 혼인한 것을 꾸짖고 딸을 귀양 보낸다. ④ 해모수는 통정해놓고 사라진다. ⑥ 알이 금와(金蛙)에 의하여 버림을 받는다.
IV	⑤ 유화는 광명소조(光明所照)한 알을 낳는다. ⑦ 동물들이 그 알을 보호한다. ⑧ 알에서 주몽(朱蒙)이 나온다.

박혁거세의 난형 신화

Ⅰ	① 서라벌의 6부 촌장들이 백성을 다스릴 만한 덕 있는 지도자를 찾는다. ⑥ 사람들은 천자(天子)의 배필을 찾아 구한다. ⑧ 혁거세(赫居世)와 알영(閼英)이 결혼한다.
Ⅱ	③ 백마(白馬)가 하늘에서 붉은 알 한 개를 가져온다(『삼국유사』에 의하면 백마가 미리 내려와서 사람들을 보고 길게 울고 승천한다). ⑦ 계룡(鷄龍)이 딸 알영을 낳는다.
Ⅲ	
Ⅳ	② 이상하고 신령스러운 빛이 땅에 비친다. ④ 알에서 박혁거세가 나오니 신생광채(身生光彩)하고 조수솔무(鳥獸率舞)하며, 천지진동하고 일월청명한다. ⑤ 사람들은 박혁거세를 광명이세의 상징으로 불구내(弗矩內, 밝은 아이)라 부른다.

처용 설화

Ⅰ	① 왕이 동해에 나가서 놀기를 원한다. ⑥ 왕이 미녀를 처용(處容)에게 준다. ⑧ 처용은 간통의 현장을 보고 노래와 춤을 춘다.
Ⅱ	④ 동해용이 일곱 아들을 거느리고 지상에 나타나서 춤과 노래를 부르고 춘다. ⑤ 처용이 왕을 따라 서울에 간다.
Ⅲ	② 왕이 노는데 갑자기 구름과 안개가 자욱하여 길을 헤맨다. ⑦ 역신(疫神)이 처용의 아내와 동침한다.
Ⅳ	③ 절을 세우니 안개가 걷힌다. ⑨ 처용의 태도 앞에서 역신은 처용에 항복을 한다. ⑩ 그리고 처용은 역신을 쫓는 상징적 힘을 받는다.

수로부인의 설화

Ⅰ	① 수로부인(水路夫人)의 남편인 순정공(純貞公)이 강릉 태수로 부임하는 길목의 경치 좋은 바닷가에서 점심 먹기를 원한다. ⑤ 임해정에서 또 점심을 먹는다.
Ⅱ	② 그 바닷가의 경치가 매우 아름답고 험한 절벽에 철쭉꽃이 피어 있다.
Ⅲ	③ 수로부인이 누군가가 험한 절벽의 꽃을 꺾어주기를 원한다. ⑥ 해룡(海龍)이 부인을 납치해 간다.

IV	④ 젊은이도 아닌 노인이 신라에서 제일 아름다운 부인에게 꽃을 바친다.
	⑦ 사람들이 노래(海歌辭)를 지어 부르니 해룡이 수로부인을 도로 내놓는다.
	⑧ 바다에서 나온 부인의 몸에 고상한 향내가 난다.

도화랑과 비형랑의 설화

I	① 진지왕이 도화랑(桃花娘)과 육체관계를 원한다.
	④ 도화랑은 부모의 승낙을 얻은 후에 현현(顯現)한 왕과 동침한다.
II	③ 왕과 남편이 다 죽은 다음에 왕이 다시금 현세로 복귀하여 도화랑의 침실에 나타난다.
III	② 진지왕의 소청(所請)이 도화랑에 의하여 이부종사불가(二夫從事不可)라는 명목으로 거절당한다.
IV	⑤ 동침하는 방에 향기와 오색구름이 가득 찬다.
	⑥ 비형랑(鼻荊郎)이라는 귀신대장을 낳아서 모든 잡귀들을 역사(役事)한다.

김현감호의 설화

I	① 김현(金現)이가 깊은 밤에 탑을 돌면서 복회(福會)를 한다.
	③ 호랑이 처녀도 복회를 한다.
	④ 김현과 처녀는 통정을 한다.
II	② 호랑이가 예쁜 처녀로 탈바꿈한다.
III	⑤ 처녀의 형제들인 호랑이들이 김현을 잡아먹으려 한다.
	⑦ 처녀가 오빠들을 위하여 대신 희생한다.
IV	⑥ 관세음보살이 식인호(食人虎)들을 꾸짖는다.
	⑧ 김현이 희생당한 처녀호(處女虎) 덕분으로 출세한다.

　지금까지 우리는 한국 고대 사회의 건국 신화와 신라의 설화를 구조주의적 분류 방식에 의하여 그것들을 구성하고 있는 신화소들을 분류하였다. 그 신화소들의 분류가 지니고 있는 의미의 해독을 다음 절에서 구체적으로 밝히겠지만 한국 신화·설화의 감추어진 논리를 서양의 논리와 비교 연구하기 위해서 그리스의 오이디푸스 신화와 구약의 창세기 신화를 다시 구조주의적으로 배열함이 도움이 된다.

오이디푸스 신화

I	①카드모스는 제우스에게 강탈당한 누이동생 유로파를 사랑하여 찾아 헤맨다. ⑥오이디푸스는 그의 생모 요카스타와 결혼한다. ⑧안티고네가 금기를 범한 그의 오빠 폴리니케스를 묻는다
II	②스파르토이 형제들은 서로 죽인다. ④오이디푸스는 자기의 아버지 라이오스를 죽인다. ⑦에테오클레스는 그의 형 폴리니케스를 죽인다.
III	③카드모스는 용과 싸워 격퇴한다. ⑤오이디푸스는 스핑크스와 싸워 격퇴한다.
IV	⑨라이오스의 아버지 랍다코스는 절름발이다. ⑩라이오스는 왼손잡이다. ⑪오이디푸스는 다리가 부어 있다.

창세기의 신화

I	①신이 태초에 우주를 창조하신다. ②신은 스스로 창조한 우주의 아름다움에 만족해한다. ③신은 아담과 이브를 낙원에 창조하신다.
II	⑥아담과 이브가 금기를 범해서 과일을 따먹는다. ⑩카인이 아벨을 죽인다.
III	④신은 아담과 이브에게 단지 금단의 과일을 먹지 말 것을 명령한다. ⑤뱀이 이브에게 금단의 과실을 먹도록 유혹한다. ⑨카인이 아벨을 미워한다.
IV	⑦아담과 이브는 낙원에서 추방된다. ⑧아담에겐 노동의 형벌을, 이브에겐 산고의 형벌을 신이 준다.

3. 한국 고대 사상의 원형 연구

우리는 한국과 서양의 신화들을 내용의 유사성에 비추어 신화소들을 네 부분으로 분류하여 배열하였다. 그러나 만약 신화를 단순히 이야기해야 한다면 이러한 배치를 고려하지 않았을 것이다. 이 글은 I, II, III, IV의 열을 따

라 진행될 것이다. 음악에서 도입부의 구조가 이미 종장의 음악성을 예고하
듯이 'I' 항목의 내용은 이미 'IV' 항목의 분위기를 예고한다.

한국의 신화나 설화에서 도입부에 해당하는 'I'은 전반적으로 신화 주인
공의 밝은 발원(發願), 여인의 잉태 발원, 남녀의 결혼과 통정, 덕망 있는 인물
의 천거 소망 등과 설화의 경우에는 바닷가에서의 놀이, 남녀의 결합, 결혼,
노래와 춤, 발원의 복회(福會) 등을 신화소로서 지닌다. 이처럼 'I'이 밝고 즐
거운 소원의 발의나 행위를 나타내는 것에 대하여 'II'는 일반적으로 지상의
인계(人界)에 대한 선망, 인간에 대한 부러움과 같은 분위기를 안고 있다. 이
를테면 신의 지상 하강, 동물의 인간화, 의인적(擬人的) 존재의 흥겨운 지상 출
현 등이 'II'에 공통적으로 배열되어 있다.

'III'은 'I'과 'II'에 비하여 상대적으로 어두운 요소를 지닌다. 왜냐하면 거
기에는 시련, 귀양, 미움, 자연의 어두운 조짐, 간통, 납치, 생명의 위협, 희생
등과 같은 신화소들이 공통적으로 집합되어 있기 때문이다. 'IV'는 'III'과는
성격이 판이하다. 거기에는 밝은 도입부와 같이 승리를 구가하듯 기쁜 장조
(長調)가 도도히 흐른다. 재세구민(在世救民)의 이념, 소원 성취, 득남과 광명,
악신(惡神)의 항복, 규범과 낭만의 일치(老人獻花), 종교적 도움, 출세 등 신화
의 결론이 모두 어둡지가 않다.

그러면 서양의 신화는 어떠한가? 먼저 그리스의 오이디푸스 신화부터 살
펴보자. 도입부인 'I'은 근친상간이거나 근친연정의 신화소를 담고 있고 'II'
는 자신이 살기 위해서 괴물과 싸워 죽여야 하는 장면의 집합이요, 'IV'는 모
두 신체적 불편이나 불구의 현상을 지니고 있다. 신체의 장애나 불구는 영원
히 극복되지 않는, 대지에 무겁게 살아야 하는 인간의 비극적 운명을 말한
다. 근친상간으로 시작되는 'I'은 'IV'에서 인간의 비극적 운명으로 막을 내
리게 된다. 창세기의 신화는 이러한 그리스 신화와는 약간의 뉘앙스 차이를
갖는다. 창세기의 'I'은 신의 창조, 아름다운 낙원의 개념을 포함한다. 'II'는
계율의 위반, 살인 등과 같은 범법(犯法)의 질서를, 'III'은 금기나 유혹의 시련,
증오 등을, 'IV'는 범법의 대가를 품고 있다. 그런데 오이디푸스 신화는 도입

부가 단조(短調)였던 만큼 종장도 구슬픈 단조였다. 그러나 창세기 신화는 도입부가 밝지만 종장에 가서 범법의 대가로 추방이나 영원한 고통을 받는다. 시작과 끝이 맞지 않는다. 오이디푸스의 신화는 얄궂은 운명으로 시작해서 구슬픈 인간의 운명으로 끝나지만 창세기의 신화는 신의 창조로 해서 인간의 형벌로 끝난다. 앞뒤가 구조론적으로 맞지 않는 듯하다. 웬일일까? 여기에 헬레니즘과 헤브라이즘의 구조적 발상의 차이가 있지 않는가?

그러나 창세기의 신화에서 인간의 형벌은 마지막이 아니다. 다시 복락원(復樂園)의 기회는 주어진다. 복락원의 기회는 신약까지 와야 한다. 그러므로 창세기는 보이는 결론으로서 추방의 고난과, 안 보이는 결론으로서 희망을 동시에 갖게 된다. 이것이 그리스도교다.

이제부터 마무리를 짓기 위하여 구조주의 방법에 의한 한국 사상의 원형 탐구를 위에서 밝힌 신화소로부터 좀 더 집약적으로 간추려 보자.

우리 민족은 천(天)·지(地)·인(人)의 균형 논리를 종족(種族) 사고의 원형으로 가지고 있다. 그러면 그런 논리의 원형은 구체적으로 무엇을 뜻하는가? 우리 민족이 갖고 있는 종족 사고의 정점은 인간이다. 이를테면 낱말의 야스퍼스적인 뜻에서 하늘의 높이와 밝음을 '낮의 법칙'으로, 땅의 깊이와 어두움을 '밤의 정열'로 이원화시키는 갈등의 와중에서 우주에 인간의 위치를 두지 않고 신도 인간되기를 원하고 땅의 동물도 인간되기를 자원하는 부러운 존재로서의 인간상을 우리의 원초적 종족사고는 새겨놓았다. 우리가 생각하는 하늘은 인성(人性) 속에 내재하는 정도(正道)의 추상적 근원이다. 그러므로 하늘은 천성과 같은 추상 개념으로만 쓰인다. 그 실증적인 보기로 『청구영언(靑丘永言)』에 추상적 천성으로서의 하늘이 아닌 '리얼'한 '하늘'의 낱말이 얼마나 등장하는가를 조사해보면 된다.

땅의 개념도 인간을 중력의 무게로 전락케 하는 힘으로서의 실재가 아니라 생활에 지치고 현실에 회의적일 때에 찾는 산수(山水)다. 지금도 우리는 도시생활에 실패하고 지칠 때 "시골에 가서 땅이나 팔까"라고 말한다. 그러므로 한국인의 하늘은 '착함'의 인성적 대명사요, 땅은 휴식의 관념적 공간이다. 그러나 그리스도교에서는 하늘의 은총과 땅의 무게 사이에 긴장이 있고 알력이 있다. 그리스 신화에서도 가혹한 운명을 준 하늘과 인간의 반항, 또는 무겁게 감수하는 운명에의 사랑이 있다. 그러면 우리의 팔자타령은 운명애(運命愛)와 같은가? 천만에! 팔자타령은 운명에의 도전이나 거기에 대한 포기와 같은 불안의 저울질이 아니라 복의 부재에 대한 한(恨)이다.

그러면 우리 민족이 지닌 인간 중심적 삼재(三才, 천·지·인)의 균형 논리를 어떻게 평가해야 할까? ① 적극적 평가: 서양 의학이 살균법에서 높이 평가받는다면 동양 의학은 양생법에서 으뜸이다. 마찬가지로 동양의 으뜸 되는 인생철학은 자연스러운 장생법과 양생법으로 집중된다. 그래서 식사법도 영양식 위주가 아니라 건강식 위주다. 양생의 철학에서 고뇌를 어리석음으로 친다. ② 소극적 평가: 낱말의 헤겔적 뜻에서 대자적 의식의 결핍을 가져올 수 있다. 타자에서 자아를 재조명하는 발상법의 화학적 탈바꿈을 찾기가 어려워진다.

고구려나 신라의 건국 신화에서 보이는 '알'의 개념(卵形)은 우리 민족의 종족 사고의 원형 모색에 매우 무거운 의미를 안고 있다. 알의 신화는 곧 음양의 태극지묘(太極之妙)를 알리는, 조화와 균형을 알리는 논리적 투사도(投射圖)다. 그러나 그런 알의 투사도는 카뮈가 말한 정오(正午)의 사상과 같이 뜨거운 한낮의 열기 속에서 전개되는 긴장된 균형에의 의지가 아니다.

물론 고구려의 알 신화와 신라의 알 신화는 알의 표상 방식에서 차이가 있다. 고구려의 알은 권력자(금와)에 의해서 미움을 받지만 신라의 알은 촌장들에 의해서 사랑을 받는다. 똑같은 '알'에 대한 고구려인과 신라인의 표상 방식의 논리적 차이는 고구려가 기존 정치 질서와의 투쟁을 통하여 성장할 수밖에 없었던 신진 정치 세력권임을 드러내고 신라는 기존 원로 정치 세력과의 화해에 의하여 보수적으로 발전할 수 있었던 사실을 각각 밝히는 차이와 직결된다.

또 특기할 사항은 고구려의 건국 신화가 'III'의 요소를 짙게 안고 있음에 대하여 신라의 것은 그 요소를 하나도 가지고 있지 않다는 점이다. 'III'이 무엇이냐? 그것은 시련, 귀양살이 등과 같은 좀 어두운 요소의 집합체다. 따라서 그런 집합체가 고구려에는 보이나 신라에는 보이지 않는다는 사실이 중요하다. 고구려는 건국 초기부터 시련, 미움, 투쟁 속에 성장할 수밖에 없었다는 고구려인의 의식구조를 그 신화가 나타낸다. 레비스트로스에 의하면 신화는 '신비적 관여'도 '논리 이전의 감정'도 아닌 '구체적 논리'의 분류 방식이다. 고구려와 신라의 문화 비교는 지면 관계로 여기서 더 언급하지 않겠다.

요컨대 '알'의 논리는 카인이 아벨을 죽이듯, 에테오클레스가 폴리니케스를 죽이듯, 복수나 대립이나 역설의 논리가 원천적으로 아니다. 서양의 철학은 우리에게 '선택'의 결단을 요구할 때가 많다. 키르케고르의 '이것이냐 저것이냐'가 유신론의 실존 사상을 말하지만 그것은 한편으로 동양인의 눈에는 사르트르의 '자기 선택'의 무신론적 실존 사상과 다르지 않다.

엄밀한 양자택일의 논리는 우리의 종족사고가 아니다. '먹는 둥 마는 둥', '보는 척, 안 보는 척' 등과 같은 표현은 결코 선택의 논리로는 번역되지 않는다. 이어령 교수는 그런 논리를 '쉬엄쉬엄 일하는 세계'[2]로 나타냈다. '일도 놀듯이 쉬엄쉬엄 한다.' 그래서 일함과 놀이가 성벽의 경계처럼 명확히 구분되지 않는다. 우리의 거주 양식도 침실과 응접실의 구분을 짓지 않는다. 요리·식사법에도 서양 요리처럼 한 접시씩 차례로 취하는 것이 아니고 모든 반찬을 밥과 국물과 같이 한꺼번에 취한다.

이처럼 레비스트로스의 이론대로 '신화⇌요리·식사법⇌결혼·생활·관습⇌주거양식'은 구조론적으로 상호 교환한다. 성경에 "빵으로 살 것이 아니요, 하나님의 말씀으로"는 결코 구조론적으로 '밥으로 살 것이 아니요, 하나님의 말씀으로'로 치환되지 않는다. 서양 요리와 동양 요리의 구조론적 차이가 논리의 어떤 발상법 차이를 야기시켰는지는 연구 대상이 되어야 한다.

그러면 '알'의 논리가 어떤 가치를 지니고 있나? ①적극적 평가: '알'의 논리는 중정(中正)의 논리, 중용(中庸)의 논리, 원융무애(圓融無碍)의 논리를 대변

---

2) 李御寧, 『西洋에서 본 東洋의 아침』, 汎曙出版社, p.87.

한다. 타고르의 말처럼 성벽과 성벽을 갈라놓는 대립의 논리라기보다 바다나 밀림의 논리다. 바다와 밀림에 말뚝을 박고 목장처럼 경계선을 칠 수 있나? ② 소극적 평가: 재미로 일하고 시작과 끝을 따지지 않기에 계획에 의해서 분절하는 차가운 합리성이 결여된다.

우리 민족의 종족 사고에는 서구인의 사고 체계에서 볼 수 있는 버림받은 영혼, 유적(流謫)된 영혼의 무의식이 결여되어 있다. 오이디푸스는 자기의 눈을 뽑고 정처 없는 유랑의 길을 떠난다. 아담과 이브는 에덴의 낙원에서 추방된 실낙원의 상처를 근본적으로 알게 된다. 그러면 서양의 신화처럼 유적의 무의식을 지닌 사고는 어떤 논리를 전개시키게 되는가?

첫째로 고향 상실의 유적이 갖는 신화 체계는 육체와 영혼의 이원적 갈등을 말한다. 형이상적 영혼의 세계와 육체의 세계 사이에서 오는 이원적 갈등을 영원한 인간의 운명으로 섬기게끔 모든 우주 질서를 그 신화는 표상한다. 둘째로 그 신화는 인간의 유한성과 유한성에서 오는 근원적 죄책감, 회한의 죄의식을 동반하는 자신의 어쩔 수 없었던 과오에 대한 고백 의식을 잉태시킨다. 셋째로 고향을 잃은 인간의 마음속에서 자기가 다시 돌아가야 할 고향은 지극히 멀기도 하고 또 지극히 가깝기도 하다. 그래서 성경에 '천국은 지극히 멀고 또 우리 속에 있다'는 모순적 역설이 적히게 된다. 인간에의 송가(頌歌)와 비가(悲歌)가 초점 불일치의 분열 속에서 마치 악마와 선신(善神)의 숨바꼭질처럼 왔다 갔다 한다. 확실한 현세주의도 확실한 내세주의도 아니다.

우리의 신화 체계에서는 유독 고구려의 것에만 귀양살이의 요소가 보인다. 그러나 그것은 고구려인의 논리가 건국 초기부터 현세적 시련(정치적)을 세차게 받아야만 했던 사실에 대한 표상이지 정치적 시련을 넘는 영원한 존재론적 갈등은 아니다. 이미 필자가 다른 데서 언급하였듯이 "정송강(鄭松江)의 별곡, 윤고산(尹孤山)의 시, 『정과정(鄭瓜亭)』의 가사(歌辭)는 모두 한결같이 유적자(流謫者)의 버림받은 고향 상실의 이데아적 문학이 아니라 의(義)로서 그려진 '님' 속에 감추어진 관료적 행복에 대한 현세적 복귀를 노래한 것이다. 마찬가지로 우리의 치마저고리 민속의상과 춤은 서양 무용에서 보는 인간 존재의 내면적 불안, 고뇌가 아니라 현세적 즐거움과 슬픔을 표시하는 율동으로 가득 차 있다."[3]

그러면 고향 상실의 전력이 없는 우리 민족의 현세 안정적 세계관은 어떤 가치를 갖는가?

① 적극적 평가: 맹자는 순임금을 논하면서 "순은 인의를 행하려고 하여서 행한 것이 아니라 자연스럽게 인의로 말미암아 행하였다(舜, 非行仁義, 由仁義行)"라고 말하였다. 아마도 맹자의 이러한 해석은 동북아의 사고 논리를 서양의 그것과 구별 짓게 하는 열쇠이리라. 그와 반대로 「로마서」에서 성 바오로는 "내가 해서는 안 되는 일을 즐겨 하고, 해야 하는 것을 행하지 않는도다"라고 회한의 고백을 하였다. 순임금의 것과 성 바오로의 것은 앞에서 분류한 신화 체계의 논리와 다르지 않다. 따라서 동북아의 정신 구조는 '관념적 자연성=인성의 본래성', '일함의 의지=물 흐르는 법', '자연적 존재양식=당위적 행위양식', '초자연적 진리=자연적 진리', '종교적 진리=정치적 진리' 등을 나타내 보인다.

그러므로 동양에서의 '신(身)' 개념은 서양의 전통 철학에서 논의되는 '영혼'과의 대응적 상관자로서의 '육체'와 다르다. 또한 소유와 존재가 성벽처럼 뚜렷하지 않은 것이 동북아나 우리 민족의 원형 논리다. "나는 ~을 가지고 있다"라는 우리말의 표현은 단적으로 '소유+존재'의 논리성을 뜻한다. 앞의 신화 분석에서 등장한 '홍익인간·재세이화'의 개념도 유한과 무한의 갈등을 일으키지 않는 안정되고 건강한 현세성을 알린다. 원효의 성속일여(聖俗一如), 원광의 세속오계(世俗五戒)도 분별의 논리가 아니다.

② 소극적 평가: 밝은 대낮에 그림자가 제일 짙다. 마찬가지로 높은 산마루는 깊은 골짜기를 감춘다. 유적의식(流謫意識)의 부재는 심각한 후유증을 가져올 수도 있다. 병든 현세주의가 곧 그것이다. 현세주의가 소유주의(돈, 권력)로 전락할 가능성이 짙으며 삶을 삶의 타자로서 죽음의 저편에서 재조명

---

3) 《창조》, 1972년 9월호, pp.143-144.

하여 거듭 탈바꿈하는 형이상학적 사유의 부족을 낳을 수 있다. 또한 유한과 무한의 초점 일치가 전락하여 참회나 자기 고백의 의미를 경시할 위험도 안고 있다.

신라의 설화는 대부분 우리 민족의 성의식(性意識)을 표상하고 있다. 오이디푸스는 근친상간과 근친살해, 창세기는 악마적인 성(性)의 상징으로 뱀이 등장하여 뱀이라는 에로티즘(erotism)과 아담이라는 부드러움(tenderness)이 이브를 중심으로 갈등을 일으킨다. 그러나 신라 설화에 공통적인 성의식은 어떠한가?

우리 민족의 성의식에는 음양의 리비도가 짓밟히는 요소(성에서 오는 원죄의식, 근친상간)가 없다. 그래서 처용 설화, 수로부인의 설화, 도화랑의 설화 등에서 등장인물들이 결코 성의 정신적 질환을 앓지 않는다. 그래서 종국적으로 모든 성의 발상이 정상적인 조화의 승리라는 낙관적 놀이로 끝난다. 이를테면 역신과 처용의 관계에서 보면 역신은 처용과 다른 존재라기보다 낱말의 융적인 뜻에서 처용의 그림자다. 즉, 처용의 어둡고 맹목적인 성의 요소다. 처용은 아내의 간통에 경련을 일으키거나 정신 수축 현상을 일으키지 않고 자기 성의 병적인 요소인 역신의 항복을 받는다. 더구나 한 사회에서 노인은 규범의 상징이다. 그런 노인이 미인에게 꽃을 바친다(수로부인의 설화). 이런 논리는 무슨 가치를 갖나?

구조주의자 미셸 푸코가 지적하였듯이, 서양의 정신은 이성과 비이성 간의 투쟁이다. 도식화면 다음과 같다.

서양의 정신 (그리스·중세문명)	이성(합리) :	그리스인	중세인(그리스도교인)
	↑ 대립 ↓	↑ 대립 ↓	↑ 대립 ↓
	비이성(폭력) :	야만인	이교도(광인)

그래서 야만인·광인·이교도는 정상적인 사회생활을 할 수 없고 감금되어야 하며 극단적으로 지구상에서 소멸되어야 한다고 서양은 믿어왔다. 그래서 푸코는 서양 문화의 이성은 비서양적인 것에 대한 서양인의 폭력과 통한

다고 보았다. 그것이 푸코가 지적한 서양 문화의 휴머니즘이다.

그러나 우리의 성의식은 이성을 비이성에 대립시키는 것이 아니라 이성이 자연스럽게 비이성을 길들인다. 그러면 신화나 설화에 나타난 성의식을 어떻게 평가할까? ① 적극적 평가: 성의 리비도는 건강한 현세주의가 꽃피는 경우에 가장 자연스러운 문화생활에 흡수된다. 요컨대 성의 병리 현상에서 오는 콤플렉스를 거의 갖지 않는다. 성의 금욕도 성의 개방도 우리의 성지대 (性地帶)에서는 멀다. ② 소극적 평가: 만약에 병든 현세주의가 만연되면 우리의 리비도 현상은 위선적으로 변용되어 현세적으로 복 많은 이들의 쾌락 추구적 생활 도구로 전락한다. 성의 향락에 금기의 터부가 없을 때에 정치 생활의 전락을 야기한다.

이상으로 우리는 한국 사상의 원형 모색을 위하여 신화와 설화를 구조주의적 방식으로 정리해보았다. 그러나 이것은 어디까지나 하나의 연습에 지나지 않는다. 연습의 반복을 통하여 어떤 정리(定理)가 갖추어지지 않겠는가?

율곡과 메를로퐁티의 비교 연구

두 사상가를 철학적으로 비교함은 쉬운 일은 아니다. 거기에다 시대적으로 엄청난 차이점이 있고 또 공간적으로 서로 다른 정신의 문화권에 속하는 두 가지의 철학을 서로 견주어봄은 무리가 가는 일이기도 하다. 그런 점에서 이 글도 다른 모든 종류의 학문적인 비교 연구와 마찬가지로 인위적인 개념의 장난에 빠질 위험이 너무도 짙다. 그런데 나는 이 글을 쓰면서 그런 공허한 위험에 빠지지 않을까 걱정하면서도 몇 가지의 위안을 느끼면서 하나의 지적 모험을 하고 싶다.

율곡과 메를로퐁티, 전자는 16세기 한국이 낳은 천재적인 철학자, 후자는 20세기 프랑스가 낳은 사상의 천재이다. 공간적으로 동양과 서양이고 시간적으로 아무런 연관성도 없는 동양의 16세기와 서양의 20세기다. 일차적으로 보아서 억지춘향이 아니면 불가능한 비교이다. 그러나 다른 한편으로 볼 때 철학적 반성이 이미 죽은 두 철학자가 남겨놓은 결과를 학문적으로 각각 분리하여 평가하는 것 이외에 다른 정신적인 요구도 아울러 지니고 있음을 생각하지 않을 수 없다. 그러면 그러한 정신적인 요구가 무엇인가?

여기서 나는 하나의 상징적인 비유를 들고 싶다. 철학하는 정신은 자기의 일을 수행하여나가는 척도에 따라서 자기 내부에서부터 올라가는 노랫소리에 귀를 기울일 줄 알아야 한다. 이 이상스러운 비유에 아마도 익숙하지 않은 사람들은 당황하리라 생각된다. 율곡을 읽고 그리고 메를로퐁티도 읽고 그러면서 나는 나의 철학적 사유의 도중에서부터 솟아오르는 하나의 호소를, 마치 작곡가가 그의 영혼에서 솟는 노랫소리에 창조의 기쁨을 보듯이, 어떤 음악으로 형상화시켜야겠다는 신념을 가지게 되었다. 그러한 신념은 누가 나에게 "너는 무엇으로 철학을 하느냐"라고 물을 때 내가 어렴풋이나마 답변할 수 있는 점과 은근히 통하고 있다. 그러한 신념을 몇 마디의 용어로써 다 나타낼 수는 물론 없다. 그러나 간접적인 양식으로 응답하자면 율곡과 메를로퐁티는 지금 우리가 살고 있는 이 시대에 무한히 존경을 받아야 마땅한 사상가들이요, 우리 시대가 그들의 철학을 무엇보다도 필요로 하고 있으므로 그들은 깊이 음미되어야 할 학자들이다. 왜냐하면 내가 보기에 그들은 우리 시대에 응용될 수 있는 산 구체철학의 화신들이기 때문이다.

또 내가 지나가면서 언급하고 싶은 점은 방법론의 문제로서 오늘의 한국적 또는 동양적 전통 사상은 서양적 문제의식에 조명되어 새로운 가치의 평가를 받아야 한다는 주장이다. 이 견해를 변호하려면 많은 지면이 할당되어야 하므로 본론에 직접 들어가려는 목적에서 그 견해에 대한 변론은 그만두기로 하겠다.

그러면 이 논문의 중추신경이 되는 본론을 알기 쉽게 해부하기 위하여 우리는 두 단계로 본론을 분리시키고자 한다. 그 첫 단계는 율곡의 형이상학과 그것의 의미가 어떻게 현대의 메를로퐁티의 정신과 유기적인 관계를 맺을 수 있는가 하는 연구이며, 그 둘째 단계는 율곡의 심리 이론이 어떻게 퐁티적인 현상학에 의하여 평가되어질 수 있는가 함을 형태심리학의 도움을 받아서 전개시키겠다. 이러한 두 가지의 측면을 비교하면서 우리의 구체철학의 정신이 거기에서 무엇을 배워야 할 것인가를 일반적으로 훑어봄으로써 끝을 맺기로 하겠다.

철학사에서 율곡이 갖는 독특한 특징은 이기불상리(理氣不相離)의 사상과 이무위기유위(理無爲氣有爲)의 우주관을 포괄한 기발이승지설(氣發理乘之說)이요 이통기국(理通氣局)의 사상에 연유한다. 그러면 이 철학 사상을 어떻게 보아야 할까?

성리학의 우주관은 태극의 개념과 그것의 생성을 밝히는 음양의 변화로써 이루어지고 있다. 모든 형이상학적 사상이 다 제 나름대로의 우주관을 지녔듯이 율곡의 형이상학적 우주관은 송대 성리학을 이어서 태극과 음양의 해명으로 일관되어 있다. 서양의 형이상학적 우주관은 한 철학자가 그가 산 시대적인 상황 속에서 체험한 경험의 범우주적인 확장이다. 그러므로 우리가 그러한 우주관을 이해하기 위하여 한 철학자가 체험한 시대의 경험에 지적으로 참여함으로써 그 참여의 성격에 따라 그의 형이상학적인 우주관을 그만큼 소화하게 된다. 그러나 동양의 형이상학적인 우주관을 그렇게 이해함은 불가능하다. 동양의 우주관 속에는 한 철학자의 사상 편력에 대한 실존적인 발자취가 남아 있지 않으므로 그 우주관을 대하면 일차적으로 지적 이해의 농도가 훨씬 덜 실존적일 수밖에 없다. 따라서 그 사상을 이해하기가 매우 어려워진다. 그렇다고 하여 동양의 형이상학이 서양의 그것에 비하여 덜 학문적이라든지 덜 세련되었다고 말함은 어리석은 노릇이다. 두 세계의 철학적인 정신의 형성과 그 보는 방법이 달랐다. 그러나 지금은 다르게 보아 왔던 방법을 가급적이면 접근시켜 상보의 원리를 확립할 때다. 그래야만 잃었던 것을 서로 찾고 몰랐던 것을 서로 배울 수 있다.

율곡의 태극적 우주관은 『주역』의 '역유태극(易有太極), 시생양의(是生兩儀)'와 주자의 '태극동이생양(太極動而生陽), 정이생음(靜而生陰)' 두 문제에 초점을 맞추고 있는 것 같다. 그런데 여기서 나는 『주역』과 송대의 찬란한 성리학자들과 조선조의 퇴계·화담(花潭)·회제(晦齊) 등과 같은 철학자들의 태극론을 기술적으로 설명할 만한 전문적인 연찬이 아직 갖추어져 있지 않다. 그러므로 나는 실력 범위를 넘지 않는 한에서 율곡의 태극사상에 구체적으로 접근하려 한다.

응당 이러한 나의 고백과 결심에 많은 반박이 있으리라. 도대체 역전(易傳)의 태극사상을 완전히 이해하지 못한 입장에서 어떻게 율곡의 태극론에 접근할 수 있느냐? 한편으로 그 의견을 옳다. 그러나 다른 한편으로 그 말은 너무 도식적이다. 왜냐하면 한 사상에의 접근은 완결된 지식의 결과에서 이루어지는 것이 아니라 탐색하는 모험에서 생기기 때문이다. 경우에 따라서 탐색하는 모험은 완결된 지식의 체계보다 훨씬 더 창조적일 수 있다.

율곡은 앞에서 지적한 그의 형이상학적인 두 문제에 초점을 놓으면서 '역유태극'의 이론에 "음양의 변화 가운데 태극의 이(理)가 있다(於陰陽變易之中, 有太極之理)"[1]라고 하고, '동이생양 정이생음'에 대하여 "음양을 낳는 것은 만상(萬象)의 근본이다(生陰生陽是樞紐根柢之說)"[2]라고 하였다. 이 두 가지 표현을 종합하여보면 태극은 음양의 변화하는 한가운데 있어서 변화하는 음양의 근거가 된다는 이론이다. 율곡이 「답박화숙서(答朴和淑書)」에서 다음과 같이 밝힌 것이 이러한 이론을 뒷받침하여준다.

> 태극은 음양의 뿌리가 되고, 태극은 때로는 음, 때로는 양이 된다. 그래서 미리 추측할 수 없다. 그러므로 신(神)은 방(方)이 없고, 역(易)은 체(體)가 없다(太極爲陰陽之根柢而或陰或陽, 兩在不測, 故曰神無方易無體).[3]

이 말을 풀어서 설명하면, 변화하는 현상으로서의 음양은 처음도 끝도 없이 움직이고 쉬며 쉬면서 움직여서 영원한 순환 운동을 반복하고 있다. 그러한 돌고 도는 순환 운동의 과정에서 태극은 그 운동을 운동으로서 유지케 하는 근거로 때로는 음으로 나타나고 또 때로는 양으로 나타난다. 그러므로 태극은 문자 그대로 '양재불측'의 뜻을 지니게 된다. 따라서 고정적으로 정착된 우주정신의 장소란 절대적인 개념도 없고(神無方) 아리스토텔레스 이후로 서양 철학자들에게 그토록 귀신처럼 따라다니던 영원불변한 실체(substance)의 육중한 불변성 아래서 팔딱팔딱 변하는 현상도 없다(易無體).

다른 말로 율곡의 태극사상을 탈바꿈시키면 태극은 변화를 초월하여 영구불변 고정되어 있는 아리스토텔레스적인 서양 고전 철학의 실체 개념과 같은 것이 아니라 변화하고 활동하는 음양의 현상 가운데 태극이 있으며 또 태극은 그러한 음양을 떠나서 독자적으로 자존하는 초월자도 아니다. 그러

---

1) 李珥, 『栗谷全書』, p.780.
2) 같은 책, p.215.
3) 같은 책, p.184.

나 태극이 변화 그 자체 속에 내재하여 있지만 그렇다고 태극이 바로 현상의 변화와 존재론적으로 동일함을 뜻하지 않는 것에 주의를 둘 필요가 있다.

그러면 이러한 율곡의 태극사상을 우리는 어떻게 구체적으로 해석하여야 하느냐? 단적으로 율곡의 태극사상에는 존재의 개념과 변화의 개념이 동시에 포함되어 있다. 즉, 율곡은 송대의 태극 개념을 그의 성리학적 우주관에 적용시키면서 장횡거(張橫渠)나 소강절(邵康節), 서화담과 이퇴계와는 달리 독창적으로 우주를 존재와 생성·변화의 두 세계를 분리시키지 않고 하나로 동시에 보았다. 플라톤은 우주에서 존재의 세계와 변화의 세계를 분리시켰다. 그러나 그도 그의 저서 『필레보스(Philebus)』에서 생성·변화의 내부 세계에 '변화된 실체'를 인정하였다는 것은 현대 서양 철학에서 새롭게 평가되는 일이다. 하여튼 우리가 정확한 기술적인 평가를 떠나서 낱말의 넓은 뜻에서 본다면 율곡의 태극 개념은 『필레보스』에 나타난 플라톤의 '변화된 실체' 개념과 그 정신에서 그렇게 멀지는 않으리라. 단적으로 율곡적인 태극과 음양의 이론은 현대 서양 철학의 정신에서 보면 서양의 16세기가 상상할 수 없었던 탁월한 철학이다. 왜냐하면 20세기의 서양 철학은 거의 대부분 고전적인 불변의 실체라는 개념을 허깨비로 간주하고 있기 때문이다.

그러나 여기서 잠시 예리한 주의력을 쏟아야 한다. 그 이유는 현대의 서양 철학이 주류상으로 아리스토텔레스와 성 토마스를 잇는 고전적인 실체 개념을 부정한다 하여도 우리의 입장이 영미의 실증적인 과학주의자들의 의견에 동조한다는 뜻은 아니다. 그들과는 달리 율곡의 태극적인 우주관은 우주에서 공기처럼 하늘거리는 미묘하고 섬세한 율동의 변화와 우주의 실재가 처음도 끝도 없이 지녀온 무한히 육중한 부피를 둘 다 조화하여 그 어느 것도 희생시킴이 없이 펼쳐지고 있다. 그러한 우주관은 일부의 학자들이 주장하듯, 본체론적 우주관이 아니라고 나는 생각한다. 따라서 그의 우주관이 주는 의미는 이미 앞에서 인용되었듯이 "음양의 변화 가운데 태극의 이(理)가 있다"인데, 그 말은 우주의 모든 것이 존재로서 생성하고 또 생성으로서 존재함을 알리는 사상이 아닌가?

그러면 '율곡의 태극-음양적'인 형이상학이 메를로퐁티의 형이상학과 어떻게 비교될 수 있는가? 엄밀한 의미에서 메를로퐁티는 형이상학자라기보다는 현상학자다. 그 점에서 이 현상학자의 사상에서 형이상학적인 우주관을 발견함은 불가능하다기보다는 차라리 어렵다. 그런데 후기 작품 속에서 그는 우주를 '보이는 것'과 '안 보이는 것'의 돌쩌귀로 파악하였다. 그가 갑자기 죽지 않았더라면 그의 더 확대된 우주론을 볼 수 있었을 터인데, 우리는 그것을 완전히 포착할 수 없다. 그러나 우리가 애오라지 그의 깊은 우주관에 매혹된다면 "안 보이는 것은 보이는 것의 깊이며 요철(凹凸)이요, 안 보이는 것이 보이는 것만큼 순수한 적극성을 지니고 있다"[4]라는 메를로퐁티의 표현에서 우리의 문제가 비롯되어야 한다.

도대체 메를로퐁티는 로고스의 존재를 어떻게 보는가? 아무도 명석한 비전을 가지지 못하는 자아의 심연 너머에 "개념화될 수 없는 보편적인 존재의 표현인 선(線)과 빛과 색깔과 음양과 중량의 로고스가 균형의 체계를 유지하고 있다."[5] 이러한 우주적인 로고스의 해석은 우주에 있어서 "보이는 것의 본질은 하나의 부재인 것 같지만 사실상에 현존하는 안 보이는 것을 하나의 옷 안으로 가지고 있음"[6]을 뜻한다. 그러므로 우주의 로고스와 그것의 존재는 보이는 것을 자신의 옷 겉으로, 안 보이는 것을 자신의 옷 안으로 지니고 있다. 따라서 안 보이는 것은 그 자체로 보이지 않기 때문에 무와 같을 수 있지만 안 보이는 것이 바로 무와 동일하지는 않다. 요컨대 우주에 있어서 보이는 현상의 차이와 변화 때문에 로고스의 존재는 무와 동일할 수 없다. 그런 한에서 보이는 우주의 세계는 내가 다 인식할 수 없는 무수한 상관관계에 의하여 얽혀져 있는데 그러한 보이는 세계는 안 보이는 세계를 자신의 옷 안으로 품고 있어서 두 세계의 통일로서의 하나의 우주는 보이는 것과 안 보이는 것 사이에서 구체적으로 잉태된다.

---

4) Maurice Merleau-Ponty, *Signes*, p.31.
5) Maurice Merleau-Ponty, *L'Oeil et l'Esprit*, p.218.
6) 같은 책, p.224.

사람들은 움직이지 않는 것에 대하여 말하는 것같이 안 보이는 것을 언급하는데 그 까닭은 안 움직이는 것이 운동에 무관하기 때문이 아니라 오히려 운동에 붙어서 그것을 지탱시켜주기 때문이다.[7]

이러한 메를로퐁티의 사상은 이미 우리가 앞에서 본 율곡의 태극-음양사상과 그 표현의 양식은 다를지라도 근본정신에서는 이웃의 세계에 접하고 있음을 깨달을 수 있다.

이 점을 좀 더 추구하여보자. 위의 인용을 다시 풀이하면 안 보이는 것은 가시성(可視性)의 영점(零點)에서 솟아남이 마치 정지가 운동의 영점에서 이해되는 것과 같다. 그러므로 로고스의 불가시성(不可視性)과 부동성(不動性)은 로고스의 가시성과 운동성 속에 벌써 함축되어 있다. 따라서 우리가 앞에서 율곡의 우주관을 존재로서 생성하고 동시에 생성으로서 존재하여야 하는 법칙으로 보았는데, 메를로퐁티의 우주관도 마찬가지로 "존재하는 것과 보이고 보는 것의 불상리(不相離), 또 보고 보이는 것과 존재하는 것의 불상리"[8]로 이해된다. 이러한 불상리의 사상을 구체적으로 어떻게 보아야 옳을까?

우주는 순수한 정신의 고정된 실체의 절대적인 좌표도 아니요, 그렇다고 하여 조야하고 법칙이 없는 지리멸렬한 운동도 아니다. 우주는 언제나 안 보이는 것과 보이는 것의 중간적인 위치인데, 그러한 중간적인 위치가 갖는 돌쩌귀의 갈림길에서 우주의 역사가 시원적으로 형성된다. 따라서 우주 속에 존재하는 인간은 그러한 우주의 역사성 속에서 그것과 같은 생명, 그것과 같은 운동, 그것과 같은 감정을 가지게 된다. 인간의 사유는 우주의 본질과 관계없는 독자적인 실체가 아니라 우주의 본질적인 성격에서 그 근거를 지닌다. 그리하여 인간의 모든 논리적인 사고도 우주적인 로고스의 상징에 맞추어 출몰된다.

---

7) Merleau-Ponty, *Signes*, p.30.
8) Merleau-Ponty, *L'Oeil et l'Esprit*, p.225.

시간과 사고도 서로 서로 엎치락뒤치락 섞여지게 되고, 사고의 밤은 존재의 빛에 의하여 서식하게 된다.[9]

(이리하여 우주에 있어서) 사물들은 우리가 가지고 있는 것이 아니라 오히려 우리를 가지고 있는 하나의 말(une Parole), 하나의 사유(une Pensée)에 의한 것같이 말하여지고 생각되어진다.[10]

지금까지 우리는 메를로퐁티의 우주론을 살폈는데 태극이 그의 현상적 가지로서 음양이 필요하듯이 안 보이는 로고스는 그의 가지로서 감각적 현상이 필요하다. 이 점을 나는 두 가지로 해석하고자 한다.

그 하나는 태극이무극(太極而無極)이라는 형이상학적 사유는 음양의 현상적인 전개가 없으면 인간에게 영원히 이해되지 않는 불가지의 범주에 빠지고 만다는 점이다. 그동안 나는 많은 동양철학자들이 태극의 개념에 대하여 설명함을 배웠지만 모두가 개념의 공허한 유희에 그칠 뿐 그것이 실제적으로 무엇을 뜻하는지는 이해가 되지 않았다. 정말로 태극이무극이라는 사상을 전통적으로 논한다면 그것은 전부를 다 설명하든지 아니면 아무것도 설명하지 않든지 둘 중 하나다. 그러나 그 두 가지는 실로 똑같다. 마찬가지로 로고스의 안 보이는 존재만을 추상적으로 논한다면 그것은 너무도 밝은 빛이든지 아니면 캄캄한 밤이든지 그 어느 하나다. 그러나 너무 밝아 아무것도 볼 수 없는 상태의 빛은 캄캄한 밤하고 무엇이 다르랴! 그러므로 태극이나 로고스나 다 자신의 육체가 필요하다. 그러므로 음양의 율동과 감각적 현상은 모두 다 태극이나 로고스의 살(la chair)이다.

두 번째로 살 개념의 등장으로 형이상학적인 우주의 태극 또는 로고스가 인간의 세계에 접선되어 역사화된다. 우주에 대한 지고한 형이상학적 개념

---

9) Merleau-Ponty, *Signes*, p.21.
10) 같은 책, p.27.

의 고상함도 그것이 인간의 현실과 역사적으로 맥락을 맞추지 못할 때 그러한 형이상학은 자살하여야 된다. 그 점에서 우리는 지금까지 율곡과 메를로퐁티의 우주관이 허황된 관념의 풀무간이 아님을 보았다. 그러나 이 프랑스 철학자의 우주관은 그의 실존적인 경험에서 출발되었지만 한국의 철학자는 자기의 우주관을 철학적인 사색의 시발점으로 삼았다. 이것은 동·서양의 정신적인 차이점이다. 그러한 차이점의 우열을 밝히려는 것은 아니지만, 대부분의 동양 철학자들이 하늘에 구름 잡는 식의 막연한 사유의 성격에서 벗어나 자기들 앞에 있었던 위대한 사상가들의 중심을 현대적으로 '반복'하는 직관력에 의하여서만 추상의 구름에서 구체의 대지로 위대한 사상가들을 다시 살릴 수 있음을 잊어버리고 싶지는 않다.

태극-음양의 형이상학에 이어서 지금부터 우리는 율곡의 이기(理氣)사상을 해석하고자 한다. 이러한 이기의 사상은 태극의 사상에서부터 구체화되어가는 도중의 중요한 사상의 저수지임에서 더욱 그 의의는 깊다. 간단히 밝히면 율곡의 이기사상은 그의 모든 저서를 통해 다음의 세 가지로 집약된다.

① "형이상적인 것과 형이하적인 것은 서로 분리될 수 없다(理形而上者 氣形而下者 二者不能相離)."[11]

② "이(理)는 무형하고 기(氣)는 유형하다. 이는 무위하고 기는 유위하다. 무형무위한 것은 유형유위한 것의 주재(主宰)가 되는데 그것이 이(理)고, 유형유위한 것은 무형무위한 것의 기(器)가 되는데 그것이 기(氣)다(理無形也, 氣有形也 理無爲也 氣有爲也 無形無爲而爲有形有爲之主者 理也. 有形有爲而 爲無形無爲之器者 氣也)."[12]

③ "이(理)는 무형하고 기(氣)는 유형하니 이통기국(理通氣局)이다. 이는 무위고 기는 유위하니 기발이승(氣發理乘)이다(理無形氣有形, 故理通氣局 理無爲而氣有爲, 故氣發理乘)."[13]

11) 李珥, 『栗谷全集』, p.202.
12) 같은 책, p.208.
13) 같은 책, p.209.

이상에 인용된 글은 율곡의 이기관(理氣觀)에 대한 대목(大目)을 이해하는 데 핵심이 된다. 보통 철학사에서 율곡의 이런 사상을 그의 표현대로 답습하여 이기지묘(理氣之妙)의 철학이라 하는데 거기에 그의 사상의 구체적인 탁월성이 있다. '이기지묘'라는 표현대로 우리는 율곡에서 이와 기를 각각 분리시켜서 해명할 수 없고 아울러 동시에 음미하여야 한다.

율곡의 이일분수설(理一分殊說)은 그러한 해명을 위한 길잡이가 된다. 율곡은 "본연자는 이(理)의 일(一)이요 유행자는 이(理)의 분수(分殊)다(本然者 理之一也 流行者 分之殊也)"14) 또한 "일본지리(一本之理)는 이(理)의 체(體)고 분수지리(分殊之理)는 이(理)의 용(用)이다(一本之理 理之體 分殊之理 理之用)"15)라 하였다. 이러한 표현은 이(理)의 체용(體用) 관계를 일분수(一分殊)로 나타낸 것인데, 이러한 이의 체용 관계는 그가 "본체의 가운데 유행이 갖추어져 있고 유행의 가운데 본체가 존재한다(本體之中流行具焉 流行之中 本體存焉)"16)고 종합적으로 명제를 내세움에 포함되어진다. 문자 그대로 본체가 유행의 밖에 있지 않고 유행이 또한 본체를 떠나 존재하지 않으므로 본체의 입장에서 보면 이(理)는 하나요, 현상의 유행에서 보면 이는 서로 다양하게 나누어진다.

이러한 이일분수(理一分殊) 이론이 좀 더 현상학적으로 표현된 것이 이통기국(理通氣局)의 이론이다. 이통기국의 이론을 율곡은 다음과 같이 설명하였다.

사람의 성(性)은 사물의 성이 아닌데, 그것은 기(氣)의 국한 때문이고 사람의 이(理)가 곧 사물이 이인데, 그것은 이의 보편성 때문이다. 모나고 둥근 그릇은 같지 않으나 그 그릇 가운데 물은 하나이고 크고 작은 병은 같지 않으나 그 병 가운데 공기는 하나다. 기의 체는 하나인데 이의 보편성 때문이고 이가 수만 가지로 달라지는 것은 기의 제한 때문이다(人之性非物之性者 氣之局也 人之理卽物之理者 理之通也. 方圓之器不同 器中之水一也 大小之瓶不同 而瓶

---

14) 같은 책, p.194.
15) 같은 책, p.248.
16) 같은 책, p.216.

中之空一也 氣之體一者 理之通故也 理之萬殊者 氣之局也).[17]

풀이하면 인성(人性)이 물성(物性)이 아님은 이(理)가 다양하게 나누어지는 기(氣)의 제한 때문이며, 인리(人理)가 물리(物理)와 같은 것은 하나의 이(理)가 보편적으로 통하기 때문이다. 이리하여 율곡은 재미있는 비유로서 모나거나 둥근 그릇은 다르지만 그 속에 채워진 물은 같고 병은 크고 작으나 그 안에 들어 있는 공기는 같다고 하였다.

그러면 이일분수(理一分殊)의 이론에서 이어온 이통기국의 사상을 구체적으로 어떻게 보아야 할까? 물론 그것을 해석함에서 태극과 음양의 일원적 이원론의 세계관을 잊어서는 안 된다.

율곡이 이(理)를 '형이상'으로, 기(氣)를 '형이하'로 말한 것을 각각 이성(理性)·형상이념(形相理念)으로 이(理)를 새로이 해석하고, 기(氣)를 감성(感性)·질료(質料) 등으로 다시 본다. 그러한 새 용어에 의한 새로운 감각은 넓은 뜻에서 타당하다고 생각된다. 그러한 해석은 아리스토텔레스와 칸트의 철학에 훈련된 학자들에 의하여 주로 논하여진다. 그러나 아리스토텔레스와 칸트의 철학이—물론 아리스토텔레스가 칸트보다 훨씬 율곡적이긴 하다—율곡의 이통기국의 정신을 근본에서부터 이해하는 데 도움이 되는지 의문이 든다.

우리는 이(理)가 현대 서양 철학에의 어떤 개념에 해당하고 또 기(氣)는 어디에 적합하고 하는 따위의 추상적이고 도식적인 분류를 피하기로 한다. 그런 분류에 의하여 율곡의 산 구체철학의 정신이 낱말의 키르케고르적인 뜻에서 '반복'될 수 있으리라고 나는 믿지 않는다.

이통기국의 사상을 구체적으로 응용하면 역사적인 실존의 상황에 전적으로 무관한 본질의 사상은 존재할 수 없고 이미 현실로서 놓여 있는 세계를 고려하지 않는 초월의 사상이 있을 수 없고 역사적인 기저를 도외시한 어떠한 보편정신의 과학도 성립할 수 없음을 이통기국이 강력한 악센트로 수정

---

17) 같은 책, 216.

하고 있는 것이 아닌가? 그런 한에서 이통(理通)의 세계가 본질과 초월 그리고 보편적인 정신의 자유로운 왕국이라면 기국(氣局)의 세계는 실존과 내재, 그리고 정신의 자유를 제한시키는 무의지, 무의식 또는 무반성의 세계다.

이통의 세계가 가능의 지평이며 기국의 세계는 그 가능을 현실화시키는 지평이다. 그러므로 현실의 실재하는 세계는 이통기국의 세계이므로 율곡의 철학은 가능한 관념의 본질 철학이나 순수한 본체론의 철학이 아니고 현실적이며 실재적인 사상으로 펼쳐진다. 그러므로 율곡의 정신에 따라서 이통기국으로 철학함은 세계를 보는 방법을 다시 배움이요 현실의 사실로 되돌아감이다. 여기서 우리는 율곡의 사상이 메를로퐁티의 『지각(知覺)의 현상학』과 그렇게 먼 거리를 두고 있지 않음을 본다.

　　가장 기본적인 사건도 이미 하나의 의미를 입고 있으며 고급의 기능은 더 잘 통합된 실존의 양식이나 더욱더 타당한 적응을 하급의 작용을 승화하고 이용함으로써만 이루어진다.[18]

이러한 메를로퐁티의 인용은 이미 우리 앞에 있는 세계 안의 모든 뜻이 어떻게 구체화되는가를 알린다.

이통기국을 현상학의 정신으로 풀이하면 그 사상은 인간의 의식에 나타나는 존재의 학문을 뜻한다고 볼 수 있다. 그러나 여기서 의식이라 부름을 관념론자들이 최후의 보루로 느끼는 순수한 관념의 독자적 자발성이라고 생각하여서는 안 된다. 메를로퐁티의 철학에서 의식은 곧 육체의 지각 작용과 같다. 예를 섹스의 에로티즘에서 들어보자.

　　섹스의 흥분을 자극시키는 지각은 생각되어진 대상을 겨냥하는 하나의 사유(cogitatio)가 아니라 하나의 육체를 통하여 다른 육체를 겨냥한다.

---

18) Merleau-Ponty, *La phénoménologie de la perception*, p.16.

지각은 세계 속에서 이루어지지 의식 속에서 이루어지지 않는다.[19]

따라서 에로틱한 분위기에 젖게 될 때 우리의 의식은 주관적인 것도 아니고 객관적인 것도 아닌 그러한 세계를 헤맨다. 그런 세계가 메를로퐁티적인 뜻에서 바로 '살'의 세계다. 그러므로 의식은 곧 살이고 살은 존재의 모습이 이미 거기에 살고 있는 현상이다. 살은 단순한 객관적인 물건으로서의 고깃덩어리가 아니라 존재의 이념을 담은 그릇이요 장소다. 율곡이 말한 바대로 기(氣)를 이지기(理之器), 이(理)를 기지재(氣之宰)로 생각할 때 결코 기(器)와 재(宰)의 개념을 분리시켜 추상적으로 보아서는 안 된다. 낱말의 율곡적인 뜻에서 기(器)와 재(宰)가 구체화되어서 나타난 현실 이념이다.

이러한 사랑을 그 이름을 받을 만한 가치가 있는 모든 종교들이 가르친다. 그러나 그러한 사랑은 비역사적이다. 그것이 비역사적이기에 여태까지 모든 종교의 진실한 호소에도 불구하고 아직 단 한 번도 이 세계에 사랑의 순수한 왕국이 세워진 적이 없다. 이 세계의 역사는 곧 살의 역사고 인간도 살의 현상이다. 인간이 인간으로서 사랑을 느낄 때에는 언제나 그가 살을 통하여서다. 남녀가 비로소 사랑을 느낄 때 얼굴 표정이나 몸동작에서 사랑을 알지 못한다면 그들은 그것을 어디에서 알리오! 순수한 종교적인 사랑도 살에 새긴 사랑의 역사를 모르면 이해할 수 없으리라. 살 속에서 사랑의 실재가 새겨지므로 사랑의 이야기에 그토록 많은 증오와 질투 그리고 때로는 살인의 드라마가 연출된다. 이 점은 뒤에 율곡의 심리학을 볼 때 다시 논하여지리라.

앞에서 설명된 모든 점을 감안하여 나는 이통기국의 사상을 살의 철학, 살의 현실학, 살의 역사라고 부르고 싶다. 여기서 다시금 메를로퐁티를 보자.

육체의 경험은 우리로 하여금 보편적으로 구성하는 의식이 부과하는 의미가 아니라 어떤 내용에 밀착되어 있는 의미를 인식하도록 한다. 나의

---

19) 같은 책, p.183.

육체는 일반적인 기능으로서 행동하는 의미의 핵심이지만 또한 병에 걸리는 실존이기도 하다. 나의 육체 안에 우리는 일반적으로 지각 속에서 발견하는 실존관, 본질의 돌쩌귀 같은 매듭을 인식함을 배운다.[20]

이통기국·기발리승(氣發理乘)의 현상학은 인간의 경험에서 멀리 그리고 높이 있는 하이데거적인 존재의 세계가 아니라 나의 경험들의 상호 교차 또는 나의 경험과 타인의 경험 사이에 엮어지는 상호 교차에서 튀어나오는 그런 구체적 의미의 세계다. 그러므로 기발리승·이통기국의 철학은 역사를 인간적으로 해명하려는 구체적인 휴머니즘이다. 왜냐하면 세계가 인간에게 정시(呈示)하는 역사는 언제나 살의 역사인데 그 역사의 의미를 벗기는 것은 살의 존재요 현상으로서의 인간밖에 없기 때문이다.

살의 세계는 육체와 정신, 경제와 초경제 등 두 가지의 성질이 각각 기(氣)와 이(理)로서 공존하는 세계다. 그러나 그러한 두 가지 성질의 공존이 지구의 남극과 북극처럼 명확히 구분된 그런 모습으로 짜여 있지는 않다. 살의 역사와 그 문화는 정신이 육체에 의하여 간섭받게 되고 경제 현상과 그 본질이 초경제적인 것을 척도(尺度)하며 비역사인 본질이 시대의 상황에 의하여 독특한 색조를 띠게 됨을 알린다. 그러나 그러한 상관관계를 도식적으로 유형화시킴은 불가능하다. 살의 세계에서 얼마만큼이 육체적인 것이고 그 나머지는 정신적인 것이라고 가름할 수 있다 함은 마치 『베니스의 상인』에서 피를 흘리지 않고 살코기 몇 근을 사람 몸에서 떼어야 한다는 재판의 이야기와 같다. 이리하여 메를로퐁티는 이렇게 말한다.

문화는 우리에게 절대적으로 결코 투명한 의미를 주지 않는다. 그래서 그의 의미 기원은 결코 완결될 수 없다. 우리가 정당하게 우리의 진리라고 부르는 것 그것을 우리는 우리의 역사적인 지식을 날짜로 정하는 상징의

---

20) 같은 책, p.172.

연관 속에서만 오직 명상한다.21)

그러므로 보편적인 이념의 진리라는 것도 그것을 우리 시대의 역사적인 상황이 매겨놓은 시간적인 날짜가 정한 상징의 연관 속에서 파악되어야 한다. 이것이 상대주의의 휴머니즘이다. 그러나 그러한 상대주의는 절대성의 기준을 전적으로 부정하는 찰나주의는 아니다. 말브랑슈의 말대로 '우리의 세계는 언제나 하나의 미완성품'이기에 절대적으로 완결된 답변의 구성은 있을 수 없다. 이통기국의 사상은 우리의 현실에서 고정되고 신성시되어야 할 어떠한 이념도 없고, 역사의 상대성에 따라서 살을 위한, 살에 의한 그리고 살의 문화를 겨냥하는 구체적인 휴머니즘을 말하고 있음이 아니겠는가? 그러한 휴머니즘이 또한 율곡이 제창한 변법주의(變法主義)의 정신이 아니겠느냐?

여기서부터는 율곡의 심리적 인간학의 문제를 훑어보기로 하겠다. 율곡의 심리학이라 함은 한국 성리학의 특징이라 할 사단칠정(四端七情)의 이론에 관한 문제다. 성리학의 한국적 요소인 사칠론은 퇴계, 고봉, 우계, 율곡 등 기라성 같은 유학자들에 의하여 펼쳐졌다. 그러나 나는 나의 능력을 넘지 않는 범위에서 퇴계와 율곡을 비교하거나 요건을 대비시키지 않고 율곡의 사상에서 형성된 사단칠정의 이론을 구조적으로 분석할 것이다.

율곡의 심리학은 성(性)과 정(情)과 의(意)를 별개의 것으로 보지 않고 하나의 연속된 계열로 파악한다. 이러한 심리학적 방법이 어떠한 의미를 띠느냐는 곧 메를로퐁티의 심리학과 비교하여 탐구되어지리라. 먼저 그의 심리학을 그 자체에서 보기로 하자.

심성(心性)·정(情)·의(意)가 단지 한 길임을 반드시 알아야 한다. 그리고 각 경계가 또한 있음도 알아야 한다. 그러나 그것도 차이가 있는 것은 아니다. 어떻게 한 길이냐? 심(心)의 미발(未發)은 성(性)이고 이발(已發)은 정

---

21) Merleau-Ponty, *Signes*, p.52.

(情)이며, 발한 후에 몫을 재는 것은 의지니, 이것이 모두 한 길이다. 어떻게 각 경계가 있느냐? 심의 적연부동(寂然不動), 이것이 성의 경계요, 심이 감이 수통(感而遂通)할 때 이것이 정(情)의 경계요, 느낌으로 인하여 자세히 상량 (商量)하니 이것이 의지의 경계다. 그래서 모두가 일심(一心)이지만 또 각각 고유한 경계가 있다(須知心性情意, 只是一路 而各境界 然後可謂不差矣 何謂一路 心 之未發謂性 已發爲情 發後商量爲意 此一路也. 何謂各有境界 心之寂然不動時是性境界 感而遂通時是情境界 因所感而細繹商量爲意境界 只是一心 各有境界).22)

이 내용을 풀이하면 인간의 심리 현상은 성(性)과 정(情)과 의(意)를 이해한 다음에 밝혀진다. 그런데 성과 정과 의는 동일한 심리의 다른 현상의 관점이 므로 그것을 이질적으로 구분함은 올바르지 못하다. 인간의 심리가 아직도 현상화되지 못한 의식을 성품이라 하고 이미 현상화된 의식을 감정이라 하 고 그리고 현상으로 표면화된 다음에 비교하는 의식을 의지라 한다. 그래서 동일한 인간 심리의 다차원적인 현상이 성·정·의라 할지라도 그 각각에 지 평의 경계는 있다. 예를 들면 마음이 적연하여 움직임이 없으면 성품의 지평 이고 느껴서 활동하면 감정의 세계이며, 느낌으로 인하여 자세히 비교하는 등록지대를 의지라 한다. 이처럼 율곡은 마음의 심리는 하나지만 각기 그 지 평의 위치에 따라 경계선이 있음을 알린다.

심리의 근원적 존재양식을 밝힌 데 이어서 율곡은 한국 유학의 전통적인 특징인 사단칠정론을 논하였다. 사칠론에 대하여 율곡은 몇 가지의 중요한 명제를 기술하였다.

사단은 칠정의 선일변이고 칠정은 사단의 총회자다(四端是七情善一邊 七 情是四端之總會者).23)

___

22) 李珥, 『栗谷全集』, p.297.
23) 율곡전집, p.198.

사단은 단지 선정의 별명이고 칠정을 말함은 곧 사단이 그 가운데 있음을 뜻한다(四端只是善情之別名 言七情則四端在其中).24)

사단은 칠정의 전부와 같지 않고 칠정은 사단의 본질과 같지 않다(四端不如七情之全, 七情不如四端之粹).25)

이상의 말들을 종합하여보면 사단은 칠정과 별도로 구분되는 것이 아니요, 구체적인 심리의 현상에서 칠정과 이기지묘의 모습으로 엉켜 있다. 이처럼 사단칠정의 이기지묘인 불상리(不相離)의 심리는 또한 다음과 같은 특징을 갖는다.

사단칠정은 곧 본연지성·기질지성과 같다. 본연지성은 곧 기질을 겸하지 않음을 뜻하고 기질지성은 도리어 본연지성을 겸한다. 그러므로 사단은 칠정을 겸할 수 없으나 칠정은 사단을 겸한다(四端七情 正如本然之性氣質之性 本然之性 則不兼氣質而爲言也 氣質之性 則却兼本然之性 故四端不能兼七情 七情則兼四端).26)

이를 쉽게 말하면, "사단은 인간 심리의 본연의 성질이요, 칠정은 인간 심리의 기질적인 성질인데 본연지성은 기질지성을 겸하지 않지만 기질지성은 본연지성을 겸한다"는 것이다. 그래서 인(仁)에서 우러나오는 측은지심(惻隱之心), 의(義)에서 우러나오는 수오지심(羞惡之心), 예(禮)에서 우러나오는 사양지심(辭讓之心), 지(智)에서 우러나오는 시비지심(是非之心)으로서의 사단은 희(喜)·노(怒)·애(哀)·낙(樂)·애(愛)·오(惡)·욕(慾)의 칠정에서 구체화된다.

율곡의 심리적 인간학을 다시 정리하면 다음과 같다. 우주적 질서 그 자

---

24) 같은 책, p.199.
25) 같은 책, p.192.
26) 같은 책, p.192.

체로서의 태극은 곧 삼라만상의 이(理)다. 그러한 우주적인 태극의 이(理)가 인간에게 나타난 것이 천성으로서의 인성인 사단(四端)이다. 그런데 태극의 이념이 공허하여지지 않기 위하여 음양의 기(氣)가 필요한 문자 그대로 이기지묘(理氣之妙)요, 이통기국의 철학은 다시금 인성으로서의 이(理)인 사단이 자신의 공허화를 피하고 구체적인 현상의 즉물주의로 탈바꿈하기 위하여 칠정의 심적 기(氣)가 필요하다. 그런데 이(理)가 곧 기(氣)와 존재적으로 일치하지 않듯이 사단이 칠정과 존재적으로 일치하지는 않는다. 칠정의 기(氣)가 없는 사단이 공허하여지고 사단이 없는 칠정은 맹목에 흐르기에 칠정의 조화되지 않는 사단은 현실적으로 무력하고 또 사단에 조화되지 않는 칠정은 조야한 악(惡)의 시발이 된다. 그런 점에서 윤리적인 악은 존재론적인 의미를 띠지 않고 오히려 현상학적인 의미를 지닌다. 사단과 관계없이―관계는 없을 수 없지만 추상적으로 분리시켜 보면―칠정을 그 자체로 존재론적으로 보면 그것은 선악 이전의 불교적인 표현대로 무기(無記)인 것이다. 이 점을 서양 철학에서 성 아우구스티누스와 성 토마스를 잇는 윤리학의 선악 문제와 비교하여봄은 재미있는 문제지만 여기서는 그 비교 연구를 유보시켜놓겠다.

지금부터는 율곡적인 심리학을 메를로퐁티와 비교하면서 그것의 의미를 밝혀보자. 여기서, 지나가면서 잠시 개인적인 의견을 붙이면 대학 시절에 한국 철학을 들으면서 퇴계를 플라톤에, 율곡을 아리스토텔레스에 가끔 이상으로 비유하는 논조에 나는 젖었었다. 그런데 율곡을 연구하는 도중에 율곡을 소요학파의 창시자에 비유함이 그렇게 투철하고 현명한 해석이 아니라는 생각이 더욱더 굳어진다. 왜냐하면 율곡은 이와 기를 플라톤의 수제자가 형상과 질료를 구분하였던 것같이 그렇게 명확히 단절시키지 않았기 때문이다. 율곡의 심리학을 형상과 질료에 의한 논리적인 결합으로 해석하기보다는 오히려 쾰러와 레빈에 의하여 창조된 형태심리학(Gestaltpsychologie)에서 해명함이 타당하지 않을까?

형태심리학의 이론은 철학 사상을 크게 교육시켰는데, 그것은 의식과 자연, 영혼과 육체를 고전적인 이율배반으로 생각하지 않도록 철학을 가르쳤다. 이리하여 구조로서의 형태에 대한 방법론적 해석은 삶의 이해를 촉진시켜주었다. 구조는 주관과 동시에 객관을 포함하고, 현존의 질서와 직시(直視)의 질서를 아울러 가지며 또 하급 기능에 속하는 기계적인 것과 고급 기능에 속하는 지향적인 것도 동시에 품고 있다. 따라서 구조로서의 형태는 결코 어떤 절대적인 관념이나 물자체적인 실체로서 이해되어서는 안 된다. 단적으로 형태(Gestalt)는 추상적이 아니기에 그것은 구체적으로 유연성 있는 모습을 보여준다.

이러한 형태심리학은 산 생명의 현상을 설명하는 데 많은 영향을 주었는데 헤겔의 변증법을 기대지 않더라도 형태심리학은 삶의 구체성을 주는 자와 주어진 자의 해부학적 구별을 넘어서 그 둘을 하나로 본다. 여기서 나는 두 가지 그림으로 형태심리학의 특징을 표시하려 한다.

다음 두 그림의 형태는 무늬(figure)와 바탕(fond)으로 구성된 구조다. 흰 면은 무늬고 검은 면은 바탕이다.

무늬의 범위가 넓어지면 바탕도 그것을 싸면서 더욱 넓어지는데, 무늬는 바탕에서 드러난 현상이며 바탕은 현상의 배후에 현존하면서 무늬를 직관케 하는 연속의 성질을 지닌다. 그런데 무엇이 무늬가 되고 무엇이 바탕이 되는 것인가를 절대적인 개념으로 고정하여 설명할 수 없고 그때그때의 요구와 상황의 변화에 따라 그것들이 결정된다. 따라서 위의 그림을 재음미하면 구조의 개념은 주관이 구성하는 의미를 넘고 있는데 그 까닭은 구조는 의미를 주는 주관에 의존하는 것이 아니라 체험된 것과의 근본적인 얽힘 속에 성립하기 때문이다.

　　우리가 출발하고 있는 형태 속에 심오한 점은 그것이 단순히 주관이 부여하는 의미의 개념이 아니라 객관적인 실재의 현실과 주관적인 관념이 서로 분리되지 않고 하나의 관절뼈를 이루고 있음이다.[27)]

　　이 점에 이르러 우리는 율곡과 메를로퐁티를 더 접근시켜 비교하여보자. 율곡이 심리를 성(性)·정(情)·의(意)로 세 경계를 지으면서도 그것을 동일한 연속으로 보았음은 이미 앞에서 언급되었다. 그런데 메를로퐁티는 인간의 심리 현상을 영혼적인 것과 물질적인 것을 구별하지 않고 영혼과 육체가 하나의 구조를 형성하는 무늬와 바탕의 종합적인 장(場)으로 보고 있다.

　　이 두 철학자의 학설을 어떻게 볼 것인가? 심지미발(心之未發)로서의 인성이 이발(已發)된 것을 율곡은 느낌 또는 감정이라 불렀다. 이러한 성·정의 관계는 인간 심리의 근원적인 바탕으로서의 이념이나 관념이 육체의 현상과 하나로 융화되어야만 산 인간의 심리적 감정으로 구체화됨을 뜻한다. 삶이란 본디 살과 밀접한 관계를 지니고 있는 개념인데 이미 앞에서 언급된 삶의 철학에 바탕을 둔 결국 인성이 비록 사단의 인·의·예·지로서 초역사적인 보편성을 지니고 있다 하더라도 인성의 수육화 현상으로서 살로 변하지 않으면 인성은 아무런 구체적 행동을 실존적인 상황 속에 구현되지 못한다. 따라서 칠정인 희·노·애·낙·애·오·욕은 초월적인 사단의 이(理)가 자연 및 현실의 상황과 즉물되어 나타난 심리의 현상이다. 그러므로 인성은 그 자체가 적연부동(寂然不動)하여서 마치 태극이무극(太極而無極)의 개념과 같이 역사의 현실에서 볼 때 전부를 설명하거나 동시에 아무것도 설명하지 않거나이다. 그렇지만 그 두 가지는 결국 같은 뜻으로서 실상에 공허한 개념의 실질 없는 유희에 불과하다.

---

27) Merleau-Ponty, *La structure du comportement*, p.280.

그러므로 본연지성(本然之性)으로서의 사단은 기질지성으로서의 칠정에 엉켜져야 살의 심리로 탈바꿈된다. 그런 경우에 살의 심리는 사람의 심리로서 하나의 장을 구성하여 사단은 바탕으로 칠정은 무늬로서 두드러지게 부각된다. 이렇게 율곡의 심리학을 메를로퐁티적인 현상학에 의하여 비추어볼 때 율곡의 사칠론은 우리에게 무거운 의미를 던져준다. 즉, 철학자나 윤리학자들은 인간의 인간다움과 그것의 도덕적인 구조와 느낌을 설명할 때 사단의 이론을 마치 태극을 다룰 때 같이 추상적으로 칠정을 분리시켜서 논해서는 안 될 터이다. 말을 바꾸어 설명하면 사단이 천성즉인성(天性卽人性)으로 인간에게 주어졌기 때문에 인간의 본성이 선성(善性)이라든지 또는 그와 반대로 성악(性惡)이라든지 따짐은 별로 철학적으로 큰 값어치가 없다.

오히려 칠정의 표현은 이미 사단이 거기에 포함되어 있으므로 인간이 구체적으로 그에게 주어진 사회의 상황 속에 살아가면서 그가 매일 매일 나타내는 칠정의 이발(已發)이 얼마나 건전한가 또는 얼마나 병들었는가에 구체철학은 주의를 기울여야 한다. 건전한가 병들었는가의 현상은 이미 형태심리학의 응용으로 알았듯이 주관이 관념적인 구성으로 제시하는 판단이 아니라 주체가 사는 상황의 성질에서 오는 체험과 밀접한 관계를 유지하고 있다. 사회적인 상황이 경제적인 구조의 성질에 따라서 좌우된다고 가정하면 한 사회의 경제 구조가 병들면 칠정도 병들고 한 사회의 경제 구조가 건전하면 칠정도 건전해진다고 볼 수 있다. 그런 한에서 율곡의 구체철학은 사단의 추상론에 매달릴 것이 아니라 인간의 윤리를 칠정과 그 사회의 구조─예를 들면 경제적 구조─와의 연관성에서 보아야 함을 가르친다.

그런데 그것만이 아니다. 율곡은 또 더 깊은 측면을 우리에게 보여준다. 칠정의 건강과 병은 곧 한 사회의 역사적인 살(la chair)의 건강과 병에 대응된다. 그러면 궁극적으로 그러한 건강과 병을 가리는 기준은 무엇인가. 그것은 율곡에 의하면 인성으로서의 사단이다. 사단은 태극의 우주적인 질서와 상통한다. 이 점에서 율곡과 메를로퐁티의 차이점을 간과할 수 없다.

지금까지 율곡과 메를로퐁티를 비교하면서 두 천재 사이의 메울 길 없는 이질성을 별로 논급하지 않았다. 그러한 논급은 자연히 많은 매수(枚數)를 차지하고 되고 또 우리의 주제를 더욱 복잡하게 한다. 그 차이점을 한마디로 요약하면 율곡의 구체철학은 궁극적으로 종교적 차원으로 심화되는데 메를로퐁티의 구체철학은 어디까지나 현상학에만 머문다. 우리가 메를로퐁티의 현상학에 일말의 허전함을 느낀다면 율곡의 사상은 그것이 지닌 종교적 신앙으로 새로운 문제의식을 던져준다고 생각된다. 이 점에 대하여는 여기서 탐구되지 않으리라.

다시 우리의 주제로 돌아가자. 율곡적인 뜻에서 의지란 결국 삶의 감정을 실천에 옮기는 행동을 뜻한다. 그런데 우리가 메를로퐁티와의 비교에서 아는 바와 같이 행동의 구조는 어떤 측면에서도 모자이크적인 요소로서 분해되지 않는다. 의지의 행동은 하나의 계획을 성취시키기 위하여 주체는 여러 가지 해결 방안을 유연성 있게 모색할 수 있음을 알린다. 율곡이 상량(商量)의 개념으로 의지를 설명한 뜻은 바로 의지의 행동이 구체적으로 감정과 어떤 연속성을 지니고 있음을 보여준다.

지금까지 우리는 율곡의 태극사상·이기사상·사칠사상을 메를로퐁티와의 상관 아래서 그 의미를 낱말의 키르케고르적인 뜻에서 반복하였다. 율곡과 메를로퐁티의 구체철학을 비교 탐구하면서 끝맺음으로 부연하고 싶은 것은 내 자신이 역사적인 현실을 구체적으로 반성하면 할수록 하나의 생각이 점점 나를 에워싼다는 점이다. 즉, 기회적 요인론(occasionalism)의 철학이 우주와 인간, 인간과 인간, 육체와 영혼, 사회와 인간 사이를 설명할 수 있는 사상이 아닌가 함이다.

기회적 요인론은 낱말의 엄밀한 뜻에서 기계적 인과율도 아니다. 불교에서 말하는 연기설(緣起說), 말브랑슈에 의하여 대표되는 철학 사상을 우리가 기회적 요인론이라 부를 수 있다면 그것은 구체철학을 더욱 구체화시키는 데 많은 도움을 주지 않을까 나는 생각한다. 율곡에서 칠정과 사단, 칠정과 사회 현실, 이통기국의 모든 사상이 서로 기회적인 요인으로 각각 작용하지 않느냐? 율곡이나 메를로퐁티의 구체철학은 유물론, 자연주의 심령론이나 정신주의를 배격하는 '살의 변증법' 이외에 무엇으로 설명되겠는가?

살의 변증법이 하나의 우주적 질서와 근원적으로 통한다면 질서의 좌표는 딱딱한 인과율에 의하여 설명된다기보다는 모든 것이 상호 의존하면서도 일정한 거리를 지니고 그러면서도 서로 바뀔 수도 있으며 때로는 유연한 기계론과 목적론에도 응용되는 관계 속에서 노는 기회로 생각되어질 수 없겠는가?

오늘날 우리의 현실에 옳고 그른 것들을 한국인의 본질과 실존, 한국인의 의식과 사회, 물질과 초경제, 가치관과 자연관들이 엮어놓은 기회의 요인이나 기회적 우인론(偶因論)으로 봄이 어떠할까? 이러한 기회적 요인론 또는 기회적 우인론은 율곡의 철학을 우리 시대에 다시 빛내는 길이 아니 될는지?

제2부

한국 정신사의 경험

내 죽으면, 한 개 바위가 되리라
아예 애련(哀憐)에 물들지 않고
희로(喜怒)에 움직이지 않고
비와 바람에 깎이는 대로
억년 비정(非情)의 함묵(緘默)에
안으로 안으로만 채찍질하여
드디어 생명도 망각하고
흐르는 구름
머언 원뢰(遠雷)
꿈꾸어도 노래하지 않고
두 쪽으로 깨뜨려져도
소리하지 않는 바위가 되리라   _청마 유치환의 「바위」

1. 경험의 철학과 그 방법

봄이 오면 꽃이 피고 강남에 갔던 제비가 다시 돌아온다. 가을이면 또다시 꽃은 지고 강남으로 제비가 떠난다. 이처럼 돌고 도는 이 우주 속에 인간인들 예외가 아니다. 태어나서 죽고 죽은 다음에 새 생명이 또 나서 반복하는 인생 유전에 변치 않고 끊임없이 되풀이되어온 물음이 있다. '인간이란 무엇이며 또 인생은 무슨 뜻을 지니고 있을까' 하는 것이 그것이다. 그러한 물음은 영원히 완결되지 못하는 성질을 지니고 있다. 그러한 질문은 우주의 나이바퀴와 더불어 늘 증가한다. 그렇다고 하여 그것에 해답이 없다는 뜻이 아니다. 그 어떠한 답변도 나이바퀴처럼 돌면서 무한히 뻗어가는 새로운 질문의 진행을 막지 못한다.

인간의 삶이 나그네요 편력의 운동이라면 자신의 삶에 관한 답변 역시 나그네의 운명에서 벗어나지 못한다. 편력하는 인간으로서의 나그네는 완결된 해답으로서의 종착역을 갖고 있지 않다. 그래서 인간은 자기가 사는 '체험세계'를 어떻게 해석하고 어떻게 느끼고 생각하느냐 하는 점이 자기 인생의 의의와 짝을 짓는 함수관계로서 엮어져 있음을 본다. 단적으로 말하여 인간이란 그가 사는 고향의 경험이고, 인생이란 고향의 구조요 역사다.

그런 점에서 '나란 인간은 무엇이며 또 나의 인생은 어떠한가'라는 자기반성은 내가 현재 살고 있는 나의 체험세계인 이곳을 어떻게 '느끼고' 어떻게 '생각하고' 또 어떻게 '믿는가' 하는 문제와 대응되는 함수관계를 떠나서는 다른 해결 방안이 있을 수 없다. 그래서 고향의 경험, 고향의 체험이 가장 으뜸의 중요성을 지니게 된다.

'경험, 그것은 철학을 위하여 약속된 땅'이라고 현대 프랑스의 철학자 가브리엘 마르셀이 말하였을 때 우리는 이미 신학자 볼트만의 해석학의 근거가 마르셀의 경험주의 철학에서 멀지 않음을 본다. 모든 철학적 사상을 이해하기 위해서는 그것이 출발하였던 가정(假定) 없이는 그 이해가 불가능하며 그러한 가정의 세계가 바로 경험의 세계이다.

그런 점에서 한국적인 사상의 철학적 이해도 그것이 가정의 출발점으로 삼고 있는 한국적인 경험과 체험을 무시하고는 성립되지 않는다. 그러면 우리는 한국적인 경험을 어떻게 보아야 할까?

한국적인 경험에 대한 경험주의를 논하기 전에 먼저 체험 또는 경험의 뜻을 밝혀야 한다. 그래야만 제한하는 형용사인 '한국적'이라는 수식어의 의미가 순서에 의하여 밝혀지겠다.

평범한 생활인이든 비범한 천재이든 다 같이 경험을 갖는다. 그러한 경험이 낱말의 으뜸적인 뜻에 과연 무엇일까?

여기서 나는 추상적인 답변 대신에 하나의 경험적인 보기를 들겠다. 나만이 알고 있는 어느 숲속의 오솔길이 있다. 그런데 어느 날 아침에 나는 문득 이름 모를 한 송이 꽃이 새벽바람에 하느적거리면서 마치 나에게 인사하듯 움직이는 것을 본다. 그 순간에 나와 꽃 사이에서 두 가지의 경험이 가능하다. 하나는 꽃이 나의 바깥에 놓여 있는 대상으로 '저 꽃은 무슨 이름을 지니고 있으며 또 어떤 성질을 띠고 있을까' 하는 경험으로 표현되며, 다른 하나는 '꽃이여! 너는 누구인가'라는 꽃과 나 사이의 2인칭 대화 형식으로 표현된다.

첫 번째의 경험은 꽃과 나 사이에 3인칭의 관계가 형성되어서 나는 그 꽃의 바깥에 관념적으로 놓여 있게 된다. 그래서 그 꽃의 향기와 색깔과 모양이 객관적인 '데이터'로서 나에게 주어진다. 그와는 반대로 2인칭의 관계로 엮어진 경험의 세계에서 나의 감정, 나의 기분은 그 꽃의 거기에 있음에서 관념적으로 끊어져 있지 않다. 나는 그 꽃과 마치 태아가 모체에 탯줄로 연결되어 있듯이 하나의 세계로 뭉쳐지게 된다. 그래서 철학에서는 3인칭의 경험 관계를 '경험적 여건'이라 부르고 2인칭의 경험 관계를 '경험적 위치'라고 한다. '경험적 여건'은 영미의 과학철학자들이 생각하는 경험론이고, '경험적 위치'는 프랑스와 독일의 경험론자들이 주장하는 해석이다.

그런데 여기서 내가 경험한 것에 대해 교과서적 분류를 시도함은 경험론에 대한 강의를 함에서가 아니라 나에 의하여 해석되는 한국 정신의 경험론적 해석이 낱말의 마르셀적인 뜻에서 '경험적 위치' 위에 그 방법론의 바탕을 두고 있음을 알리려고 함에서다. 그리고 이러한 나의 방법론은 가브리엘 마르셀의 경험론의 정신분석학과 파슨스의 사회구조 이론에 의존되어 있다. 이 글의 짜임새 있는 전개를 위하여 잠시 원칙적인 방법의 문제에 눈을 돌려야 한다는 사려 깊은 슬기를 가지도록 하자. 그렇다면 먼저 경험적 위치와 경험적 여건을 한 도표 위에 대비시켜보자.

경험적 위치	경험적 여건
① 시원적 순수 경험의 세계 ② 객관의 여건과 주관의 행동이라는 이원론 이전의 주객이 하나로 융화된 체험의 분위기 ③ 주객 미분(未分)의 세계, 즉 공동체의 밭으로서 공체험적(共體驗的) 성질	① 과학의 요구에 응하는 '데이터'로서의 뜻 ② 주관과 객관의 분리가 이원론으로 엄연히 분리되어 객관의 의식 활동 바깥에 있는 물건 ③ 객체는 송신 기계, 주체는 수신 기계로 전달 가능적인 '메시지'의 세계

위의 도표에서 우리는 경험적인 위치의 세계는 경험적인 여건의 세계보다도 더 으뜸적이요 더 시원적이라는 사실을 보게 된다. 그리하여 내가 자리잡고 있는 세계가 사막이면 나도 사막이고 내가 위치한 자리가 짙푸른 심산유곡이면 나도 깊은 산, 그윽한 골짜기가 된다.

그런 한에서 경험적 위치는 결코 그 자체에서 합리적으로 사유될 수 없는 의식의 원시적 모습이다. 만약에 합리적으로 사유하려고 하는 순간부터 그것은 순수성을 이미 잃고 미리 목적의식을 설정하여놓은 인간의 삐딱한 경향성에 의하여 조작된 이념(주관의 의식)과 그 조작에 의하여 농간당하는 자료(객관적 경험)로 분리되어버린다. 프랑스의 시인 폴 클로델의 표현처럼 경험적 위치의 세계는 자기가 살고 있는 세계와의 '함께 태어남(re-connaissance)'이다. 함께 태어나는 순간에 어째서 세계와 나를 잇는 탯줄이 없겠는가?

그러므로 경험적 위치는 개념적인 이론에 의하여 결코 설명이 불가능한 차원이다. 오히려 경험적 위치는 모든 인간의 합리적 사고를 가능케 하는, 즉 합리적 사고의 스타일을 결정케 하는 사유의 시원적 조건이라 아니할 수 없다. 그래서 마르셀은 '(인간의) 사유란 경험적 위치를 실현시키는 역사'라고 하였다. 이 말을 쉽게 풀이하면 지성의 연원이 합리적인 오성의 사유에서 오는 것이 아니라 오히려 그러한 오성적 사유 이전에 존재하는 원시적 경험에서 시작됨을 뜻한다.

그런 점에서 보면 인간의 모든 정신 활동은 경험으로서만 자신을 실현하고 있다. 그러므로 정신의 지성은 경험과 체험에서 분리될 수 없고 더욱이 오직 체험적인 것만이 지성을 가능케 한다. 따라서 낱말의 싱싱한 뜻에서 살아 있는 지성은 늘 경험의 지성화이다. 경험의 지성화란 시원적이고 원시적인 체험의 밤으로부터 출발하여 밝아지는 새벽에로 경험을 실현시키면서 구현되는 사상이다.

이렇게 볼 때 체험과 경험에서는 도저히 이해될 수 없는 이른바 '신', '양심', '정신' 등과 초경험적 개념들이 있지 않는가 하고 사람들이 반문을 제기하리라. 그런데 그러한 개념들이 경험과 체험의 바깥에 있다고 생각지는 않지만 좌우간 '경험의 바깥에'라는 생각도 그 자체에 있어서 경험적인 것이라고 마르셀과 더불어 말하고 싶다.

생각도 경험적인 느낌의 울타리를 넘을 수 없다. 보통 우리는 느낌을 외부의 감각적인 측면에서만, 그리고 생각을 내면적인 의식의 측면에서 제한시키려는 교육에 젖어 있다. 그러나 경험적인 느낌의 본질과 생각하는 의식의 본질은 같다. 왜냐하면 느낌의 체험을 외부에서 관찰함이 본래적인 모습이 아니듯이 생각하고 있는 의식의 현재진행형이 결코 외부에서 토막토막 조각내어서 관찰되어질 수 없기 때문이다. 그러한 불가능성을 현상학파에서는 의식의 지향성이라 한다.

헤겔이 '순수한 내면성은 순수한 외면성과 같다'고 말하였는데 그 뜻을 갑자기 이해하기는 어려우리라. 그러나 앞에서 언급된 것과 같이 외부적인 감각의 느낌이 내면적인 의식의 생각과 결코 원초적인 상태에서 다른 것이 아님을 깨닫는다면 헤겔의 표현은 짐작됨직하다. 안팎의 구별이 없는 그런 신비의 세계, 현실(바깥)과 꿈(안)의 시적(詩的)인 조화의 통일 속에 있는 인간의 체험적 삶은 한없이 계속되는 것이 아니다. 다시 말하면 인간의 삶 앞에는 언제나 뜻하지 않은 문제점이 제기된다. 그러한 문제점은 평화가 아니요 갈등이며, 안심이 아니고 불안이며, 축제가 아니고 살벌한 전쟁이다.

여기에 이르러 느낌의 경험은 그 자체 내부에서 생각의 경험으로 탈바꿈한다. 생각의 경험은 이른바 '경험적 위치'가 파괴되고 그 위치 안에서 사람들이 '자기 집에 있음'과 같은 편안함을 느끼지 못하고 어제까지의 고향이 갑자기 이방지대로 급변함에서 생기는 놀라움과 자각이다. 어떤 점에서 인간이 정신적으로 타향살이를 체험함은 주관적인 이념과 현실적이고 객관적인 여건과의 사이에 심한 때로는 고통스러운 균열이 생김을 의식하는 이원적 모순을 생각함과 같다.

그러한 모순이 이원적이기에 법의 문제와 사실의 문제가 예리하게 대립된다. 법의 문제는 이상적으로 정립된 '생각'으로서 그 생각 앞에 현실적인 사실들이 결코 정당화되지 못한다. 그래서 현실의 객관적인 사실은 의식의 이념적 당위와 법 앞에서 언제나 부정적인 모습을 띠게 된다. 그래서는 안 되어야 하는 현실이 실제로 그렇기 때문에 생각의 체험은 불행을 '느낀다.'

그런데 생각의 세계가 법과 사실이라는 두 가지 차원으로 분리된다 하여도 그러한 분리는 어디까지나 관념적인 분리지 결코 실제적인 분리를 지니지 않는다. 왜냐하면 '그래야만 하는' 법의 문제는 실제로 '그렇지 못한' 사실의 문제와 언제나 그 성격상 짝지어 나가는 함수관계를 가지고 있기 때문이다. 그러므로 어떠한 생각의 법적 또는 윤리적 문제도 현실의 사실적 경험이 무형으로 짜놓은 공간을 초탈할 수 없다.

그러면 도대체 무엇 때문에 느낌의 경험이 생각의 경험으로 변할 때 필연적으로 나타나는 법과 사실 간에 긴장과 경우에 따르는 불행이 일어나는가? 그런 긴장과 투쟁과 불행은 이원적인 대립이 조성하는 피곤과 불편함과 소외를 넘어서 또다시 행복스러웠던 지난날의 시원적 느낌의 세계, 꿈과 현실이 조화되었던 그런 경험적 위치를 회복하고자 하는 강력한 운동에로 향하여 자신의 흐트러진 초점을 맞추려 한다. 그러한 초점 일치에의 운동이 자기 동일성의 회복 운동이고 그것이 바로 잃어버린 주체성의 재창조이다.

그러한 자기 동일성의 재회복, 자기 주체성의 재창조는 '경험의 시원적 위치'의 세계에서처럼 주관과 객관이 하나로 융화되는 그런 경험에서 가능하다. '표본실의 청개구리'를 관찰하는 그런 생각의 의식으로서는 타향으로 변한 자기의 고향을 진짜 자기 고향으로 탈바꿈시키기엔 너무도 무력하다. 강렬한 사랑은 죽음마저도 무시한다. 사랑의 경험은 주객의 분리에서 이룩되는 '가슴 없는 머리'의 따지는 이론을 능가한다. 사랑하는 이는 자기의 전부를 임에게 바친다. 자기 존재의 한 부분만을 줌은 사랑이 아니다. 아니 존재는 부분들로 나누어지지 않고 그것은 이미 그 자체에 있어서 하나의 전부일 뿐이다.

그래서 사랑함은 존재를 바침이요 존재를 바침은 곧 믿음이다. 믿지 않는 이가 어떻게 사랑하겠느냐? 그래서 '믿음의 경험'은 가슴이 머리를 통하여 명석해진 체험이요, 또 머리가 가슴을 통하여 현실화된 체험이요, 눈이 발을 통하여 자신의 공허한 추상의 이론을 탈피한 체험이요, 발이 눈을 통하여 자신의 맹목적인 충동력을 길들인 체험이다. 그래서 믿음의 경험은 사랑의 경험을 낳고 사랑의 경험은 행동으로 증언된다. 생각의 경험으로 말미암아 깨어진 느낌의 경험은 믿음의 경험에 이르러 행복과 고향을 다시 발견한다. 이것이 인간 소외의 극복이며 주체성의 회복이다.

그러나 그렇다고 하여 느낌→생각→믿음의 경험이 자동적으로 쉽게 이루어지는 것은 아니다. 그렇기 때문에 역사에서 절망과 죽음, 그리고 끈질긴 저항의 '드라마가 생기게 되고 개인의 경우에 절망 앞에선 죽음이나 시련 속에 꺾일 듯 꺾일 듯 이어지는 희망이 생긴다. 미국의 사회학자 파슨스는 사회구조와 인격 관계의 느낌의 경험을 '정감적(情感的) 태도(cathectic attitude)'라 하고 생각의 경험을 '인식적 태도(cognitive attitude)'라 하여 그 둘이 문화 목적으로 승화함을 '문화적 규범의 의미'라 불러 그것이 믿음의 경험과 대응됨을 보여주었다. 그리고 그러한 세 가지 단계가 각각 프로이트의 원시적 본능(id)과 자아(ego)와 초자아(super-ego)와 사회심리의 분석에서 교응됨을 이 사회학자는 밝히고 있다. 여기서는 마르셀적 경험주의가 어떻게 파슨스의 사회이론과 프로이트의 정신분석과 교접되는지 하는 방법론의 문제는 생략하기로 한다.

요컨대 이 글의 주제는 한국의 정신과 그것의 느낌, 생각 그리고 믿음의 성격을 밝히는 데 있다. 그러므로 다음에서 우리는 앞에서 언급된 방법론의 대요에 따라서 어떻게 한국의 정신적 경험이 느낌→생각→믿음의 변증법적 '드라마'를 실현시켜왔는가를 살펴보겠다. 그런데 내가 여기서 변증법적 논리라 부르지 않고 '드라마'라고 한 사실에 주의를 기울일 필요가 있다. 왜냐하면 '헤겔'의 변증법적 논리는 실패를 모르는 정신의 유희이지만 우리의 '드라마'는 무수한 좌절과 실패의 죽음 속에서 구슬픈, 그러나 약하지 않은 저항을 해온 경험의 기폭 자체이기 때문이다.

2. 한국적 '느낌'의 고향

한국인의 느낌이 담긴 고향은 한국인의 신화 속에 있다. 신화란 언어다. 그러나 그러한 언어는 논리적인 개념이 아니라 시요 문학이요 민요요 설화다. 그러므로 신화는 민족의 집단무의식과 집단무의지의 표현이다. 신화는 한 집단의 무의식과 무의지가 논리적 술어 이전의 차원에서 뿜어내는 집단적 경험이요 체험이다. 그러기에 신화의 사상은 자기 스스로 의식적인 목적에서 정립되어지는 것이 아니다. 신화가 담고 있는 사상은 그것이 뿌리박을 수 있는 경험적인 위치와의 대화 및 그 경험을 마중함에서 이룩된다.

그러므로 내가 저자가 될 수 없는 무수한 사실들의 경험이 나에게 주어지고 나를 압도한다. 그래서 신화가 생김은 단순히 신화를 만들어냄과는 다르다. 그러므로 신화에는 저자가 없다. 한국의 신화는 만들어진 것이 아니라 느껴진 체험의 무의식적 표현이다. 우리 민족의 신화는 『삼국유사』의 '단군조선 개국기'에서 비롯한다. 그리하여 『삼국유사』의 모든 신화를 정리하여 보면 거기서 우리 민족의 공체험적인 경험적 위치와 밭을 발견하게 된다.

그러면 우리 민족의 공통적인 느낌의 경험인 공체험의 밭은 어떻게 표현되고 있는가? 물론 북방 고구려의 공체험과 남방 신라의 공체험 사이에는 미묘한 뉘앙스의 차이가 있음을 놓칠 수는 없다. 그러한 차이점을 곧 밝히겠지만 북방계의 경험적 위치와 남방계의 경험적 위치의 원천적인 줄기는 다르지 않다.

『삼국유사』를 가로질러 흐르고 있는 우리 민족의 느낌의 경험적 고향이 무엇일까?

① 시원적인 느낌의 차원(순수 느낌)에서 볼 때 한민족의 느낌의 경험 문화는 천·지·인의 조화를 언제나 겨냥한다. 그래서 그러한 느낌은 신 중심주의도 인간 중심주의도 아니다.

② 한민족 느낌의 경험 문화는 시간적인 문화라기보다도 오히려 공간적인 문화다.

③ 한민족 느낌의 경험 문화는 권력과 결합의 사랑이 갈등을 일으키지 않는 홍익인간의 문화다.

④ 한민족의 느낌의 경험 문화의 주류는 곰의 문화 치환이고 호랑이의 문화 치환은 민족 문화의 비주류다.

⑤ 한민족의 문화적 느낌의 정감은 아침의 분위기에 꽃핀다. 그런데 아침은 낮과 밤의 균형을 상징한다. 그래서 한민족은 밝음을 숭상하되 결코 밤의 낭만을 버리지는 못한다.

⑥ 한민족의 문화적 느낌은 인즉인(人卽仁)의 가치를 지향하는 문화다.

⑦ 한민족의 근원적 느낌은 별리의 형이상학보다 오히려 만남의 형이상학을 더 가까이 여긴다. 그래서 짝의 개념은 형이상학적 태극의 음양으로부터 짚신까지 내려간다.

⑧ 한민족의 성문화(性文化)와 성(性)의 느낌은 영혼과 육체의 이원적 갈등 이전의 영육일체(靈肉一體)의 공체험적 분위기다.

⑨ 한민족의 '신들은 그렇게 먼 곳에 있지 않고' 늘 산 사람과 현세에 가까이 있다.

⑩ 한민족의 문화 감각의 바탕은 '근원적인 느낌에서' 도교적(道敎的)인 요소가 상대적으로 짙다. 그래서 자연과 인간은 쉴 새 없이 '감통(感通)'하고 있다.

그러면 위의 10가지의 민족의 근원적인 느낌과 그것이 영글어놓은 문화를 어떻게 명하여야 옳을까? 우리는 그 점을 순서대로 살펴볼 필요가 있다.

우리 민족은 천·지·인의 조화를 가장 온전한 고향의 감정으로 느끼고 있어서 거기에선 신도 인간도 자기가 주인이라고 고집하지 않았다. 하느님의 서자인 환웅은 천하에 자주 뜻을 두어 인간세상을 탐내어 구했다(數意天下 貪求人世). 그래서 하느님 환인은 아들의 뜻을 알아 천부인(天符印) 3개를 주어 가장 좋은 '곳'인 삼위태백산(三危太白山)의 신단수(神檀樹) 아래에 그 아들을 바람과 비와 구름의 자연신들을 대동시켜 내려 보냈다. 물론 그러한 자연신들은 농경문화의 배경을 상징한다.

서양의 정신 계통에서 인간을 가끔 이상으로 신과 동물의 중간 존재로 보고 있다. 이미 '플라톤'의 인간학에서도 인간의 영혼을 세 부분으로 나누어 신적인 영혼과 동물적인 영혼의 중간 위치에 현실적인 인간의 영혼인 '투모스(thumos)'를 두어서 신적인 것과 동물적인 것과의 투쟁 및 갈등 속에 인간적인 '드라마'를 놓았다. 그리스도교 문화권에서도 파스칼의 울부짖음은 하늘의 은총과 대지의 중력 사이에서 느낀 현기증이다.

그러나 우리의 시원적인 경험의 위치에 하늘과 땅의 대립과 갈등은 없다. 하늘의 상징인 환웅만이 탐구인세(貪求人世)한 것이 아니고 땅의 상징인 곰도 인간이 되기를 간절히 소망하였다(願化爲人). 단군은 하늘과 땅의 결합에 의하여 낳은 아들이다. 그래서 단군은 하늘의 것과 대지의 것을 아울러 가진 인간이 된 셈이다. 왜 하늘(환웅)과 땅(웅녀)은 사람이 되고 싶었을까? 단적으로 인간이 부러운 존재이기 때문이다. 왜 부러워했는가는 묻지 말자. 그러한 물음보다는 오히려 부러워했다는 사실에 더 큰 해석학적 비중을 두어야 한다.

그리스도교의 창세기 신화는 폴 리쾨르의 이론대로 초점 불일치의 신화이다. 즉, 인간의 해석에 초점이 한 곳으로 일치되어 있지 않고 있다. 예를 들면 신이 인간을 자기의 모습대로 창조했는데 그 뜻은 인간의 지성과 의지가 신적 지성과 의지에 관여할 수 있음을 말한다. 그런데 어째서 금단의 열매를 통하여 그것을 먹으면 선악을 구별하는 지성이 또 생긴다고 하였을까? 그뿐만이 아니다. 성(性)이란 창세기의 신화에서 가장 순진하고 깨끗한 인간 사이의 교통을 뜻하는데 또 어째서 금단의 지성은 성의 부끄러움을 불러일으켰는가? 이것이 바로 초점 불일치의 이야기다.

그러나 인간이 '부러운' 하늘과 땅은 새로운 인간을 영근 다음에 그러한 초점 불일치의 현상을 생각하지 않았다. 하늘과 땅은 인간에게 초점이 일치하는 조화로 귀일한다. 이리하여 인간은 타고난 상처가 없고 초점 불일치에서 숙명적으로 생기는 과오의 죄책감이 없다. 요순의 사회와 고조선의 관계를 나중에 이야기하겠지만 요순의 세계는 적어도 동북아의 동양인에게는 하나의 이상사회인데 그 사회는 '에덴의 낙원'처럼 상실된 고향도 아니고 인간이 재현할 수 있는 사회다.

그 세계에는 신 중심의 세계관도 인간 중심의 세계관도 없다. 맹자가 말한 대로 '순은 인의를 본받아 행하는 것이 아니요, 순의 순수한 인간성 그대로가 인의의 행동이 되는(由仁義行 非行仁義)' 그런 천·지·인의 조화 세계다. 그러기에 본받는 것은 자연의 있음과 의지의 해야 함이 대립되는 초점 불일치의 뜻을 품고 있지만 있음과 해야 함이 상처 없이 조화를 이룬 모습, 그것은 지극히 행복한 느낌의 순수한 경험이다. 그래서 우리 민족에게는 낙원에서 추방된 유적(流謫)의 신화가 없다. 이 점에 대해서 내가 이미 다른 기회에서 논술하였으므로 여기서는 생략한다.

다음에 우리 민족의 느낌의 문화적 경험이 시간적이라기보다 오히려 공간적이라는 것을 음미하여보자. 우리 민족의 의식 속에 아직도 많은 성지(聖地)가 남아 있다. 우리는 신시(神市)가 정확히 어딘지 모르고 백악산(白岳山)의 아사달이 어딘지 모른다. 아니 우리는 그곳들이 어딘지 이해는 하고 있지만 손으로 가리킬 수는 없다. 그곳들은 '지극히 높은 데'이다.

그래서 백두산, 금강산, 묘향산, 지리산, 한라산 등은 신령한 장소로 아직까지 여겨진다. 신라인들이 중요한 국사(國事)를 결정할 때는 동으로 청송산, 서로 피전(皮田), 남으로 울지산(亏知山), 북으로 금강산 등의 영지(靈地)를 택하였다는 것은 공간적인 느낌 문화의 전승을 뜻한다. 지금도 백두산의 산정은 민족의 신령한 기운이 담긴 영지로 우리는 아련히 느끼고 있어 통일 한국의 정신적 공간(고향)으로 모두 그곳을 그리워한다.

그러면 왜 공간적인 느낌의 문화는 '높은 데'를 찾을까? 현상윤(玄相允)의 『조선 사상사』에서 우리는 경천사상이라는 민족 고신도(古神道)의 상징인 '천(天), 전(巓), 지고무상(至高無上)'을 본다. 고산이나 산전(山巓)은 하늘의 상징이고 매개물을 뜻한다. 그렇다고 하여 고산숭배사상이 바로 추상적인 하느님을 믿는 것을 뜻하지는 않는 듯하다. 왜냐하면 환웅이 신단수 아래에 강림하였듯이 우리는 '높은 데'를 바로 신의 현존 성역으로 느끼기 때문이다. 최남선(崔南善)의 『불함문화론(不咸文化論)』에서도 높은 데를 제사지내는 사상은 지나(支那)류의 성황당과 다름을 말한다.

이러한 제천의식과 고산숭배사상은 바로 우리의 시원적 느낌이 느낀 종교이다. 이것을 우리는 고신도(古神道)라 한다. 그러한 고신도의 종교 사상에 하나의 특징이 있는데, 종교의 분위기가 공간적이지 시간적인 요소가 희박하다는 점이다. 그리스도교의 분위기는 시간이다. 시간의 종교는 영혼과 육체의 분리를 낳고 영혼의 시간적 가치에 그 종교적인 무게를 둔다. 왜냐하면 영혼의 본질은 의식의 흐름이요 그러한 흐름은 곧 서양 철학에서 말하는 시간의 지평에 속한다. 그래서 육체 속에 담긴 영혼의 감옥살이를 현세라 하고 영혼의 구원과 해방을 내세라 한다. 그리고 그리스도교는 시간의 종말을 강조한다. 그래서 현세에는 선과 행복이 본질적으로 초점 일치를 이루지 못하기에 오직 내세와 시간의 종말에 가서 선과 행복이 일치한다. 그러므로 현세에 사는 영혼은 행복보다는 선의 슬픔을 택하도록 그리스도교는 가르친다.

그러나 상대적으로 공간적인 분위기가 우세한 우리의 고신도에서는 그런 초점 불일치의 갈등이 없다. 그런 점에서 선과 행복은 일치할 수 있고 또 그러기에 착한 마음으로 '높은 데'에 복을 빈다. 악한 마음은 결코 복을 받을 수 없다는 권선징악의 민담이 그토록 우리의 역사에 많은 것은 결코 우연이 아니다. 그리고 우리말에 '어제'와 '오늘'이라는 개념은 있지만 내세와 내일을 말하는 토착어가 없다는 것도 한갓 우연 이상일 것이리라.

최정호(崔禎鎬) 교수는 우리 민족의 문화를 '복(福) 중심 문화'라고 하였는데 그 말은 우리의 경험적 위치가 짜놓은 느낌 문화의 본질이 아닌가 나는 생각한다. 그런데 그러한 복 문화는 민족사의 드라마 속에서 여러 가지로 표현되지만 좌우간 그것은 지금도 우리의 사고를 제한시키는 민족적 성격으로 남아 있다. 그러한 드라마를 곧 보게 되리라.

그러한 공간적인 종교의 복 문화가 가장 두드러지게 도선(道詵)의 도참풍수(圖讖風水)사상으로 펼쳐진다. 도참사상은 공간적인 지형의 풍수와 그 음덕이 복의 사상과 어떻게 결부되는가를 보여준다. 도참풍수사상은 지금도 여전히 우리의 무의식 저변에 흘러 산수와 인간생활의 함수를 짜놓고 있다. 그것을 단순히 미신으로 여김은 과학적 사고에 기인하지만 민족의 파토스를 무시한 과학은 민족의 생활에 접어들지 못한다.

이미 앞의 방법론에서 밝힌 바이지만 느낌의 경험은 사고의 근원적 조건이요 판단 이전의 세계이므로 그 세계에 과학적·논리적 사고를 도입시키면 그 느낌의 원형(原型)은 파괴된다. 그러므로 우리 민족의 느낌의 원형에 과학적 판단과 분석을 개입시키지 말고 생각의 경험에 객관적 문물제도와 비판을 삽입시켜야 한다.

다음으로 권력의 통치는 폭력과 강요에 의하지 않고 사랑과 화해의 일치에서 이룩된다는 한민족의 느낌적 경험 문화를 살펴보자. 타고르는 동양(인도)의 문화는 밀림을 모체로 하여 자랐고 서양의 문명은 성벽과 성벽 사이에서 자랐다고 하였다. 풍요한 밀림의 대해(大海)는 모든 것을 포옹하는 세계며 성벽과 성벽은 대립과 분열의 문화적 상징의 기하학이다.

단군조선의 개국 신화는 천지의 사랑에서 권력이 탄생했으며 그래서 '국인립이위군(國人立以爲君)'의 제정일치, 천인합일의 동의에 의한 정치 문화이다. 권력 투쟁과 폭력이 없는 정치의 느낌은 화백제도(和白制度)로서 신라에 전승되고, 정사암(政事巖)의 고사에 의하여 백제에서는 이어지고, 고구려에서는 경당(扃堂)이라 하였고, 고려에서 도병마사(都兵馬使) 제도로, 조선에서는 의정부(議政府)로 이어져 내려온다.

그러한 전통은 민본주의의 상징이고 홍익인간의 구현을 뜻한다. 홍익인간의 이념에 의한 민본주의의 근원적 체험은 생각과 믿음의 경험 문화에 와서 류승국(柳承國) 교수의 주장처럼 삼부인(三符印)·금탑(金塔)·금척(金尺)의 신앙으로 뻗어가기도 하고 또 아래로 서민계층에서는 이규태(李圭泰) 씨의『서민한국사』가 지적하듯이 1913년 10월의 보길도의 집단 반일운동으로 퍼져갔다. 그리고 이규태 씨의 「언론리(言論里)의 민속신문」이라는 이야기도 동일한 민본사상의 사고화이다. 이 점을 뒤에 다시 보기로 한다.

한국 민족의 느낌적인 문화의 주류는 곰이고 비주류는 호랑이다. 이러한 주류와 비주류의 정감은 이미 단군 신화에서 곰이 사람으로 탈바꿈되고 호랑이는 실패했다는 이야기에서 이해되어야 한다. 곰과 호랑이는 다 같이 사람이 되고 싶었는데 왜 곰만 성공을 하였을까? 호랑이는 사납고 성질이 급하며 곰은 참을성과 끈기가 있다. 그러한 동물의 성격적 표상의 차이에서 우리 민족의 느낌의 경험이 곰을 더 가까이 하고 싶었는지도 모른다.

또 다른 한 가지 해석은 유승국 교수가『고대한국 유학사(儒學史) 서설』에서 은허갑골학(殷墟甲骨學)을 해독하여 예맥(濊貊)의 지리적 위치를 고찰하였다. 은무정(殷武丁) 시대와 을신(乙辛) 시대에 동이(東夷) 정벌이 심하였고 그래서 동방인의 예족(濊族)과 맥족(貊族)은 동쪽으로 이동하였다. 그런데『후한서』「동이전」예조(濊條)를 보면 예족은 호랑이를 숭상하고 맥족은 곰을 숭상하였다고 한다.

그렇다면 단군신화에 나오는 곰과 호랑이는 우리 민족이 예족과 맥족으로 혼합되어 있었는데 점차로 맥족이 예족을 지배하여 승리한 것이 아닌가 하는 생각도 들게 된다. 그런데 그러한 사실적(史實的)인 해석으로 단군신화를 완결지을 수는 없다. 문제는 주류는 곰 문화이지만 비주류의 호랑이 문화가 완전히 배척된 것이 아니다라는 점이다. 오히려 우리 민족의 경험사(經驗史)에 곰과 호랑이는 하나로 혼용되어 나타났다고 봄이 타당하리라.

이후 곰의 문화는 청룡(靑龍)의 문화로서 선비의 정신을 이었고 호랑이의 문화는 백호(白虎)의 문화로서 무신(武臣)의 정신을 이었다. 그러나 주류는 곰이기에 우리의 문화 특징은 선비의 문화이다. 이 점에 대한 역사적인 고찰은 생각의 경험 문화에서 설명하겠다. 그런데 단군신화에서 곰이 사람이 되기 전에 곰과 호랑이가 '같은 동굴' 속에서 살았듯이 주류와 비주류가 형성되기 전에 우리 민족의 시원적인 느낌은 곰과 호랑이가 동거한 동굴의 세계임을 알 수 있다.

『산해경(山海經)』에 우리나라를 일컬어 군자지국(君子之國)이라 하면서 "의관을 깨끗이 하고 칼을 찼으며 짐승을 먹이고 호랑이를 부리며 그 사람들의 성격이 호양부정(好讓不爭)하며 겸손하였다"고 한다. 이처럼 중국인의 눈에 비친 고조선은 숭문(崇文)의 곰 정신과 상무(尙武)의 호랑이 정신에 같이 병존하였다. 칼을 차고 호랑이를 부림은 상무의 기질이요 의관을 정제하고 겸손하여 다투지 않음은 숭문의 바탕이다.

『논어』에서 공자도 해동의 청구국(靑丘國)인 우리나라를 군자의 나라라고 하여 거기에 가서 살고 싶어 하였는데 「옹야편」에 "문질빈빈연후군자(文質彬彬然後君子)'"고 하였다. 즉, '숭문하되 문약하지 않고 상무하되 거칠지 않고 빛나야만 군자'란 뜻이다. 그런데 예(濊, 虎)·맥(貊, 곰) 일치의 느낌이 삼국시대에 와서 북방의 고구려 신화와 남방의 신라 신화로 나뉘고 고구려는 호랑이적인 체험의 위치, 신라는 곰적인 경험의 위치로 각각 주류를 형성했다.

이미 다른 기회에 논급한 바이지만, 고구려 주몽의 난형 신화와 신라의 혁거세 난형 신화 사이에 낱말의 융적인 뜻에서 '아니무스(남성적 영혼=호랑이)'와 '아니마(여성적 영혼=곰)'적 뉘앙스의 차이가 있다. 신라에는 '아니마'가 주류이고 고구려에는 '아니무스'가 주류였으나, 각각의 비주류는 소멸된 것이 아니라 감추어져 있었을 뿐이다. 그래서 국력이 가장 팽창하였던 고구려의 광개토왕 시절에 이미 소수림왕 때부터 경당(扃堂)을 통하여 출발된 문무가 상보하였고 또 신라의 통일기에 화랑도를 통하여 문무가 낱말의 융적인 뜻에서 만다라적인 원형의 태극지묘(太極之妙)를 형성하였다. 화랑도는 삼부인(거울, 칼, 방울)의 정신에 따라서 향내적(向內的) 거울의 자기 성찰을 통하여 유·불·도 3교의 학문을 닦고, 외향적인 칼의 행동을 통하여 호국과 통일과 사회정의의 힘을 기르고, 방울을 통하여 무속적 주술로서 천지에 합일하는 수양과 제사를 봉양하였다. 신라의 삼국 통일은 맥(貊) 정신의 승리고 곰 문화의 드러남이요 호랑이 문화의 숨음이다. 이 점을 우리는 생각의 경험 문화에서 살피리라.

비주류로 내려온 호랑이의 문화는 민화(民畵)를 통하여 잘 볼 수 있다. 누구든지 민화의 호랑이 모습을 유심히 관찰한다면 결코 사납거나 무섭지 않고 지극히 귀엽기까지 하다는 것을 알 수 있다. 그러한 호랑이 모습은 어질고 착하고 인내심 있는 곰 문화의 압도적 영향이라고 여겨진다. 이러한 곰 주류의 문화는 천성이 유순한 인(仁)의 문화적 느낌으로 치환된다. 『한서(漢書)』 「지리지」에 "동이족은 천성이 유순하여, 3방의 딴 족속들과는 다르다. 그래서 공자는 도가 행해지지 않음을 슬퍼하여, 뗏목을 바다에 띄워 구이에 가서 살고자 함은 까닭이 있었으니, 그렇지 않겠는가(東夷天性柔順 異於三方之外 故孔子悼道不行 設浮於海 慾居九夷有以也)"라고 기록되어 있다.

따라서 곰적인 인(仁)의 문화 경험이 주류가 되고 호랑이적인 용(勇)의 문화 경험이 비주류가 된다. 『삼국유사』의 전편을 통하여 '인' 주류, '용' 비주류의 느낌적 문화를 여러 곳에서 볼 수 있다. 예컨대 신라의 남해차차웅의 아들인 유리와 석탈해가 서로 왕권을 사양한다. 마키아벨리적인 군주의 간지(奸智)에서는 도저히 상상할 수 없는 겸양과 인덕(仁德)의 체험적인 정치 문화이다. 결국 이빨이 많은 유리가 왕이 되었는데 그러한 고사는 노인에 대한 경로의 효 사상을 뜻한다. 우리말에서 치력(齒曆)은 연로자를 뜻한다.

그것만이 아니다. 『삼국유사』에 의하면 "알천(閼川) 공 이하 유신(庾信) 공에 이르기까지 6인이 남산 궁지암(弓知巖)에서 국사를 의논할 때 큰 호랑이가 뛰어나왔다. 모든 사람이 날랐건만 오직 알천 공만은 태연자약하여 용맹스럽게 큰 호랑이의 꼬리를 붙잡고 땅에 메어쳐 죽였다. 그래서 알천 공을 상좌(上座)에 앉혔다"는 것이다. 이러한 고사는 통일에의 초월적 의지가 필요했던 신라에서 용맹의 상무 기질을 예찬한 것이다. 그러나 거기에 그치는 것이 아니라 묘한 뉘앙스가 개입된다. 『삼국유사』는 이어서 말하기를 "알천 공이 상좌에 앉았다. 그러나 여러 공들은 모두 유신 공의 위엄에 심복하였다"는 것이다. 여기서 우리는 용맹의 권위 위에 다시 인의의 권위를 두는 신라인의 느낌을 볼 수 있다. 당장(唐將) 소정방(蘇定方)의 앞에서 김유신은 '벌지불인(伐至不仁)'이라 하여 불인(不仁)을 제거함이 곧 무력 정벌의 목적임을 상기시킨다. 인(人)의 이상은 인(仁)이요, 그래서 인즉인(仁卽人)이다.

조용한 아침의 나라 조선은 카뮈가 제창한 정오의 투쟁적 균형도 아니요, 기도하는 저녁의 만종도 낯선 개념이다. 아침은 밤과 낮의 중간지대이다. 밤의 어둠과 그 음(陰) 그리고 낮의 밝음과 그 양(陽)이 다 함께 갈등을 일으키지 않는 '조용히' 공존하는 분위기가 바로 아침이다. 이미 최남선은 『불함문화론』에서 조선, 아사달, 붉달, 새붉(東京), 서라벌(서라블), 서울, 동명왕, 혁거세 등이 모두 밝음과 새로움을 나타낸다고 말하였다. 그런데 그러한 개념의 언어 현상은 태양숭배사상을 뜻한다.

그런데 그러한 태양숭배사상은 작열하는 태양의 빛 아래에 밝음과 그림자를 선명하게 갈라놓고 생명과 죽음의 대립, 나의 세계와 너의 세계의 상이한 법칙을 분별하는 그러한 기하학적인 도형의 세계가 아니다. 물론 아침의 정감은 밝음과 광명으로 정위(正位)하는 문화 느낌이다. 그러나 그 느낌은 결코 밤은 낮의 대립자로 보지 않고 '낮의 법칙'과 '밤의 정열'이 낱말의 야스퍼스적인 뜻에서 갈라지는 그런 이원(二元)의 세계관을 겨냥하지 않는다. 낮의 이성과 밤의 감성이 음양의 태극적 원형(圓形)을 이루는 그런 상태다.

그래서 우리는 사자(死者)와 생자(生者)가 그렇게 갈라져 있지 않고 귀신들이 언제나 생자의 세계에 넘나든다. 이어령 씨의 멋진 표현같이 "한국의 신들은 그렇게 먼 곳에 있지 않다." 달은 해의 마음이고 해는 달의 머리다. 우리 민족은 마음을 달에 투영하였고 머리를 해에 비겼다. 이러한 사상이 뒤에 율곡의 철학에서 이통기국·기발리승지설로 전개된 것이 아닌가 여겨진다. 이 점을 곧 보겠다.

곧고 바른(正·直) 해는 한국의 철학자들의 머리라면 수줍고 신비한 달은 한국의 문학자들의 가슴이다. 정과 직의 사상이 조선의 도학(道學)으로 전승

됨을 뒤에 보겠지만 달은 수줍고 애틋한 사랑의 임이다. 죽은 남편을 생각하는 광덕(廣德) 부인의 노래가 「정읍사(井邑詞)」에 나오는 한 백제 여인의 소망과 어찌 다르리오!

　　달님이시여! 이제 서방까지 가셔서
　　무량수불전에 일러다가 사뢰소서
　　다짐 깊으신 존(尊)께 우러러 두 손 모아 원왕생(願往生) 원왕생.
　　그리워하는 사람이 있다고 사뢰소서

(이재호 역)

위와 같은 해와 달의 상보사상은 우리 민족의 파토스에 짝의 문화와 그것의 느낌적 경험을 심어놓았다.

　　가시리 가시리잇고
　　ᄇ리고 가시리잇고
　　날러는 엇디 살라ᄒ고
　　ᄇ리고 가시리잇고
　　잡ᄉ와 두어리 마ᄂᆞᆫ
　　선ᄒᆞ면 아니 올셰라
　　셜온님 보내ᅌᅮ노니
　　가시ᄂᆞᆫ 듯 도셔오소서

(「가시리」)

우리는 이별을 서러워하는 짝 잃은 이의 슬픔이 고려시대에서 갑자기 생긴 것이 아니고 신라의 정신과 고구려의 정신에서 연면히 흘러온 민족의 인정(人情)임을 알고 있다. 향가 「제망매가(祭亡妹歌)」나 고구려 유리왕의 「황조가(黃鳥歌)」 등은 별리(別離)의 형이상학을 거부하고 만남의 형이상학을 맞이

한 우리 민족의 공체험적인 밭을 말한다.

꾀꼬리 오락가락
암숫이 짝지어
노니는데,
이 몸은 홀로 있어
뉘와 함께 돌아가랴

(「황조가」)

이처럼 만남의 형이상학을 온몸으로 다 마중한 우리 민족의 파토스는 '별리의 형이상학'을 느낀 유대 민족의 파토스와 다르다. 유대인인 프랑스 철학자 레비나스에 의하면 신과 타인은 나에게 있어서 절대적 타자이고 이방인이다. 그래서 신과 타인은 나의 이방인으로서 나의 뜻에 합일되지 않는 서로서로 자유인이다. 그래서 이방인이 엮는 별리의 형이상학은 서양적인 윤리의식의 기초가 된다. 그러므로 사랑은 이미 실연의 비극을 본질적으로 안고 있고 실연은 사랑의 실패라기보다 오히려 사랑의 존재론적 윤리를 깨닫게 한다고 레비나스는 생각한다. 유대인의 의식 속에서 지워지지 않는 철저히 '불행한 의식'의 갈등이다.

그 갈등이 서양의 위대성이라면 한국의 위대성은 만남과 조화의 '행복한 의식'이다. 음양이 짝을 짓고 강강술래처럼 둥글게 손잡고 도는 것이 그토록 행복하기에 이별은 너무도 잔인하다. 이래서 공초(空超)는 짝 잃은 거위를 곡(哭)하였다. 우리에게는 사랑이란 야스퍼스적인 낱말에서의 '사랑하는 투쟁'으로 생각될 수 없다. '사랑의 투쟁'은 사랑의 동화(同和) 속에 투쟁의 이질(異質)이 있고 두 존재의 용해 속에 일치하지 않는 자기 독립성이 있음을 뜻한다.

그러나 그런 '사랑의 투쟁'은 삶의 피곤이요 괴로움이요 실존의 내면적 고뇌이기에 우리 민족의 파토스에겐 견딜 수 없는 한(恨)이 된다. 그래서 우리의 사랑 속에 한의 정감은 있지만 존재가 파열되는 고뇌의 정감은 없다. 한의 세계는 짝 잃은 박제상(朴堤上)의 부인이 통곡하는 치술령의 눈물이다. 그러한 한과 만남이 빚는 눈물겨운 사랑의 인정은 견우와 직녀의 이야기로 애태우고 영육 일치의 행복을 구가하게 된다.

이병도(李丙燾) 박사가 『신라인의 육체미관』에서 논급하였듯이 우리 민족의 파토스는 영혼과 육체의 모순과 대립을 생각하지 않았고 아름다운 육체에 아름다운 정신이 깃든다고 느꼈다. 우리의 민속에 처녀귀신·총각귀신의 한은 육체의 사랑을 결여한 데서 나온다. 여기서 우리 민족의 성의식(性意識)을 우리가 느낄 수 있고 또 그러한 성의식이 자연과 감통하는 도가사상을 볼 수 있다. 이 점에 대하여 우리는 다음 기회에 민족의 섹스관과 리비도의 문화, 그리고 거북 신화를 한꺼번에 다루는 데서 취급하기로 하고 여기서는 생략한다.

3. 한국적인 '생각'의 이원적 불행과 한국적인 '믿음'

나는 이 글이 시작되는 맨 앞에 청마의 시 「바위」를 인용하였다. "내 죽으면 한 개 바위가 되리"라는 구절을 다시 새겨보자. 거기에는 두 가지의 이중적 요소가 동시에 담겨 있는 이원성을 느끼게 된다. 하나는 어떠한 희로애락의 움직임에도 흔들리지 않고 영원한 비정(非情)의 침묵 속에서 묵묵히 서 있는 바위처럼 비바람에 깎이고 또 깎여도 의연히 서 있는 바위의 끈질긴 저항감이요, 다른 하나는 안으로 안으로만 채찍질하여 노래도 하지 않고 소리도 내지 않는 바위의 무생명에서 읽히는 숙명적인 패배주의다.

바로 이 유치환의 시는 나에게 느껴진 바로는 느낌의 경험적 문화에서 잠을 깬 이 민족의 생각사(史)요 또 생각의 체험사(體驗史)인 것으로 나타난다. 저항과 패배주의, 이것이 곧 한민족의 의식(생각)의 이원적인 자기 체험이고 경험이다. 『삼국유사』의 신화적인 느낌에서 모든 느낌의 경험적 위치가 천·지·인의 조화요, 권력과 사랑의 조화요, 낮과 밤의 균형이요, 인즉인(人卽仁)

의 태평성대요, 이별이 없는 만남이요, 영혼과 육체의 일체감이며 자연과 인간의 타인적 통감이다.

그러나 한 개인의 일생에서 패배와 절망을 모르고 오직 승리만을 알면서 전쟁놀이로 돌격하는 아이의 꿈만 지속되지 않듯이 한 민족의 역사에서는 꿈과 현실의 일치만 있지 않다. 역사는 파괴요 창조요 전쟁이요 외침이다. 우리의 역사에서 느낌의 경험 문화가 깨지고 꿈과 현실이 이원적으로 갈라진 생각의 경험 문화가 처음으로 도입된 때는 고조선의 멸망이다. 앞에서 인용된 류승국 교수의 논문에 의하면 『제왕운기(帝王韻記)』에 기록된 "殷武丁八乙未 入阿斯達山爲神 享國一千二十八" 구절은 갑골복사(甲骨卜辭)에 의한 무정 시대의 은대 동정(東征)과 일치한다. 이로써 단군조선은 외부족의 침략에 의하여 혼란과 질서의 붕괴를 맛보게 되었다. 『제왕운기』의 기록에 "그 후 164년은 부자는 있었지만 군신은 없었다(爾後十百六十四, 雖有父子 無君臣)"라고 적혀 있다. 이 글은 정치 사회의 혼란이 단군조선에 도래하였다는 뜻이다. 이것이 최초로 한민족이 겪은 수난사이다.

앞에서 언급되었듯이 생각의 주객 분리의 경험은 주관의 '법적 문제'와 객관의 '사실 문제'로 나누어진다. 법의 문제와 사실 문제의 대립은 그래서는 안 되는 당위와 그런 현실의 사실 사이의 이원적 갈등을 뜻한다. 『제왕운기』에서 단군을 가리켜 "아사달산에 들어가 신이 되어 죽지 않았다"고 하였다. 『삼국유사』에도 "단군은 아사달산의 산신이 되어 1천 9백 8세의 수명을 누렸다"고 기록되어 있다. 이러한 두 기록은 류 교수의 말처럼 단군이 1천여 세나 살았다는 뜻이라기보다 민족의 동일의식과 주체성의 자각으로서의 단군에 대한 영원한 숭앙을 상징한다고 보아야 하겠다.

좌우간 외래 민족의 침략으로 금이 간 신화와 현실 간의 틈에서 고조선이 어떻게 상처를 입었으며 또 어떤 저항을 구체적으로 하였는지 기록의 부족으로 잘 알 수 없다. 그러나 그러한 이원적 갈등은 우리 민족의 의식사의 경험을 청마적인 '바위'의 이중적 모순으로 만들게 된 까닭이 아니었을까?

한사군의 존재와 낙랑의 400년 통치는 두 번째로 크게 당한 민족의 이원적 사고구조이다. 고구려가 한(漢)의 찬란한 문화를 배경으로 한 낙랑을 조선 땅에서 쫓아낼 때까지 고구려인의 마음은 민족의 주체성과 동일성을 되찾으려는 민족의 믿음으로 치닫게 된다. 멀쩡하게 존재하는 민족 국가의 한복판에 남의 나라 관리가 와서 민족의 한 부분을 마음대로 다스리고 또 민족을 노예처럼 학대하는 그 분한 현실에 어찌 주관적인 이념의 당위와 객관적인 현실의 너무도 다른 틈을 메우려고 '생각'하지 않았겠는가?

왕자 호동(好童), 그는 그러한 생각에서 다시금 정치권력과 홍익인간의 사랑이 결합되는 민족의 근원적인 느낌을 회복하고자 낙랑을 축출하였다. 그는 마음과 현실이 둘로 깨져 타향살이하는 이 민족에게 '자기 집에 있음'의 행복과 안심을 준 한국적 믿음의 얼이다.『삼국사기』「고구려본기」에 의하면 호동은 큰어머니의 모함을 받고도 그 어머니에 대한 효성으로 자살하였다.

우리는 호동왕자가 자결한 까닭을 사랑하는 낙랑공주의 죽음 때문에 삶의 허탈에 빠졌는지 아니면 큰어머니의 모함을 부왕에게 해명치 않고 효성에서 죽게 되었는지 그 심리를 말하기 어렵다. 다만 그는 낙랑을 멸망시킨 무부(武夫)이지만 달과 사랑과 효성에도 민감한 '아니마'적 영혼의 소유자이기도 함을 느낄 수 있다.

이러한 호동의 존재는 씩씩하고 용감한 화랑 기파랑(耆婆郞)을 찬미한 노래와 낱말의 하이데거적인 뜻에서 '존재론적 기분'과 다르지 않다.

헤치고 나타난 달이
흰 구름을 좇아 떠가는 것이 아닌가!
새파란 시내에 파랑의 모습이 있도다
일오천 조약돌에서
랑이 지니신 마음가짐을 좇으려 하노라
아아! 잣나무 가지 드높아
서리 모를 화랑의 장(長)이여

(이재호 역)

고구려는 한족(漢族)과의 투쟁에서 건국하고 한족과의 싸움에서 사라진 강력한 호랑이적 정신이 주류를 형성한 '아니무스'의 국가이다. 그래서 고구려는 수와 당과 두 차례에 걸친 엄청난 전역(戰役)을 치르고 승리를 올린 자주의식의 전위 집단이다. 그러면 그러한 주체성 의식을 실천할 수 있었던 믿음의 경험적 문화가 무엇이었을까? 우리는 그러한 문화의 에너지를 제천의식의 회맹(會盟)이라는 동맹(東盟)에서 찾아볼 수 있다.

『위지(魏志)』「동이전」 고구려편에서 "시월에 제천의식이 있는데 가로되 동맹이라 한다"는 사실을 볼 수 있다. 류승국 교수는 동맹의 '맹'을 중국 춘추전국시대의 회맹과 같은 뜻으로 풀이한다. 회맹은 일종의 제천의식으로서 거족적(擧族的) 믿음을 온전히 쏟을 필요가 있을 때에 열린다. 그리하여 회맹 때 동물의 피를 마시며 하늘에 충의(忠義)를 어기지 않을 것을 파토스적인 축제의 무드 속에서 맹세한다. 고구려의 '동맹'은 민족적 믿음과 사랑의 공체험적인 말인 것이다. 그리하여 고구려인은 모두가 차별 없이 공동체의 집단의식을 공고히 하고 단결력을 길러서 국가가 위급할 때 외적을 방어하고 내부에서는 충(忠)·의(義)·신(信)의 정신을 공고히 하였다.

이러한 충·의·신의 맹세 사상은 고구려에만 있었던 것이 아니고 신라에도 보인다. 신라의 두 화랑은 금장대(金丈臺)에서 다음과 같이 맹세하고 그 맹세를 돌에 음각하여 하늘에 알리고 거기에 묻었다.

임신년(壬申年) 6월 14일에 두 사람이 같이 빌고 적으며 하늘에 맹세하노라. 지금부터 3년 이후 충도(忠道)를 지키고 과실이 없기를 비노라. 만약에 이 약속이 지켜지지 않을 때에는 하늘이 큰 벌을 내릴 것을 다짐한다. 또 만약 나라가 불안하고 난세가 되더라도 이 약속은 반드시 행할 것을 서약한다. 또 앞서 신미년(辛未年) 7월 22일에 크게 빌었듯이 시(詩), 상서(尙書), 예기전(禮記傳)을 차례로 배워 익힐 것을 맹세하되 3년 안에 다하기로 다짐한다.

두 화랑의 이러한 맹세를 우리는 신라인의 금란사상(金蘭思想)이라 부른다. 『삼국유사』나 『삼국사기』에 등장되는 금란은 단순한 유원지의 이름이 아니라 동맹과 같은 회맹이 이루어짐과 같은 회맹이 아닌가 여겨진다. 수·당과의 전쟁에서 승리할 수 있었던 것은 이미 동맹에서 싹을 텄고 통일신라의 기초는 이미 금란사상에서 싹텄다. 동맹이나 금란, 이것이 바로 민족의 자기 모음이요, 임에게 바치는 믿음의 증언이다.

동맹과 금란은 바로 삼부인의 정신을 이은 민족의 믿음적 문화 경험이다. 천·지·인의 합일사상이 그 속에 들어 있고 왼손에는 책, 오른손에는 칼, 그리고 가슴에 방울을 단 고신도(古神道)의 믿음이 숨 쉰다.

고구려의 멸망은 한국의 정신에 씻을 수 없는 세부족(勢不足)의 패배감을 남겨놓았다. 그러나 그러한 패배감은 민족 주체의 믿음적 회복이 결여되었다는 것을 뜻함은 아니다. 고려가 실체상으로 신라의 정통성을 이었음에도 불구하고 국호를 고려라 하였음은 상실된 구토(舊土)에 대한 잊기 어려운 회환을 뜻한다. 그와 동시에 발해가 일본에 보낸 국서에도 자국을 고려라고 칭하였음은 중국 민족에 대한 대타성(對他性)을 뜻한다.

그러나 고구려의 패망과 신라의 불완전한 통일은 이미 이 민족의 생각에 무력적 열세감을 필연적 숙명으로 여기게끔 하였고 곰 문화의 우위와 그에 따른 문화적 정신적 특성을 초래하였다. 그래서 중국에 대한 소극적 표현의 주체성은 우리 민족의 '자기 집에 있음'의 느낌적 경험을 적어도 최소한 파괴시키지 않는 방편이 되었다. 그와 동시에 백호적인 무신의 자주성보다는 청룡적인 선비의 자주상(自主像)이 우리 민족의 영혼에 더 부각되었던 것이다.

하여튼 그래도 천부인을 잇는 금란과 동맹의 충의가 사라진 것이 아니고 계속 선비들의 학문 속에서 민족의 시련을 이겨내려는 믿음으로 심화되었다. 백제 최후의 용장 계백은 사로잡은 관창을 죽이지 않고 처음에는 돌려보낸다. 그러한 계백의 정신은 용자(勇者)라도 거칠지 않으며 그는 용(勇)의 위엄이 인(仁)의 위엄에 의하여 길들여진 인즉인(仁卽人)의 시원적 민족 느낌을 조국애와 경천애인이라는 이원적 생각의 갈등 속에서도 실현시켰음을 알린다.

신라의 강수(强首)도 인즉인의 느낌과 믿음을 가지고 당위와 현실이 대립된 시대상에 도전했다. 『삼국사기』「열전」에 의하면 강수는 가난하고 신분이 낮은 여자와 통정하여 살았다. 강수의 아버지는 신분이 높은 귀족의 딸을 며느리로 맞이할 것을 원하매, 강수는 반대하였다. 그래서 아버지는 꾸짖으며 "네 이름이 나라에 널리 알려져 있는데 미천한 여자로 배필을 삼으면 부끄럽지 않느냐" 말하니, 강수가 "가난하고 천함은 수치가 아니요, 도를 배우고 행하지 않음이 수치입니다"라고 대답하였다.

우리는 이러한 강수의 사상에서 민본주의와 홍익인간의 이념을 본다. 이러한 강수의 말로 신라 사회에 이미 귀족계층과 설움 받는 피지배계층이 나뉘어져 있었음을 짐작할 수 있다. 우리는 설움 받고 압박 받은 이 민족의 계층이 불행한 의식 속에서 복을 찾아 병리적으로 헤맨 역사를 도외시하지 않는다. 그러한 방황의 병리적 역사는 청마의 시 「바위」가 암시하듯 너무도 수난과 슬픔만을 받아왔었다.

이규태 씨의 『서민한국사』가 밝히고 있듯이 한국의 서민은 참으로 거의 짓밟혀 살아왔다. 힘없는 자들과 약한 여자들은 그들의 성생활이 짓밟혔고 짓밟힌 영혼은 한을 풀지 못한 원귀(怨鬼)가 되었으며 가난한 그들은 지배계층들에 의하여 수탈과 착취를 당하여 그들의 아이들을 가난으로 죽여야 하였으며 고려장이라는 기로속(棄老俗)이 있어야만 했던 비정의 역사이다.

또 고려 말 충숙왕·충혜왕 때 지배계층은 깡패를 동원하여 힘없고 의지할 데 없는 서민을 울렸던 것이다. 따라서 복(福)은 서민에게 한의 대상이 되었고 복 많은 어르신네들 앞에 모욕과 버림을 받는 신세가 곧 평민과 노예였다. 조선의 역사도 예외가 아니다. 많은 서민은 억울했고 울었고 그러다가 지쳐서 억년 비정의 함묵(緘默) 속에서 생명마저 망각하였다.

내정(內政)의 이원적 비극—그래서는 안 돼야 하는 법과 그런 현실의 사실과의 초점 불일치—뿐만 아니라 계속된 외족의 침입으로 우리 민족의 서민사는 곧 숙명론과 패배주의에 찌들었다. 그러나 그러한 현실은 우리 민족의 신화 정신도 아니요 우리 민족의 신앙 정신도 아니고 바로 이상과 사실이 불행하게 갈라진 현실의 모습이다. 한국의 정신은 그러한 불행을 극복하려는, 불행한 현실을 파사현정(破邪顯正)하려는 사색(思索)이었고 행동이었다.

가난해서 배고프고 슬프고 버림받은 서민의 의식은 내세관이 희박한 공간적인 느낌의 문화적인 성격으로 복 많은 권력자나 부자 앞에 약하게 되었다. 우리는 우리의 역사를 무조건 미화할 수는 없다. 그러나 한국의 정신은 현실의 생각적인 문화 경험이 당한 불행을 넘어서서 꿈과 실재가 조화롭기만 하였던 느낌의 문화 경험을 또다시 의식적으로 회복하려던 믿음의 문화 경험이 아니겠는가?

우리의 역사에서 수없이 많은 민족의 양심은 민족의 불행을 민족의 행복으로 탈바꿈시키려 한 존재들이 아닌가? 멀리는 을파소가 그러했고 강수가 그러했고 원효가 그랬으며, 가까이는 조광조가 그러했고 율곡이 그랬으며 실학자들이 그러했다. 우리가 여기서 한국의 정신을 살핌은 그러한 선각자들이 어떻게 민족 현실의 불행을 넘는 민족의 믿음을 파토스와 로고스의 두 측면에서 동시에 회복하여 이 땅에서 사람들이 '자기 집에 있음'의 기쁨을 누리도록 하려고 하였던가를 반성하여봄이다. 그들 민족의 양심은 결코 추악했던 지배자들에게 자신의 존재를 바친 것이 아니라 진실과 진리 앞에 자신의 존재를 전부 증언하였다. 우리는 역사에서 추악했던 지배자들의 불의와 비진리에 좌절한 정신들을 자주 본다. 최치원도 부패한 신라 말에 실의(失意)한 지식인이었다.

지금부터 한국 정신의 참 믿음을 훑어보자. 그러한 믿음들은 천지인의 조화, 힘과 사랑의 홍익인간적 결합, 민본주의의 구현, 낱말의 공자적 뜻에서 문질빈빈(文質彬彬)의 문무 겸비, 인즉인(仁卽人)의 이상, 호국사상과 동시에 머리와 가슴이 하나로 뭉쳐 균형을 이룬 태극지묘적 원형(圓形)의 아침사상을 언제나 이 땅 안에 구현하려고 겨냥하였다.

원광은 이 점에서 한국 정신의 본산이다. 신라의 두 젊은이 귀산과 추항은 군자가 되기 위하여 신라 당대의 최고 지성인인 원광을 찾아갔다. 찾아간 이 두 젊은이에게 원광은 불교에 보살계 10조가 있으나 그대 젊은이들은 탈

속한 사람이 아닌 임금의 신민이요 아버지의 아들이며 친구의 벗이니 그 계명을 지킬 수 없으리라고 불교 보살계의 비현실성을 말하였다. 그리하여 그는 유명한 세속오계(世俗五戒)를 가르쳤다. 이 세속오계에는 불가만의 진리를 가르치면서 다른 종교는 틀렸다는 하는 그런 배타성이 전혀 없다. 그때 이미 신라는 민족의 고유 신앙인 고신도(古神道)인 풍류도(風流道)와 불교·유교·도교가 공존하고 있었다. 마치 오늘날의 한국 같다.

원광은 중의 신분이지만 불교적 진리만을 고집하지 않았던 보편주의 정신이요 현실주의자였다. 불교의 교리에 따르면 나라가 어찌 사문보다 높으랴마는 원광은 불교를 주체화하고 현실화하였다. 이것이 이른바 호국불교의 사상이다. 이 사상이 몽고군 침입 때 처인성에서 한 중이 몽고 장수 살례탑을 살해하게 하였고 임진왜란 때 사명대사와 서산대사에 의한 승병이 의병으로 호국화하는 정신으로 이어진다. 원광은 "자기가 있기를 바라고 남을 죽임은 불가의 행동은 아니다.…그러나 감히 이 명을 따르지 않을 수 없나니(求自存而滅也 非沙門之行也… 敢不惟命是從)"라고 하였는데 여기서 우리는 생존관의 위협에 따른 주체의식과 인도주의의 차원 높은 고상한 품위가 조화된 정신을 발견한다.

원효는 의상과 더불어 구법(求法)을 위한 당나라 유학의 길에 올랐다. 그러나 비가 와서 전날 잤던 고총(古冢)에서 떠나기를 재촉하는 의상에게 원효는 "혼자 떠나시오 나는 당에 가지 않겠소"하였다. 그 말을 듣고 놀라는 의상에게 원효는 "내가 당에 감은 배우기 위함인데 지금 내가 당에 가서 배울 것이 없소"라고 말하면서 의상 혼자 당으로 갔다.

원효가 입당(入唐)을 포기한 이유는 심외무법(心外無法), 삼계유심(三界惟心), 만법유식(萬法惟識)의 진리를 체득하였기 때문이다. 비가 오는 칠흑 같은 전날 밤에 길을 헤매다가 원효는 의상과 더불어 언덕 아래의 흙굴 속에 들어가 편히 쉬었다. 그날도 비가 멎지 않고 계속 내리므로 또 그 흙굴 속에서 신세를 지게 되었는데 간밤에 편하게 잘 수 있었던 흙굴이 무덤인 것을 알자 두려움과 구역질로 편히 잠을 자지 못하였다.

이에 원효는 "마음이 일어나면 갖가지 현상이 일어나고 마음이 일어나지 않으면 땅굴과 무덤이 둘이 아니다"라고 깨달았다. 유학을 포기한 그는 주체적인 진리를 깨닫고 신라로 돌아왔다. 신라의 삼국 통일에 이바지한 그의 화쟁사상(和諍思想)은 개합(開合)과 종요(宗要), 입파(立破)와 여탈(與奪) 등을 논리적 근거로 삼고 있으나, 여기서는 동이(同異)와 유무에 관한 원효의 사상을 살펴보기로 하자.

『금강삼매경(金剛三昧經)』에서 우리는 화쟁사상이 어떻게 평화의 사상과 통일의 원리와 연결되는가를 볼 수 있다.

여러 가지 이견의 논쟁이 생겼을 때에 유견(有見)과 같이 말한다면 공견(空見)과 다를 것이요, 또 만약에 공집(空執)과 같이 말한다면 유집(有執)과 다를 것이다. 그리하여 같은 바와 다른 것이 서로 자기들의 논쟁만 더욱 야기할 것이다. 그렇다고 동이의 둘이 같다고 하면 자기 내부에서 상쟁(相爭)할 것이요, 동이의 둘이 다르다고 하면 그 둘은 서로 상쟁하게 되리라. 그러므로 동도 아니요 이도 아니라고 말한다.

여기서 우리가 원효의 동이의 개념을 동일자와 이타자(상대자)로 생각하면 나의 동일성은 타인이 있음으로써 자기의 동일성을 유지하고 그리고 상대방의 나에 대한 동일성의 유지도 내가 있음으로 가능하다. 즉, 나와 타인은 상보적 교육을 유지하고 있다. 이러한 상호 교육은 하염없이 자기의 주장만 옳고 타인의 주장은 말살되어야 한다는 비공존의 철학이 아니고 둘이면서도 하나가 되는 '합이문지동귀(合二門之同歸)'의 이론이고 그러한 이론은 평화를 위한 철학이다.

이러한 원효의 사상은 불가의 진리로서 다른 유가나 도가와 고신도의 진리관과 대동소이한 성격을 지닌다. 예컨대 우리 민족 속에 믿음의 경험 문화로서 나타나는 유·불·도와 고유 민족 신앙은 다음과 같은 성격을 가진다.

다음의 도표에서 본 바와 같이 외래 사상인 유·불·도 삼교가 민족의 고유

	수경(守經, 원칙론)	행권(行權, 상황론)
유교	적연부동 (寂然不動, 고요하고 부동)	감이수통 (感而遂通, 느껴서 드디어 통함)
불교	열반정적 (涅槃靜寂, 열반의 고요)	무애자재 (無碍自在, 막힘이 없이 자재함)
도교	허이불굴 (虛而不屈, 허하나 굽힘이 없음)	동이유출 (動而愈出, 움직여서 나타남)
고신도	현묘지도 (玄妙之道, 현묘한 도리)	접화군생 (接化群生, 모든 생명을 교화시킴)

신앙과 상관성을 맺을 때 그 종교들은 민족의 믿음적 문화적 경험으로 승화된다. 그리하여 고려시대의 불교와 조선시대의 유교는 모두 수경(守經)과 행권(行權)에서 민족의 고유 신앙과 결부되어 나타났다. 이것이 고려의 건국을 삼부인의 민족 전통에 결부시킨 금탑사상이요, 조선의 개국을 역시 단군의 삼부인에 연결시킨 금척(金尺)사상이다.

『용비어천가』제83장에는 다음과 같은 구절이 있다.

고려 태조 즉위 시에 꿈에 구층 금탑이 바다 가운데 서서 스스로 물 위에 오르도다(高麗太祖卽位時 夢見九層金塔立海中 自登其上).

여기서 금탑은 고려가 불교 문화권이므로 불탑의 개념이 생기게 되고 또 구층이란 황룡사 구층탑의 호국정신을 이어받은 정신이다. 금탑의 개념은 환웅이 하느님에게 받은 천부인의 접화군생(接化群生)하는 보편정신의 천·지·인 조화사상과 홍익인간의 이념을 뜻한다. 그래서 한국 불교 정신의 수경인 열반정적(涅槃靜寂)과 행권인 무애자재(無碍自在)는 단군 신앙의 현묘지도(玄妙之道)와 접화군생과 다르지 않게 된다.

또한『용비어천가』제13장에 이 태조의 조선 개국에 대한 믿음의 문화 경험이 나온다.

꿈에 신인이 나타나 스스로 하늘에서 하강하여 금척을 주면서 말하기를 공은 문무가 겸전하여 백성이 따르기 원하므로 이것을 받아 정국하라. 공이 아니면 그 누가 하리오(夢有神人 自天而降 以金尺授之日 公資兼文武 民望屬焉 持此正國 非公而誰).

여기서 신인은 환웅의 상징이며 금척은 천부인의 정신을 뜻하고 문무겸전은 곰과 호랑이의 동혈(洞穴) 거주를 나타낸다.

우리는 화랑도가 신라의 통일을 가능케 하였던 민족의 성공적인 경험 문화임을 동의한다. 김대문의 『화랑세기』에서도 "현좌충신(賢佐忠臣)은 화랑도를 따름으로써 빼어나고 양장용졸(良將勇卒)은 화랑도로 말미암아 태어난다"고 하였다. 최치원도 난랑비석(鸞郎碑石)에 다음과 같이 적었다.

우리나라에 현묘지도가 있는데 이것을 풍류도라 한다. 그것을 설치한 연원이 이미 신사(神史)에 자세히 적혀 있는데 진실로 삼교를 포함하여 모든 이를 감화시킨다. 화랑들은 집에 가서 부모에 효도하고 나가선 나라에 충성하니 이것은 공자의 뜻이요, 무위(無爲)에 처하여 일을 하며 말없이 행동함을 가르치니 이것은 노자의 종지(宗旨)요, 악을 짓지 않고 선을 봉행하니 이것은 석가의 교화(敎化)이다.

이러한 최치원의 증언을 보면 화랑도는 유·불·선 삼교를 민족의 풍류도에 주체화시켜서 신사(神史, 단군신화)의 진리를 하나도 빠뜨리지 않았다. 이와 마찬가지로 왕건의 금탑이나 이성계의 금척도 그러한 화랑도의 온전한 주체 정신을 이어보겠다는 새 시대의 새 믿음 이외 무엇인가?

그런데 이 태조의 금척정신은 근세사에서 몇 차례의 위기와 실패를 맛보았다. 안으로 연산 및 광해의 폭정에서 그리고 밖으로는 임진왜란과 병자호란, 그리고 한일합방에 의하여 그 정신은 패배와 절망을 만나게 되었다. 율곡과 퇴계의 진리를 위한 사상, 조광조와 송시열의 곧고 바른 도학(道學)정신은 안으로 금척정신의 위기를 맞은 조선 사회에 거울과 같은 깨끗한 정신으로 참(誠)과 사회정의를 겨냥한 한국적 양심의 화신이다. 송우암(宋尤庵)이 "군자의 마음은 마땅히 청천백일과 같아야 한다(君子存心當如靑天白日也)"라고 외친 것은 이 민족의 머리가 태양의 밝음을 본받아야 한다는 고신도 정신의 이지적인 전승이다.

왜란과 호란을 당한 조선은 두 명의 화랑이 나라의 남문과 북문을 각각 지켰다. 이순신 장군과 임경업 장군이다. 충무공은 지(智)·인(仁)·용(勇)을 겸한 위대한 민족주의자다. 그의 주위에 그토록 많은 인민이 모여들어 그를 사랑하였음은 그가 모든 자신의 존재를 다 바쳐 그들을 사랑하였기 때문이다. 호란 때 의주부윤이었던 임경업 장군은 다음과 같이 임금께 상소문을 올렸다.

하늘이 재앙을 내리고 미워하는 것은 곧 하늘이 사랑하는 것입니다. 대개 재앙이 있을 때 재앙을 공경하면 재앙이 되지 않고 그렇지 않으면 망하는 일이 올 것입니다.

그의 이러한 상소문 정신은 천부인(天符印)의 정신인 거울의 향내적 성찰의 문화, 칼의 향외적 정의의 문화, 방울의 천인합일적 제천 문화가 조화롭게 이룩되지 못할 때 하늘은 재앙을 내린다는 민족의 아득한 시원적인 믿음을 깨우친 것이다. 그러나 그의 동맹(東盟)과 금란(金蘭)의 정신은 추악한 한국인 김자점의 역모로 좌절되고 드디어 삼전도의 항복이라는 굴욕을 이 나라는 당하였다.

청나라 앞에 굴욕을 당한 삼전도의 이야기와 관련하여 우리 민족의 정기를 이었던 두 선비의 한국혼을 언급하지 않을 수 없다. 그 두 선비는 척화파의 김상헌(金尙憲)과 주화파의 최명길(崔鳴吉)이다. 역사에서 가장 판단하기 어려운 것은 민족정신을 원리의 수경에 두느냐 아니면 상황의 행권에 두느냐 하는 선택의 와중에서다. 우리는 정몽주가 옳았느냐 이방원이 옳았느냐를 쉽게 말하지 못한다. 왜냐하면 역사적 고난의 시대에 낱말의 하이데거적인 뜻에서 진리가 구름 속에 모습을 감추기 때문이다.

척화파 김상헌은 주화파 최명길에게 다음과 같은 시를 띄웠다.

역사의 성패는 천운에 관계되므로	成敗關天運
반드시 정의가 돌아가는 곳을 볼지어다.	須看義與歸
새벽과 저녁은 반복할 수 있을지라도	雖然反夙暮
바지와 저고리를 바꿔 입을 수는 없는 법	未可倒裳衣
권도는 혹 어진 이를 그르칠 수 있지만	權或賢猶誤
떳떳한 길은 민중도 어기지 못하도다.	經應衆漢違
밝은 이치를 탐구하는 선비인 그대에게 부탁하노니	寄言明理士
항상 역사의 기미에 신중할지어다.	造次愼衡機

이에 최명길은 다음과 같이 답하였다.

고요한 곳에 뭇 움직임을 살펴보면	靜處觀郡動
참으로 어지러이 돌아가지만	眞成瀾漫歸
끓는 물과 얼음은 다 같이 물이요,	湯氷俱是水
비단옷과 삼베옷도 옷 아님이 아니로다.	裘褐莫非衣
일이란 혹 때에 따라 달라지지만	事或隨時別
마음이야 어찌 진리와 더불어 어기랴.	心寧與道違
자네는 이 진리를 능히 깨달을 수 있을지니	君能梧斯理
말하고 침묵함을 천기에 따라 할지어다.	語默各天機

이러한 김상헌과 최명길의 문답 시는 마치 정몽주의 「단심가(丹心歌)」와 이방원의 「하여가(何如歌)」를 우리가 다시 보여주는 듯하다. 요컨대 정몽주·김상헌의 정신은 수경의 정신으로 그것이 민족의 의리 정신으로 뻗어나가 한말에 국치설욕(國恥雪辱)을 위한 척사파로 나아가고, 이방원·최명길의 행권 정

신은 실학사상으로 심화되어서 국력 배양을 위한 경세치용(經世致用)의 실학과 개화파로 전승된다.

여기서 우리는 또다시 척사의 최익현(崔益鉉)을 보고 개화의 김옥균(金玉均)을 본다. 수경의 의리정신과 행권의 실리정신, 실학정신이 다 같이 천부인의 정신이요, 동맹의 정신이요, 정사암의 정신이요, 홍익의 정신이요, 금탑의 정신이요, 금척의 정신이기에 기미년 3월 1일에 남녀노소의 구별이 없이 모두 다 참여한 보편적 민족운동에 믿음의 경험으로 온 민족은 그들의 존재를 민족의 주체적 각성에 바쳤다.

"내 죽으면 한 개 바위가 되리라." 청마의 시는 고난과 역경 속에 시달린 우리 민족의 비애다. 그러나 거기에는 끈질긴 민족의 저항의식도 있다. 우리는 그러한 바위만 될 수는 없지 않은가? 그러한 자문(自問)은 그윽한 민족의 느낌에서 새 믿음을 찾으려는 현실적인 생각에서 나온다.

한국인의 의식사(意識史) 개설
한국, 한국인, 한국적 가치

우리나라 사람들은 '나는 돈이 있다'라든지 '나는 권력이 있다'라고 말한다. 그런데 돈과 권력은 모두 소유의 질서에 속하는 개념들인데 어째서 '가지다'라는 동사를 쓰지 않고 '있다'라는 존재의 품사를 사용할까? 더욱 괴이한 것은 '가지고 있다'라고 말할 때 거기에는 존재의 뜻이 소유의 뜻과 함께 엉켜 있다는 점이다. 이런 일상적 말의 표현은 과연 숙고할 만한 가치가 있는 것일까?

태어난다는 것은 세계로'부터' 태어나는 것이고 또 동시에 세계'로' 태어나는 것이라고 메를로퐁티는 말하였다. 대저 '~부터'라 함은 자기가 태어난 세계에 대한 원심적(遠心的) 독립의지며 '~로'라 함은 자기가 태어난 세계의 구심적(求心的) 귀속의 무의지다. 전자는 자유의지고 후자는 필연이 주는 운명이다. 그러므로 모든 형태의 인간 의식은 자유에의 원심적 의식과 필연에의 어쩔 수 없는 사실의 변증법인 것이다. 다시 말하면 의식의 역사란 곧 태어난 세계가 주는 필연적인 사실의 제약과 그 제약을 벗어나려는 자유로운 기도 사이에서 펼쳐지는 것이다. 따라서 사실의 의식은 자유의 의식을 마음대로 방임하지 않고 언제나 일정한 스타일로 간섭하고 있는 것이다.

내가 태어난 집의 가정적 분위기에서 자라온 나는 미래에 나의 자유스러운 계획에 의하여 나의 새로운 가치 창조를 꿈꾼다. 그러나 나의 자유스러운 원심력의 의지는 궁극적으로 내가 나의 의식도 형성되기 전에 자라온 나의 집의 분위기와 스타일이 주는 성격에서 헤어날 수 없음을 깨닫는다. 즉, 인간은 자유요 동시에 성격이다.

여기서 우리는 실존의 의식사(意識史)든 민족의 의식사든 그것은 자유가 주는 독립 의지의 여는 행위와 필연적 성격이 주는 귀속의 무의지의 닫는 행위의 끝없는 상호 교응임을 알게 된다. 우리가 귀속의 무의지를 필연의 사실에 대한 동의라고 부른다면 의식사는 자유와 동의의 영원한 교류인 것이다. 그러면 그러한 교류는 구체적으로 어떠한 의식사적 지평 위에서 구성되어지는가? 의식은 '느끼는 것', '생각하는 것' 그리고 '믿는 것'이라는 세 가지 지평 위로 나타난다. 느낌과 사고와 신앙은 실존사(實存史)든 민족사든 의식의 자기 전개 과정인 것이다.

그러면 느낌은 무엇인가? 느낌은 나의 신체 내부에서 내가 나 자신을 느끼는 신체로서 파악하는 체내 감각(coenésthésie)의 현상과 또 나의 신체가 외부 세계와의 접촉에서 이루는 외적 감각(sensation)의 동질화 현상이다. 그러므로 느낌은 나의 신체와 외부 세계의 연속성을 뜻한다. 위의 생각을 쉽게 풀이하면 느낀다는 것은 본질적으로 직접적인 관여의 행동인데 직접적인 관여란 우리가 습관적으로 주체라고 부르는 것과 그 주체를 둘러싸고 있는 분위기 사이에 어떤 종류의 경계선을 칠 수 없는 입장을 말하는 것이다. 그런데 그러한 느낌을 현대의 현상학적 감각론자들은 '순수 느낌'또는 '근원적 느낌'이라고 표현하고 있다. 순수 느낌의 지평이란 체험하는 자와 체험당하는 것의 구별이 없는 혼융 일체의 세계이므로 느낌의 지평에서 '나는 곧 나의 분위기'라고 말함이 자연스럽게 받아들여진다.

이런 느낌의 지평은 자유의지가 그 힘을 발휘할 수 없는 곳이다. 왜냐하면 여기서는 모든 현상이 무의지적 사실로서 받아들여지기 때문이다. 전선의 참호 속에서 느끼는 죽음에의 긴박감은 그것을 느끼지 않으려는 독립 의지와는 너무도 무관하며 봄의 기운은 주체의 의지와는 관계없이 나를 들뜨게 만든다. 이러한 느낌의 지평이 개념적으로 파악되지 않는다고 우습게 여겨서는 안 된다. 왜냐하면 현실은 개념보다 훨씬 더 풍부하기 때문이다. 높이 뜬 비행기 위에서 멀리 아래로 바다를 조감하면 그 바다는 마치 잠자는 듯 조용하다. 그러나 가까이서 살피면 그 바다는 출렁거리는 격랑인 것이다. 한마디로 느낌의 의식은, 시인 클로델의 표현 같이 세계와 함께 태어남이며, 그런 점에서 프랑스어로 'co-naissance'이다.

바로 이러한 느낌의 집단무의식이 민족의 경우 민족 신화로 나타나며 그러한 신화는 곧 민족의 분위기이며, 그 분위기가 주는 무의식의 말이다. 이처럼 '원하는 것'과 '원함을 원하는 것'의 구별이 없는 천진난만한 느낌의 의식에 문제와 장애물이 등장할 때 의식은 사고의 지평으로 탈바꿈한다.

생각한다는 것은 느낌의 세계로부터 거리를 취하는 것이요, 거리를 취한다 함은 곧 부정하는 의식이다. 민족의식에서 민족적 사고는 민족사의 장애가 주는 문제의식에서 비롯한다. 그러나 문제 해결을 위한 사고도 결국 시원적 느낌이 제약하는 방식의 울타리를 넘을 수 없는 것이다. 그런 한에서 모든 민족은 다 그 민족적 사고의 독특한 타입을 갖게 되는데, 그러한 사고 유형은 결국 그 민족의 순수 느낌, 그 민족의 신화에서 오는 특수성인 것이다. 이러한 현상은 곧 언어 현상과 같다. 한 민족의 말은 과학적으로 외국어로 번역될 수 있다. 그러나 그것이 전부가 아니다. 한 민족 고유의 성격과 느낌과 신앙은 외국어로 번역될 수 없는 특수성을 지니고 있다. 과학의 일반성은 민족적 실존의 고유한 느낌에 의하여 제한을 받게 되는 것이다.

생각한다는 것은 역시 과학의 세계이고 과학은 비록 자기의 깊은 곳에 느낌의 귀속적 무의지를 까마득하게 지니고 있지만 현실적으로 우세한 것은 '~로부터'라는 분리를 전제로 하는 독립 의지다. 이것이 개념의 영역이다. 생각하는 개념의 의식은 현실을 복잡한 콤플렉스 앞에 너무도 추상적이고 도식적이다. 여기서 의식은 또다시 실재의 현실에 구체적으로 온전히 관여하기를 바란다. 느낌의 세계와 같이 '~로 향하는' 귀의의 요구를 의식은 느낀다. 이것이 믿음이요 의식의 신앙이다.

의식의 믿음이 요구하는 재귀는 신화의 자궁에 대한 복귀의 현실이긴 하지만 사고의 지평을 여과한 의식이기에 자궁 속에서 10개월을 지난 태아의 의식과는 다른 차원이다. 믿는 의식에서 개인의 실존이 자기 존재를 전부 바치듯 민족의 신앙에서 비로소 그 민족은 자기의 파토스와 로고스를 하나도 버리지 않고 바치게 된다. 이것이 민족의 총화요 저력인 것이다.

지금까지 의식이 느낌·사고·믿음으로 각각 어떻게 전개되어가는가를 보았다. 의식의 변증법에서 느낌을 즉자적(卽自的), 사고를 대자적(對自的), 믿음을 즉자대자적(卽自對自的) 개념으로 탈바꿈시킬 수 있다. 이제부터 문제의 초점을 더욱 선명하게 하여서 한국인의 민족적 집단의식에도 조명을 비출 때가 되었다. 그래서 한국의 신화가 문제되고 한국의 문무(文武) 제도와 그 문화·역사가 문제되며 역사상의 민족 신앙과 그 미래적 가치가 문제된다.

1. 아침의 사상

'조용한 아침의 나라' 조선은 태백산의 신단수(神檀樹)에서 비롯한다. '조용한 아침의 나라'라는 표현이 주는 정감의 무드는 현실의 우리 민족이 그것을 망각했든 하지 않았든 우리 민족의 정서적 고향이다. 조용한 아침이 주는 정감은 정오나 저녁의 정감과는 다르다. 카뮈가 '정오의 사상(la pensée de midi)'을 제창하였을 때 그 사상은 그리스인이 즐겨하였던 태양의 사상을 뜻한다. 태양은 생명을 위하지 생명을 거슬리게 하지는 않는다. 생명을 위한다는 것은 지나치게 극단적인 순수성을 신경질적으로 고집함도 아니다. 왜냐하면 생의 역사에서 순수성의 청교도적 진리는 언제나 살인적 결과를 가져왔고 또 그와 반대로 현실에 대한 타협 없는 혁명도 살인적이었기 때문이다. 그렇다고 하여 순수와 비타협적 혁명을 전부 도외시한 냉소적 기질도 살인의 방조죄를 범하지 않는 것은 아니다. 그렇다면 정오의 사상은 작열하는 태양의 열정을 품고 있어서 저녁처럼 밤의 휴식에 피곤함을 차분히 맡기는 기도의 시간이 아니고 활동과 반항의 시간이다. 그러나 그러한 반항은 정오라는 개념이 지니고 있는 균형과 상대적 조화를 버리지 않는 삶의 철학이다.

조용한 아침의 정감과 철학은 이글거리는 태양의 작열 속에서 긴장된 마음으로 균형을 찾아 노력하는 반항의 정감과 철학도 아니요, 밤의 장막이 고요히 내리는 저녁의 기도가 주는 평화와 휴식의 시간도 아니다. "어둠이 오자 그(그리스도)는 혼자였다"는 성경 구절에서 그리스도의 기구하는 순간을 느끼게 된다.

이 조용한 아침의 땅에 아사달(阿斯達)의 나라가 세워졌다. 아득한 옛날 빛이요 태양이요 하느님인 환인(桓因)에겐 환웅이라는 서자가 있었다. 하늘나라의 신인 환인은 그의 서자─여기에 서자라는 개념은 특히 동양 사회의 개념인데 적서(嫡庶)의 구별에서 맏아들인 적자와는 달리 둘째아들부터는 부모로부터 훨씬 행동의 자유를 받게 된다. 이재호가 옮긴 『삼국유사 주해』를 보면 맏아들 이하를 전부 서자라고 하며, 동북아시아의 신화에 서자가 많이 등장한다고 한다─ 환웅이 늘 지상의 세계를 내려다보며 인간 세계를 다스려보려는 꿈을 가졌음을 알아차렸다. 그래서 환인은 환웅에게 천부인 세 개를 지상 통치의 직권을 부여한 표적으로 주면서 풍백(風伯)·우사(雨師)·운사(雲師)를 거느리고 태백산 신단수로 내려 보냈다. 이것이 신시(神市)이다. 신시를 베풀게 된 목적은 홍익인간이었다. 하느님이 그의 아들 환웅에게 삼부인을 주었는데 그것이 무엇인가에 대해서는 명백하지 않다. 그러나 동북아의 신화를 연구한 사학자들의 견해로는 삼부인이란 '거울, 칼, 방울'이라고 한다. 거울이란 향내적 인간 심리의 자기 성찰이고, 칼이란 향외적 인간 심리가 갖는 사회 정의의 상징이고, 방울이란 제사의 주술적 축제를 뜻하는 것이 아니겠는가.

주술적 제사는 하늘과 대지, 신과 인간이 교응·화합하기 위한 것이다. 삼부인의 원천적인 뜻은 단순한 직권의 인장이 아니라 하늘과 땅, 신과 인간이 양합위신(兩合爲信)하는 그런 차원에서 파악되어야 할 것이 아니겠는가? 원래 '부(符)'라는 뜻은 두 가지가 화합하여 서로 신(信)이 선다는 내용을 포함하고 있다. 그런 한에서 환웅이 홍익인간의 이념을 펼 때 그러한 지상의 이념이 하늘의 이치와 교응하여 상호 신의하여야만 가능하다는 것을 삼부인은 말하고 있다.

그러므로 민심은 천심이라는 한국적 격언은 실로 단군 개국 신화로부터 발단된 것이며, 이러한 개국 신화의 정신은 '온 나라 사람들이 그를 받들어 임금으로 삼았다(國人立以爲君)'는 제정일치의 정치 사회에 천인합일 동의의 민족 문화를 잉태시켰고 또 육부촌장(六部村長)의 합의로 왕이 된 혁거세의 전통과 화백 제도 및 백제에서는 '정사암 고사' 같은 것으로 이어져 내려갔다. 더욱이 합좌(合座) 제도인 신라의 화백은 다수결 원칙에 의존하는 양(量)의 민주주의가 아니고 현량한 엘리트들이 만장일치하여야 하는 질(質)의 민주주의였다. 그런데 그러한 화백제도가 양이 아니라 질의 민주주의이기에 천·지·인이 현묘하게 부합되지 않으면 안 되었다. 그래서 중대한 국사를 논의할 때 신라인은 청송산(靑松山, 동), 울지산(亏知山, 남), 피전(皮田, 서), 금강산(북) 등 신성한 영지(靈地)를 택하였다고 한다.

그러한 민족의식의 전통이 고려조에 와서는 평의사사(評議使司) 제도와 도병마사(都兵馬使) 제도로 발전하였고, 조선조에 와서는 경제사(經濟司)와 의정부라는 기능으로 변하였던 것이다. 요컨대 동이족으로서 우리 민족은 승 일연의 저서에 적혀 있는 바와 같이 중국의 요순시대와 같은 찬란한 민족문화를 독자적으로 누리고 있었음을 단군 신화가 암시하고 있다.

기원전 11세기경의 중국 은나라의 문화인 은허가 발굴되면서부터 우리 민족인 동이족에 관한 설명이 갑골문자로 기록되어 나오는데, 류승국 교수의 논문인 「한국유학사상사서설」에서 갑골문자의 해독으로 우리 민족이 중국과는 독자적으로 요순의 원시 유교 문화와 동질적인 문화의식과 사상을 누려왔음이 실증적으로 증명되고 있다.

하여튼 단군 신화로 다시금 돌아가자. 웅녀의 존재는 무엇이며 또 무엇을 상징하고 있는가? 곰이 동북아시아 고대 민족의 토템이라는 것은 사학자의 일치된 견해다. 그러나 그러한 토템 신앙으로 단군 설화의 웅녀적 존재가 해명되는 것은 아니다. 물론 호랑이보다는 곰을 민족 신화로 택하였다는 것은 거칠고 사납고 참을성이 없어 보이는 호랑이보다는 인내력과 끈질긴 지구력을 보이는 곰에서 더 가까이 민족의식이 느꼈으리라는 점은 짐작할 만하다. 역사상으로는 중화(中華)라는 중국 대륙의 주변 국가들, 이른바 동이(東夷)·남만(南蠻)·북적(北狄)·서융(西戎) 가운데 오직 우리 민족인 동이만이 거센 중국의 제국적 물결에 근근하면서 그러나 끈질기게 저항을 하여 우리 문화, 우리 말을 가지고 있는 것이 아닌가! 예를 들면 서하도 한때는 찬란한 독립 문화를 가졌으나 중국에 병합된 지 오래다. 그 점에서 곰은 은근하고 끈질긴 민족의 자기 느낌의 기호화인 것이다.

그러나 그것만이 있는 것은 아니다. 곰은 사람이 되고파 3·7일간(21일) 쑥과 마늘이라는 지독한 음식만 먹으면서 햇볕도 보지 못하는 동굴 속에서 지냈다. 그리고 웅녀가 된 것이다. 여인이 된 뒤에 아기를 잉태하고파 간절한 욕망을 가지더니 환웅이 사람으로 변하여서 아기를 배게 하였다. 그 아기가 단군왕검(檀君王儉)이다.

여기서 물론 환웅은 빛이요 하늘인 양(陽)이요 웅녀는 어둠이요 땅인 음(陰)을 가리키는 음양사상이 그려져 있다. 그러나 음양사상의 저면에 놓여 있는 느낌의 정신분석도 놓쳐서는 안 된다. 프랑스의 철학자 레비 브릴은 신화적 느낌의 구조를 '신비적 관여'라고 하였는데, 바로 단군 신화에서 우리 민족의 느낌이 어떻게 '신비적 관여'를 말하게 되었는가를 보아야 한다. 환웅은 우리 민족의 상징적 아버지이고 웅녀는 우리 민족의 상징적 어머니다. 그러나 그러한 아버지·어머니는 민족의 무의식적 말이 느끼는 설화인 것이다. 왜냐하면 그러한 설화는 곧 우리 민족의 '리비도'를 뜻하는 것이기 때문이다.

레비 브릴적인 '신비적 관여'란 민족 집단이 체내 감각으로 안에서 느끼는 것이 곧 외부 세계에로 느끼는 집단무의식과 동일함을 뜻한다. 그래서 우리 민족의 무의식적 리비도로서 집단 내부에서 느낀 말을 웅녀와 환웅으로 상징화시켰다. 그런 한에서 음양으로서의 웅녀와 환웅은 우리 민족 집단의 동일한 무의식의 양면임을 뜻하게 된다. 환웅과 웅녀는 같은 민족무의식의, 동전의 전면과 뒷면 같은 성격을 띠고 있다. 원래 융의 정신분석 세계에서는 집단무의식으로서의 리비도는 두 가지 대립되는 극 사이에서 출렁거린다. 비유하여 설명하면 심장의 확산과 수축과 같이 리비도가 그려지고 전류 회전과 같이 양극과 음극이 서로서로 돌고 있는 것이 리비도다. 그런데 융적인 개념에 의하면 상반되는 극은 '대립자'이다. 그래서 한 쌍의 음양 대립자의 관계가 매우 긴장되면 리비도의 민족적 에너지도 강렬하여지고 음양 대립자의 관계가 희박해지면 어떠한 에너지의 표출도 흘러넘치지 못한다고 융은 주장한다. 이러한 융의 이론에 따라서 음양의 민족적 집단 리비도를 중심으로 우리 민족의 단군 신화와 유대 민족의 아담 신화를 간단히 비교하여보기로 하자.

아담의 신화에 관하여는 내가 전에 말한 바가 있어서 여기서 상술함은 피하겠다.[1] 폴 리쾨르의 말을 인용하면 다음과 같다.

이브는 제2의 성(性)으로서 여자가 아니고 모든 여성 모든 남성은 아담이며 이브다. 모든 여성은 아담 속에서 죄를 짓고 모든 남성은 이브 속에서 유혹된다.

그런가 하면 성경의 창세기에는 아담과 이브의 유혹적 출현에 대하여 다음과 같이 말하고 있다.

내 뼈 중의 뼈요, 내 살 중의 살이로다.

요컨대 이 두 가지 인용을 종합하여 보면 유혹적인 여성의 현전은 모든 남성에게 상실한 낙원의 회복이며 동시에 지옥의 문이기도 하다. 여기서 음양의 대립 리비도는 최고도로 긴장되어 있다.

그러나 단군 신화에서는 환웅과 웅녀의 대립 리비도가 그렇게 긴장되어 나타나 있지 않다. 웅녀의 간절한 욕망인 잉태의 본능에서 환웅은 신인(神人)이기에 가화(假化)하여 일시적이나마 사람 몸으로 변하여 웅녀의 욕망을 들

---

1) 《哲學》, 3권, 한국철학회, 1969.

어주었다. 그러고서 곧 사라졌다. 예수가 신인(神人)이라 하지만 그는 인간으로서의 모든 고뇌를 처절히 안고 있었다. 그러나 환웅에게는 그런 종류의 고뇌는 없고 오직 지고한 신선(神仙)의 기품만 있었다. 그가 환인의 나라에서 하계를 내려다보았듯이 웅녀적 존재를 동일한 대립자로서가 아니라 하시(下視)한 것이다. 이러한 단군 신화의 민족적 '순수 느낌'에서 우리는 몇 가지 배달민족의 집단무의식을 꼬집어낼 수 있다.

① 우리 민족은 천·지·인 합일의 우주론적 조화 사상을 자신의 '근원적 느낌'으로 체험하였다. 따라서 민족적 무의식은 삼부인의 정신에 따라서 하늘의 뜻에 순응하는 것이다. 그러한 순응의 사고적 의식이 삼국시대 화백·경당(扃堂)·정사암 제도, 그리고 고려조와 조선조에 평의사와 의정부로 흘러내려왔다. 그러므로 여호와 유일신으로부터 질투와 분노를 받았던 유대 민족의 '불행한 의식'은 우리 민족의 '근원적 느낌' 속에는 없었다. 그런 점에서 우리 민족은 순진하고 순박한 의식을 가진 영혼으로서 하늘의 뜻이 자기의 느낌과 다른 것이 아니라는 청결한 백의민족이었던 것이다. 따라서 우리 민족은 서양의 순진한 의식을 이미 상실한 양의 민주주의가 아니라 백의의 천진함을 영혼으로 가진 질의 민주주의를 개국 이래로 느꼈고 생각하였고 믿었다.

② 우리 민족은 많은 난형(卵形) 신화를 품고 있다. 고구려 주몽의 탄생 설화는 해모수(解慕漱)라는 천제(天帝)의 아들과 하백(河伯)의 딸 유화(柳花) 사이에서 난 알에서 비롯되며, 신라의 혁거세 역시 밝은 박에서 나온 알이었고, 가야국의 김수로도 그러하였다. 이러한 난형 신화는 곧 음양의 태극지묘(太極之妙)를 알리는 조화와 균형을 둥글게 상징한다.

그러나 그러한 조화와 균형은 카뮈적인 정오의 사상과 같이 뜨거운 열기 속에 전개되는 긴장된 균형에의 의지가 아니라 조용한 아침이 주는 관조의 균형이다. 물론 여기 고구려의 난형 신화와 신라의 난형 신화 사이에는 놓칠 수 없는 미묘한 뉘앙스의 차이가 있다. 이 점을 곧 밝히겠다. 하여튼 해모수와 유화의 양극 사이의 리비도에서도 마치 환웅과 웅녀의 경우와 같은 것을 보게 된다. 해모수는 유화를 유혹하여 잉태를 시켜놓고 장막 뒤로 모른 체

사라져버렸다. 이것은 무엇을 상징하는 것일까?

③ 한민족 개국 신화나 고구려·신라의 시조(始祖) 신화에서 우리는 유대 민족의 신화에서처럼 버림받은 영혼 또는 '유적(流謫)된 영혼'의 '순수 느낌'을 보지 못한다. 플라톤의 이데아와 상기(想起)의 신화 역시 고향 상실의 영혼을 갈파한 상징이다. 그러면 그러한 상징은 무슨 뜻을 내포하고 있는가?

첫째로 고향 상실의 유적이 주는 신화는 영혼과 육체의 부조화를 근원적 체험으로 표시하고 있다. 그래서 존재로서의 영혼의 세계와 그 고향과 소유로서의 육체의 세계와 그 고향에 대한 이원적 갈등을 영원한 인간의 운명으로 섬기게끔 그 신화는 의미를 준다. 그러한 갈등은 궁극적으로 소유의 질서를 넘어서 초월한 존재의 평화를 언제나 강렬한 회한으로서 겨냥하고 있다. 둘째로 그 신화는 인간의 유한성과 그 유한성이 주는 책임감의 윤리의식, 그리고 회한의 죄책감과 아울러 자신의 어쩔 수 없었던 과오에 대한 '고백'이 곁들어 있다. 심리학적으로 고백한다는 것은 언제나 수동형의 자세를 전제로 한다. 고백하는 주체는 '나'이지만 그러한 나의 심리는 언제나 '나는 ~으로 인하여 고백하지 않을 수 없다'는, 즉 '어쩔 수 없었다'는 피동형을 이미 스스로 지니고 있는 것이다.

지준모(池浚模) 씨의 값진 논문 「한국어의 형태론에서 본 민족성」[2]이 밝힌 바와 같이 한국어가 영어나 일본어보다 수동형을 즐겨 쓰지 않고 오히려 능동형을 많이 사용한다는 점은 어떤 점에서 고백의 심리의식이 우리 민족사에 희박하였음을 뜻하는 것으로 볼 수 없겠는가? 그러한 현상은 또 민족의식의 강력한 주체성을 나타내는 것이기도 하다. 지씨의 논고에서 프랑스어가 영어보다 말의 수동형이 적다는 것은 곧 프랑스어 민족이 영어 민족보다 역사적으로 훨씬 우수한 민족문화를 누려왔음을 이면적으로 말하고 있다. 이 점에서 한민족이 일본민족보다 훨씬 탁월한 문화를 무의식적으로나마 느껴왔음도 마찬가지이다.

---

2)《民族文化硏究》, 4호.

빛이 진하면 그림자도 그만큼 짙어지게 마련이다. 고백의식의 결핍은 우리 민족에게 '얼굴을 마주봄'의 현상학적 윤리의식의 부재를 초래한 것이 아니겠는가? 우리 민족은 얼굴에 별로 표정이 없다. 얼굴에 표정이 별로 없다는 것은 의식상의 스캔들·맹목성·애매성을 해명하려는 의지를 감추려는 것이다. 고백의 현상학은 감동·공포·불안의 모암(母巖) 속에 살아 있지만 그것은 외부로 표출하려는 말 이외에 다른 것이 아니다. 고백에 의하여 인간은 부조리·고통·불안의 경험으로 말의 대화가 성립한다. 고백의 윤리는 곧 사랑이 아니라 파괴가 얼마나 두려운가를 느낀 양심의 윤리다. 이 말은 우리 민족에게 양심이 없었다는 것이 아니며 더구나 윤리가 없었다는 것과는 너무도 거리가 멀다. 우리 민족은 사랑과 너그러움이 무엇인지 태고적부터 잘 느껴온 집단이다. 그러나 그러한 사랑과 관용의 윤리가 현세적 생활 이념으로만 로고스화되었을 뿐이지 사랑과 인(仁)의 실패에서 오는 필연적 회한의 고백은 없었다. 그렇지 않다면 인의 교리를 실천화할 것을 강하게 배운 조선조의 유생들이 어떻게 고백 없는 처절한 당쟁의 유혈사를 몇 세기 동안 계속할 수 있었겠는가?

④ 홍익인간·경천애인은 아사달 밝은 빛의 나라 조선의 건국이념이다. 홍익인간과 경천애인은 결국 같은 뜻으로 실로 그것은 자랑스러운 역사적 전통으로 내려온 끈질긴, 그러나 은근한 민본주의 사상과 실리주의 사상 및 현세주의 사상을 고이 그리고 깊이 품고 있다. 민주주의 사상에 관하여는 언급이 되었고 실리주의 사상은 이미 내가 밝힌 바가 있기에 더 확장시키지 않겠다.[3]

민족 느낌의 현세주의라고 이야기할 때 우리 민족에 영혼 불멸의 내세관이 없었다는 것은 아니다. 불교의 수용과 함께 내세관은 더욱더 민족 신앙으로 그려졌지만 그러나 민족의식사에 그것이 그렇게 현실화되지 못하였다. 이어령의 논급처럼 "한국인의 신은 그렇게 먼 곳에 있지 않았다.…이 땅에

3)《知性》, 1972년 5월호.

어떠한 종교가 들어와도 그것은 환웅처럼 하늘의 나라가 아니라 땅에 발을 디디고 살고 있었다." 우리 민족에게 유달리 오직 건국 신화만이 있음도 이를 뒷받침하여주고 있다. 사실(史實)에 의하면 황룡사 9층탑은 삼국 통일을 성취하기 위하여 만든 호국 불교의 요람이다. 더구나 재미있는 것은 황룡사 9층탑의 각 층이 각각 주위의 인접국들을 제압하기 위한 소원의 상징이었다고 함이다. 신라의 각 사찰이 다 강력한 현재의 소원을 받아들이는 것이 목적이었지만 더욱 개시적(開示的)인 것은 이차돈의 포교 정신과 원효의 성속여일(聖俗如一), 원광의 세속오계다. 이 모든 것은 우리 민족의 현세주의의 가치관에 토속화된 불교의 모습이 아닌가? 화랑도는 이러한 민족 느낌과 민족 사고가 가장 역사적으로 성공리에 표현된 민족 신앙의 힘이었다. 이 점을 뒤에서 곧 볼 것이다. 칠성단(七星壇)이라는 한국 토속 불교의 전승은 얼마나 민족의 소망이 현세적이었나를 증거하고 있다. 사육신의 죽음도 그것이 지극한 현세의 가치와 윤리의 증언이었기에 서양 종교의 순교자와는 너무도 다르다.

그러나 이러한 현세주의의 생활관이 민족 신앙으로 성공적으로 수행되지 못하고 지리멸렬될 때 참으로 무서운 재앙을 담게 되는 것이다. 그러한 재앙이란 곧 인간의 행복이 현세적인 권력과 재력의 지배에 있다는 느낌과 사고와 믿음을 잉태시킨다는 것이다. 오늘날 얼마나 많은 사람들이 부처님 앞에서, 십자가 앞에서 출세와 돈의 축적을 강렬히 바라고 있는가! 그렇게 볼 때 천민자본주의의 유입으로 배금물신주의 사조를 더욱 부채질한 것은 사실이지만 우리 의식사에 권력·재력의 행복관이 이미 흐르고 있었던 것도 사실이다. 이래서 소유 문화가 존재 문화에 포섭된 것이 아니라 오히려 존재 문화가 소유 문화 속에 망각된 것이다.

정송강의 별곡, 윤고산의 시, 「정과정(鄭瓜亭)」의 가사는 모두가 한결같이 버림받은 유적자(流謫者)의 고향 상실의 이데아적 문학이 아니라 의(義)로써 그려진 '임' 속에 감추어진 관료적 행복에 대한 현세적 복귀를 노래한 것이다. 마찬가지로 우리의 치마저고리의 민속의상과 춤은 서양 무용에서 보는 인간 존재의 내면적 불안이나 고뇌가 아니라 현세적 즐거움과 슬픔을 표시하는 율동으로 가득 차 있다. 이러한 서민 감정은 민족의 '근원적 느낌'에서 그 가능성을 가지고 있었지만 의식의 사고 지평상으로는 역사에서 외인적 요소(경제적, 사회적)에 의하여 더욱 대자적 자각을 취하게 되었던 것이다. 이 점은 뒤에서 곧 보겠다. 한 걸음 더 나아가서 임진왜란 때 일어난 의병 유자(儒者)의 저항정신, 조광조의 칼날 같은 도학정신이 율곡·중봉으로 이어져 내려왔지만 그러나 현실 역사의 주류는 슬프게도 권력인과 지식인의 무반성적 야합을 본령으로 삼아 왔던 것이다.

⑤ 단군 신화를 다시금 융적인 정신분석으로 돌이켜보자. 융에 의하면 신화란 단적으로 집단무의식의 말이며 따라서 집단 리비도의 표출이다. 그런데 그러한 본능의 리비도가 야생적으로 그냥 남아 있는 것이 아니라 문화 목적으로 탈바꿈한다. 여기서 융은 원시 와찬디(Wachandi)족의 샘 의식(儀式)을 예로 든다. 그 종족은 땅속에 우물 구멍을 파놓고 그 구멍 주위를 수풀더미로 둘러싸서 여자 성기의 모형을 만들어놓고 그 주위로 춤을 추며 돌면서 세워진 창(槍)을 마치 발기된 남성 성기의 흉내로서 던진다. 의식이 집행된 순간에 남자가 여자를 보는 것은 금지된다. 춤의 황홀경에 미친 그들은 대지의 여신에게 농경의 비옥을 빈다.

이렇게 하여 그들은 성의 본능을 문화적 느낌으로 치환시키고 있다. 우리의 단군 신화도 농경민족의 설화다. 그러나 거기에 리비도의 성 에너지가 어떻게 문화 목적으로 변이되는가를 간과해서는 안 된다. 곰이 동혈(洞穴) 속에서 3·7일간(21일) 있었다는 것도 여성적인 것과 관계된다. 내가 알기로 지금도 여자가 아이를 낳는 경우 21일간 대문에서 사람의 출입을 금기하고 100일이 지나야 완전한 인간의 구실을 하게 된다고 한다(환웅이 곰과 호랑이에게 100일 동안 굴속에 있으라고 하였다). 요컨대 동혈은 곧 자궁의 상징이다. 그런데 여인이 된 곰은 풍요(잉태)로의 리비도를 느낀다. 그리고 잉태하였다. 여기서 문제다. 환웅의 '그림자'—낱말의 융적 표현—로서의 웅녀는 잉태로써 그의 리비도를 만족시켰지만 환웅이 사라진 뒤에 자기 성의 갈등을 느끼지도 않았고 따라서 웅녀의 리비도가 병리학적으로 짓밟히지 않았다.

창세기의 신화는 음양의 각 리비도가 서로 짓밟혀 성의 부끄러움이라는 현상으로 노출된다. 그러나 우리의 민족 신화에서 그러한 성의 정신적 질환 현상은 현실적으로 크게 부각되지 않는다. 『삼국유사』에 나오는 신라의 미녀 수로부인은 성의 금욕적 투쟁도 성의 완전한 개방도 우리 민족의 성적 본질이 아님을 나타내는 것이 아닌가. 수로부인은 정결하나 음욕적이어서 동해용왕에게 붙잡혀 정을 통하나 죄의식의 발작을 느끼지 않고 강릉으로 순정공을 따라가 깨끗하게 남편을 섬겼다. 소위 순결을 강요하는 정조대란 우리 민족의 순수 느낌에서는 상상도 할 수 없는 것이다. 더욱이 「처용가(處容歌)」는 우리 민족의 성적 본질을 단적으로 나타낸 설화다. 우리가 처용가를 정신분석적 차원으로 옮겨볼 때 역신(疫神)과 처용을 별개의 존재로 분리시켜서는 안 된다. 또 처용의 아내를 독립된 여인으로 보든 아니면 처용의 음기적(陰氣的) 에너지로 보든 자유다. 이어령이 『삼국유사』에 나오는 승려 혜숙(惠宿)의 이중적 인격을 '지킬 박사와 하이드'의 요소로 보면서 「처용가」를 동일하게 해석하지 않은 것은 납득이 가지 않는다.

혜숙은 지극한 성인(聖人)이고 또 동시에 지극한 탕아였다. 그는 죽음을 초월하기도 하고 또 죽기도 하는 이중적 인간이다. 그러나 갈등을 느끼거나 우울하지 않았다. 그는 자유인이었다. 그와 마찬가지로 병리적이고 맹목적인 성의 화신인 역신은 동시에 자유인이고 관용적인 처용의 '그림자'다. 그러나 처용은 그의 아내의 간통에 경련을 일으키거나 정신 수축 현상을 일으키지 않고 섹스의 병적 요소인 역신의 항복을 받았다. 그리스도교 세계관에서는 볼 수 없는 성의 느낌이다. 사실상 그리스도교 문명권에서 성의 갈등으로 오히려 성도착증 환자가 정신병으로 많은 것은 갈등이 집념이요, 집념이 모든 병임을 알리는 예가 아닌가! 고려조·조선조에서 처용무를 추면서 추나(追儺)의 의식을 거행하여 질병의 예방으로 삼았다는 것은 비병리적 리비도 문화의 전승이요 승리를 뜻하는 것이다.

조선은 그 이전의 배달나라들에 비하여 성의 본질이 외인적 성리학의 유입으로 좀 굳어졌다. 그러나 황진이의 시조 "동짓날 기나긴 밤을 한 허리 둘로 내어…"는 수로부인의 설화를 이어받은 민족적 예술의 정감이 아니겠는가! 그러나 이러한 성의 민족적 느낌에 어떤 위험이 따르지 않는 것은 아니다. 성의 그리스도교적 갈등의 부재는 민족적 느낌이 예술적 민족의 신앙으로 성공적으로 승화하면 좋은데 그렇지 못한 경우 고려가사의 문학에서, 또 조선 양반들의 생활 이면에서 보여지는 미증유의 성 향락 문물을 잉태시킬 수도 있다. 바로 이러한 위험은 지금 우리의 현실 속에서도 노증되고 있는 것이다. 그리스도교의 세계관이 침투함으로써 우리의 전통적 의식과 새 사고와 새 느낌이 질서 없이 혼동되어 있는 것이 오늘이다.

이미 앞에서 언급한 환웅, 해모수, 처용은 다 같이 우리 민족의 남성적 아니무스(animus, 남성적 영혼)를 상징한다. 왜 환웅과 해모수는 웅녀나 유화와 결합 후 소리도 없이 무대 뒤로 사라졌는가? 거기에는 리비도의 병리적 수축과 집념으로부터의 해방이라는 밝은 면도 있지만 여성적인 것에 대한 우월감 또는 무책임감이 깃들어 있기도 하다. 이런 민족적 '순수 느낌'에서부터 출발하여 역사적 사고의 지평 위에서 남성은 가책 없는 여성 편력을 자유로이 하였던 것이다. 또 남성적인 것들은 하늘을 배경으로 하였기에 지극히 존귀하였고(아담과 이브의 對人意識과는 달리) 그래서 그들은 숭상을 받아야 했던 것이다. 우리말에 그토록 많은 경어법은 남자에게 아니면 나이 많은 여자에게 해당한다. 나이 많은 여자가 이미 여성적이 아님은 마치 조선 사회에서 본처가 첩보다 비여성적이었기에 존경의 경어를 받았던 사실과 유사하다.

2. 민족 느낌의 역사화 과정

지금까지 우리는 단군 신화를 해석함에서 그것이 우리 민족과 어떠한 '신비적 관여'의 '순수 느낌'을 하여왔는가 보았다. 그러한 해명 가운데서 우리는 우리 의식사의 밝은 면과 어두운 면을 동시에 양면적으로 보았다. 지금부터는 그러한 민족 느낌의 지평이 어떻게 역사적으로 사고화·신앙화의 과정으로 뻗었으며 그러한 과정의 성공과 실패를 또한 양면적으로 보아야겠다. 그러나 가급적 약술을 바라면서 우리의 초점을 새로이 옮겨보자. 그러나 미리 명기하여야 할 것은 정치사상사적으로 해방 전까지 우리 민족은 귀족 정치의 지배를 받았다는 점이다. 서양보다 귀족 정치의 몰락이 늦은 것은 사실이지만 왜 그랬는가 따지는 것보다 오히려 민족 역사에서 자랑스러운 것은 새로 그 의미를 선양하고 버릴 것은 민족의 체험사의 스타일 안에서 반성함이 더 현명한 짓이 아니겠는가.

앞에서 고구려의 난형 신화와 신라 것의 미묘한 차이를 놓쳐서는 안 된다고 하였는데 그것은 무엇을 뜻하는가? 주몽(朱蒙)은 자라면서 동부여의 왕 금와(金蛙)와 그의 아들 7형제로부터 미움을 받았다. 또한 주몽이 알 속에 있을 시절부터 그 알은 버림받거나 천대를 받았다. 이러한 고구려의 주몽 신화는 고구려가 건국 초기부터 인접국과의 강력한 투쟁을 전제하였다는 느낌의 상징이다. 사적으로 고구려는 한족(漢族)과의 무력 투쟁 가운데서 성장하였고 한의 위성국들을 축출하여야만 고구려가 발전할 수밖에 없었다는 분위기를 주몽의 난형 신화가 표시하고 있다. 중국도 고구려의 등장을 크게 두려워하였으며 더욱 의미 깊은 것은 왕망(王莽)이 흉노족 정벌에 고구려를 이용하려다가 고구려가 거절하매 고구려를 하고려(下高麗)라고 부르며 자신의 중화(中華) 위신을 세워보려고까지 하였다는 점이다. 고구려가 이처럼 한족과의 투쟁으로 시작되고 멸망한 것은 민족 주체의 강력한 문화적 긍지를 고조선으로부터 물려받았음에 가능하였으리라는 점을 잊어서는 안 된다.

이와 반대로 박혁거세의 알은 미움을 받기는커녕 6부 촌장에 의하여 옹립되고 사랑을 받았다. 증오받은 알의 신화는 전쟁의 분위기를, 사랑받은 알의 신화는 평화의 분위기를 뜻한다. 그러나 두 가지 난형 신화를 별도로 보면 안 된다. 다 같이 환웅과 웅녀의 조화 상징의 가지들이기 때문이다.『삼국유사』에 유화가 웅신산으로 유혹되어 해모수와 정을 통한 기록도 민족 신화의 연면한 전승을 뜻한다. 난형 신화의 융적인 분석을 통하여 우리는 고구려인의 사고와 신앙, 그리고 신라인의 사고와 신앙을 고찰하여보기로 하자.

융에 의하면 알 신화는 서양 세계에서 잘 찾아볼 수 없는 동양의 것이다. 여래(如來)의 눈 감은 듯 명상하며 미소 짓는 둥근 얼굴과 둥그스름한 몸매에서 우리는 달과 같은 원형을 맛보지만 고뇌로 괴로워하는 여윈 그리스도의 십자가상에서는 결코 난형의 미학을 발견하지 못한다. 난형은 조화와 균형의 양성 미학이며 양성 심리학이다. 그러나 긴장을 내포한 정오의 균형미는 아니다. 꽃이라든가 금빛 알이라든가 귀한 술잔의 밑받침이라든가 어딘지 조용한 맛을 풍기는 그런 운치를 띠고 있다. 그래서 융은 난형의 상징을 '만다라' 상징이라고 하는데 '만다라'라 함은 범어로 주술적 원형을 뜻한다고 한다. 그뿐만이 아니다. 균형과 조화를 잃어버린, 투쟁에 지친 정신병 환자는 그의 꿈속에서 종종 이러한 만다라 상징을 본다고 한다. 그러한 상징은 바로 갈등과 투쟁에 지친 인간이 조화와 평화에 대한 강력한 느낌을 뜻하는 것이 아니겠는가? 유희(遊戱)의 무용에서 가장 행복한 미학은 중심을 두고 그리는 원형 운동이다. 이러한 모든 것이 음양의 난형이요 태극의 심리학이다.

그러면 주몽의 난형과 혁거세의 난형이 같은 고조선 태극사상의 진수라면 그 뉘앙스의 차이를 떠나서 어떤 동질성을 띠고 있는가? 융의 설명대로 난형이 조용한 평화의 둥근 정원이라면 거기에는 심리적으로는 여성적 영혼인 '아니마(anima)'와 남성적 영혼인 '아니무스', 심리적 성격 타입으로는 외향적 형과 내향적 형의 중화(中和)가 이루어지는 곳이다. '아니무스'는 계획이고 멀리 그리고 더 멀리 뻗으려고 하는 초월에의 의지이며, '아니마'는 꿈이고 그리고 가까이 더 가까이 잠기고 싶어 하는 내재의 의지이다. 억센 '아니무스'의 외향적 형은 리비도의 초월적 방향에 의하여 특징지어지고 따라서 외향적 형은 자기를 둘러싸고 있는 외부 환경에 논쟁이나 투쟁을 통하여 적극적으로 대응한다. 그와 반면에 내향적 형은 리비도의 방향이 내재적이고 수용적이다. 서양 신화 세계에서는 심리적으로 여성적인 것과 남성적인 것, 향내적인 것과 향외적인 것이 끝없는 오해 속에서 전개된다. 그러나 난형 문화권에서는 그런 짓밟힘은 없다.

주몽의 난형이 신화나 혁거세의 난형 신화는 시원적으로 '아니마와 아니무스' 그리고 향내와 향외가 조용히 균형 잡힌 만다라의 원(圓)이었던 점에서 동일하다. 그러나 고구려인은 그들 나라의 분위기에 의하여 '아니무스'의 향외적 기질을 사고상에 더 의식하지 않을 수 없었고 신라인은 처음부터 고구려인적인 초월의 의지를 발산시킬 필요를 느끼지 못하였다. 그래서 신라인은 고구려인보다 의식의 사고와 민족적 신앙의 면에서 더 내재적이었다고 볼 수 있다. 그러나 태극의 현묘지도 가운데도 내재의 꿈에서 깨어나 초월의 먼 계획을 실천해야 할 필요성을 느꼈을 때 신라인은 법흥왕 때부터 서서히 그러한 '아니무스'의 정신을 일으키기 시작하였던 것이다. 이것의 성공적 표현이 화랑도다. 이 점에서 고구려인이나 신라인의 의식사는 원천적으로 동일한 민족의식의 지평 위에 있었다.

여기서 우리는 민족의식사의 유희(遊戱)의 사실을 관견할 필요가 있다. 민족의식사의 유희는 우리 민족의 '순수 느낌'이 주는 리비도의 에너지가 현실 역사의 예기치 않았던 장애 앞에서 흔들릴 때 생긴다. 즉, 우리 민족의 순수 느낌의 전통을 이질적인 것이 정복하려는 순간 민족 사고의 문물제도는 대자적 자각의식을 가지고서 '순수 느낌'의 에너지를 다시금 모으려는 민족 신앙의 표현이 유희인 것이다. 실러가 유희 충동을 의식의 '산 모습'으로 규정한 것은 의식의 감각 충동과 의식의 반성적 행태와의 교호(交互)로 본 데서 성립한다. 그러나 실러의 견해는 순수 느낌과 사고의 통일이 필요하다는 것을 뜻한다. 예를 들면 원시 민족의 무용은 전쟁의 승리 또는 수렵의 성공을 얻으려는 실제적인 사고의 목적과 그 목적 밑에 깔려 있는 무목적적 쾌감의 종합이다. 이 점에서 우리는 고대 우리 민족의 제전이요 유희인 부여의 영고(迎鼓), 고구려의 동맹(東盟), 동예의 무천제(舞天祭), 신라의 풍류도 등을 중시해야 한다. 이러한 유희들은 다 우리 민족의 토속신에 대한 '느낌'이요 '믿음'이었다.

고구려인의 동맹은 10월에 행하는 추수감사제로서 동명왕과 하백여신을 모시고 남녀노소, 계층 상하, 부족 간의 구별 없이 노래와 춤으로 즐긴 국가적 대축제였다고 한다. 실로 민족적 사고의 로고스가 민족무의식의 느낌과 파토스를 회복하고자 한 모임이요 힘이다. 이 점은 화랑풍류도를 연상하면 족하다. 우리가 고구려의 역사에서 태조왕 때부터 중국 세력을 몰아내고 또 그만큼 중국으로부터 많은 수난을 당하면서도 광개토왕과 장수왕에 이르기까지 웅대한 '아니무스'의 나라를 형성한 밑바닥에는 동맹이라는 민족적 신앙이 있었음을 생각하지 않을 수가 없다.

화랑도에 와서 민족 신앙이 더욱 분명해진다. 화랑도와 비슷한 것으로 고구려에는 '경당'이라는 것이 있었는데 이것은 젊은 청년들의 집합체다. 경당은 고구려의 '아니무스'를 모은 곳이다. 그와 반대로 화랑도는 원화(源花)라는 여성 단체에서 출발한 것인데 이것은 신라의 '아니마'를 부각시킨다. 그러나 '아니무스'적 향내적 초월에의 의지가 삼국 통일의 요청으로 필요하자 진흥왕 때 국선(國仙)과 화랑과 낭도(郞徒)들을 모았던 것이다. 최치원의 다음 비석 글은 화랑도를 이해함에 있어 무척 개시적(開示的)이다.

우리나라에는 현묘지도가 있는데 이것을 풍류도라 한다. 이 종교를 설치한 근원이 이미 선사(仙史)에 자세히 적혀 있는데 진실로 세 종교를 포함한 것으로 모든 사람을 접촉·감화시킨다. 화랑들은 집에 가서는 부모에 효도하고 나가서는 나라에 충성하니 이는 공자의 취지요, 하염없이 일들을 처리하고 말 없는 가르침을 실행하니 이는 노자의 종지요, 또 모든 악함을 짓지 않고 모든 선행을 받들어 행하니 이는 석가의 교화(敎化)다.

요컨대 최치원의 말은 화랑도라는 것이 곧 풍류도로서 아사달 나라 밝은 조선의 '근원적 느낌'을 현실사(現實史)의 사고를 통하여 회복시킨 민족 신앙임을 뜻한다. 그러한 민족 신앙이 유·불·선 삼교의 영향을 받은 데서 형성된 것이 아니라 이미 그 삼교의 종지를 우리의 '순수 느낌'과 그 믿음이 본래부터 지니고 있었음을 열어 밝힌다. 그러므로 화랑도는 환웅과 웅녀의 단군 신화의 자각 의식이요, 또한 새로운 동의(同意)다. 그러면 무엇의 자각이며 무엇으로의 동의인가? 이 점을 도표로 표시하면 다음과 같다.

한국 풍류도의 생명	한국 풍류도의 죽음
① 천·지·인 화합의 사상으로서 삼부인, 화백 등을 이은 민본주의 사상	① 천·지·인의 융화를 깨는 강력한 일인 독재거나 문약한 무사안일 근성
② 음양 리비도의 조화와 균형	② 음양 리비도의 파괴 및 멸렬(滅裂)
③ 홍익인간의 이념이 성공적으로 구현된 실리 현세주의	③ 실리주의가 돈의 행복관, 현세주의가 권력지상주의로 전락
④ 성(性)의 리비도가 문화 목적으로 승화하고 성의 정감이 예술로 변하는 경우	④ 성의 리비도가 균형적으로 문화 목적에 실천되지 못하고 위선으로 흐르는 경우
⑤ 소유와 존재가 갈등을 일으키지 않고 또 유한과 무한의 단절 의식이 없으며 주체성을 유지할 때	⑤ 소유의 의식 아래 존재가 망각되거나 또는 유한과 무한의 연속성이 타락하여 고백 윤리를 천시할 때

　도표에서 볼 때 화랑도는 곧 민족 풍류도의 생명을 화육화(化育化)시킨 배달민족의 얼이라 볼 수 있다. 다음에 나오겠지만 우리 민족의 각 시대 각 왕조가 몰락하고 민족이 수난을 당할 때에는 곧 민족의 풍류도가 죽었을 때임을 알게 될 것이다. 요컨대 화랑도는 민족의식사상(民族意識史上)에서 성공적으로 느낌과 생각과 믿음을 한데 모은 빛나는 예다. 그래서 삼국 통일도 거기서 가능하고 그 에너지가 용출할 수 있었다. 그러면 풍류도의 생명과 화랑정신은 구체적으로 어떻게 짝지어지고 있는가?

　천·지·인 조화와 융화의 사상은 적어도 우리 민족의 예술이고 윤리다. 서양 의식에서 우리는 노골적으로 예술적 충동과 윤리의식과의 대립 및 괴리를 본다. 그러나 우리의 아사달 나라에는 그런 현상은 비본래적이다. 민심은 천심이라는 격언이 이미 단군 신화에 새겨진 얼인데 그것은 "하늘의 명이 곧 성이고, 성을 따르는 것이 곧 도이고, 도를 닦는 것이 곧 교육(天命之謂性 率性之謂道 修道之謂敎)"이라는 중국의 고전 정신과 다른 것이 아니다. 내가 이 점에 대하여 이미 해석한 적이 있기에 재론하지 않겠지만,[4] 요컨대 모든 인민이 다 그들이 속하는 사회에서 훌륭히 살고 또 더불어 잘 산다는 행복감을 주는 것이 대동사회(大同社會)의 본질이고 또 천명의 솔성(率性)과 수도의 종지다. 그러한 종지가 바로 삼부인·화백·경당·정사암·의정부의 문물제도로 표시되었다. 이것이 민본주의다. 그런데 우리네 민본주의의 윤리는 단순한 인문주의가 아니고 자연의 고아한 정취와 함께 일연의 표현처럼 '감통'하고 있다. 이러한 일연적 용어를 현대 감각으로 바꾸면 '교응' 또는 '교감'이다. 국사상(國史上)의 설화에서 위대한 민본주의자가 탄생될 때마다 자연은 상서로운 축복을 보냈다. 그것만이 아니다. 거타지(居陀知)와 딸의 이별을 애석하게 여긴 지룡(地龍)은 딸을 꽃으로 변신시켜 사위와의 생이별을 없애주었는가 하면, 「혜성가(彗星歌)」 같은 신라 노래에서 "세 화랑이 오름을 보고 달도 부지런히 등불을 켜고 별들은 그 길을 쓴다"와 같은 인문과 자연의 언어 교환을 우리는 본다. 화백의 합좌 제도가 신성한 땅을 찾아 이루어졌다는 것도 그런 민족 얼의 풍류인 것이다.

그와 반대로 민본주의가 현실화되지 못하고 명목상의 헛소리만으로 변한 때 민족은 수난과 수축의 고통을 당하였다. 고구려에서 동맹이 대동적 유희가 되지 못하고 점차로 지배계급들의 향락으로 변하였고 사회·경제 제도가 이미 특권 경제로 전락하여─비록 귀족 정치 제도권임을 감안하여도─드디어 연개소문 집안의 일인 독재로 민족 신앙이 민족의 순수 느낌과 교응하지 못하였을 때 고구려는 망하였던 것이다.

우리 역사상의 왕조 몰락의 근원적 원인으로 언제나 두 가지가 있었는데 그 첫째는 민족 신앙이 민족 사고의 문물제도를 통하여 민족의 '순수 느낌'에로 차원 높은 복귀를 하지 못하고 민족 저력이 파괴되었을 때요, 그 둘째는 사회·경제 제도 및 문화가 민족 신앙의 실질적인 뒷받침을 하지 못하였을 경우다. 이 점을 우리는 깊이 유념하여 둘 필요가 있는 것이다. 그 둘째 번 경우의 한 대표적 예로서 조선말 실학파들의 정신을 들 수 있다. 실학사상의 정신은 당쟁과 문약(文弱)과 전란과 공리공담(公理空談)으로 민족의 신앙이 산

---

4)《知性》, 1972년 5월호.

산조각 났을 때 그것을 수선하고 회복하고자 하였지만 이미 몰락한 경제 지반 위에서 새 왕조의 참신한 건국도 현실 개혁도 하지 못하고 말았던 것이다.

음양 리비도의 태극적 균형은 화랑 풍류도에서 빛나게 수육화되었음을 이미 보았다. 화랑도는 거칠고 야만적인 일본 무사도도 아니었으며 인문 일변도적인 서구의 기사도도 아니다. '칼'을 잡고 수련을 쌓되 '거울'을 들고 인(仁)·충(忠)·효(孝)와 귀생명(貴生命)의 향내적 성찰을 하였고 '방울'을 흔들면서 또한 춤을 추기도 하였다. '칼', '거울', '방울'은 단군 신화의 삼부인의 표적으로 이해되어야 한다. 진실로 화랑풍류는 '아니마-아니무스'의 '만다라'적 원형을 유지하였다. 그러한 '만다라'적 균형은 정오의 땀 흘리는 균형과는 그 분위기가 다르다. 그러나 신라 말기 화랑도는 외향적 초월의 '아니무스'적 리비도를 망각하고 너무나 '아니마'적인 내재의 여성적 성향만을 현실화시킨 나머지 신라 사회는 신흥 균형 리비도 세력 집단인 왕건의 고려에 자신의 옥새를 넘겨주지 않으면 안 되었다. 그와 반대로 고구려는 외인적 요소에 의하여 너무 '아니무스'적 리비도만을 불균형하게 비대시켜 멸망한 것이라고 해석될 수도 있다.

조선조에서 가장 화랑풍류도의 생명을 잘 되살린 때는 세종대왕의 집권 시기다. 그 시기는 음양 리비도가 현묘지도를 이루어서 아니마는 책을 많이 읽고 한글 창제를 비롯한 훌륭한 민족 문화를 꽃피게 하였고 아니무스는 과학기구 문명을 많이 만들었고 또한 국방 및 국토 개척을 실행하여 적어도 고구려 멸망 이래 민족적 '아니무스'의 의지이던 구토(舊土) 회복을 가장 많이 성취할 수 있었다.

또한 가장 개시적인 예로 효종 시기를 말하지 않을 수 없다. 효종은 민족 '아니무스'의 망각으로 빚어진 왜란과 호란이 준 뼈 맺힌 통곡과 한을 받았다. 특히 그가 호란으로 인하여 받은 슬픔은 이완(李浣) 대장을 중용하여 신무기의 제조와 성지의 보수를 서두르게 하였고 송시열 같은 대유학자를 곁에 두어 북벌 계획을 진행시켰던 것은 민족 사고의 대자적 자각에서 솟은 문제의식이었다. 더욱이 송우암 같은 사상가를 중용하였음은 그 시대의 불균형된 사고의 문물제도를 바로잡아 민족 에너지를 또다시 세종조에서와 같이 하나의 신앙으로 통일하려던 것이었다. 우암의 "군자의 마음은 마땅히 청천백일과 같아야 한다(君子存心當如靑天白日也)"라는 기치는 굴욕의 어둠으로부터 자주성의 기치를 외치는 교육이었던 것이다. 그러나 연산군 이후로 두드러지게 나타난 음양 리비도의 파괴를 한 세대에서 개수한다는 것은 너무나 힘겨웠다. 정암, 퇴계, 충무공, 율곡을 이어 내려오는 민족 리비도의 모음을 위한 모든 사고가 현실 앞에서 실패했듯이 우암 역시 좌절당하고 말았다. 이조 멸망의 원인(遠因)을 여기서 보지 않고 어디에서 발견할 것인가!

경천애인·홍익인간의 이념을 화랑도는 성공적으로 현실화시켰다. 이미 이 점은 앞에서 언급했으므로 부연을 삼가겠다. 화랑도의 수업방식인 "도의로서 연마하고 노래와 춤으로 서로 즐기며 산천을 찾아 노닐었는데, 먼 곳까지 가지 않는 곳이 없었다(相磨以道義, 相悅以歌樂, 遊娛山水, 無遠不至)"는 곧 경천애인의 풍류적 교육을 말하고 있는 것이 사실이다. 우리는 단적으로 김유신의 고사를 통하여 화랑의 정신이 얼마나 내면적으로 단군의 건국이념의 실제적 반복이었던가를 피부로 느끼게 된다. 당나라 장수 소정방의 진영 위에 새가 돌아다녔다. 이때 이것을 흉조라고 하여 소정방은 백제 내부로의 진격을 주저하였다. 여기에 김유신이 "어찌 나는 새의 괴이한 것으로 천시(天時)를 어기겠소? 응천순인(應天順人)하여 벌지불인(伐之不仁, 지극히 불인한 것을 침)한데 어찌 상서롭지 못한 일이 있겠소" 하면서 나는 새를 칼로써 쳐 죽였다. 김유신의 한마디 '응천순인'·'벌지불인'은 곧 경천애인·홍익인간과 표리관계가 아니고 또 무엇이겠는가?

그런데 홍익인간이 품고 있는 실사(實事)·민본(民本)·현세주의가 김유신의 신라 풍류도로 보존되면 더없이 훌륭한 민족 저력을 발휘하나 아사달 건국의 '순수 느낌'이 망각되고 파열되는 경우 실리 현세주의는 다시없는 이 민족의 불행이었고 재앙이었다. 원래 우리 민족은 행복한 의식에서 나라를 세웠지만 한족(漢族)에 대한 고구려의 패망으로 치유되기 어려운 불행의식의 갈등을 세부족(勢不足)의 열세감과 함께 지녀오기 시작하였다. 민족사에서 그

누가 상실한 만주 대륙을 온전히 회복하였던가? 따라서 이성계의 '이소역대
불가론(以小逆大不可論)'도 단순히 자주정신의 결여라는 사대 근성으로 볼 것이
이 아니라 곧 역사의 필연성에서 상처받은 수축된 주체의식의 소극적 표현
으로 보아야 할 것이다. 거기다가 현세주의의 타락으로 낳은 권력 및 재력은
인생의 행복의 전부라는 생각이 현실생활에 표면화되어 돈과 권력에서 소외
된 대중의 의식을 더욱 불행하게 만들었다. 고려조 이자겸의 난, 묘청의 난,
그리고 조선 당쟁사를 악착같이 지배하여오던 심리적 원인은 모두 관료 지
상주의적 행복관과 돈의 행복관이 빚은 카오스다. 조선말의 세도정치가 심
리적으로 이러한 행복관에서 얼마나 멀겠는가? 더욱이 일제의 식민정책은
타락된 현실주의의 우리 역사에 오물을 던져 넣은 꼴이 되었다. 해방 후 돈
과 권력의 세계에 출세한 많은 이들 가운데 민족의 얼로서 자랑 받을 만한 가
치가 있는 사람이 얼마인가! 그들은 일제하의 그릇된 현실주의에 영합하였
고 또 광복 후의 비뚤어진 현실주의에 똑같은 근성으로 아부하지 않았던가!
그리고 그들은 편안히 지냈고 또 행복하고 복 많은 분들로서 대중에게 클로
즈업되었다.

성적 리비도의 문화 목적으로의 변용은 예술적 승화냐 아니면 민족 에토스
의 타락이냐 하는 문제에로 귀결된다. 앞서 밝힌 수로부인의 경우는 우리의
'순수 느낌'의 지평에서 예술적 감정과 에토스의 타락이 무엇인가를 보여준
다. 여기서 수로부인의 설화와 신라 비처왕(毗處王)이 거문고 갑을 쏜 설화는
그 민족적 에토스가 다르다. 즉, 수로부인의 경우는 자연의 모든 신물(神物)이
모두 사랑하였고 또 동해에서 풀려나온 다음에는 몸에 그윽한 향기도 풍겼
다. 그와 반대로 비처왕 때 궁주(宮主)와 수도승의 간통은 까마귀와 쥐까지도
미워하였다. 이 점에서 우리의 '순수 느낌'은 성의 세계가 예술적 정감으로
변형되지 못한 단순한 작희를 근원적으로 수용하지 않았음을 뜻한다. 이러
한 전통의 연원은 부여의 관습법 조목에서 간음한 자를 사형에 처한 것으로
거슬러 올라간다. 수로부인은 황룡(黃龍)과 정을 통했으나 그것이 풍류의 죽
음을 뜻하는 그런 간음은 아니다. 그러기에 「헌화가」에서 에토스의 상징일 수

있는 노인이 아름다운 수로부인에게 꽃의 마음, 꽃의 말을 준 것이 아닌가?

　　짙붉은 바위 가에 잡은 암소 놓게 하시고
　　나를 아니 부끄러워하시면 꽃을 꺾어 받자오리다.

　여기서 우리는 우리 민족의 정감이 주는 우아함, 은근함, 그리고 꽃의 말처럼 평화적인 운율에서 마음의 고향을 발견한다. 「정읍사」, 「가시리」의 노래가 어찌 황진이의 마음과 다르며 고려청자의 아름다움과 다르겠는가. 고려청자의 빛깔은 곧 '조용한 아침의 나라'에 세워진 신단수의 산천이며, 또 그 모양은 지극히 성적 매력을 지니고 있다. 고려청자를 두 개 붙여놓으면 여인의 둔부처럼 곱다. 그러나 그 주는 선의 곡선이 지극히 정아해서 예술적이다. 그러나 성의 리비도가 예술적 감정으로 승화되지 못하면 그것은 지극히 외설적이 된다. 이미 처용과 역신의 관계를 말할 때 훑은 바이지만 처용 설화는 비병리적 리비도 문화의 전승을 뜻한다. 그러나 그런 설화 속에는 감추어진 또 하나의 면이 있을 수 있는데 그것은 여성에 대한 위선적 태도이고 그러한 위선적 성의 태도는 실로 의식사(意識史)의 문화 제도 위에서 많은 형태의 사이비적 군자의 점잖은 기질을 조성케 하였다.
　마지막으로 유적(流謫) 신화의 부재는 우리 민족의 의식사에 소유 문화와 존재 문화의 혼용을 가져왔는데 그것의 명암을 앞에서 예비적으로 고찰하였기에 상술하지 않겠다. 그런데 유적 신화의 부재는 우리 민족에게 유한과 무한의 동질의식을 많이 심어놓았다. 이러한 종류 의식은 곧 동양과 서양의 사생관(死生觀)의 차이로 번지게 된 요인이다. 가을이 오면 낙엽이 떨어지고 봄이 오면 그 나무에 다시 꽃이 피며 강남 갔던 제비가 다시 돌아오는, 이른바 돌고 도는 이 우주에 한국인은, 동양인은 그들의 생명을 참여시켰다. 동양에는 종말론적 의식이 없다. 우리 민족의 사생관을 보기 위하여 대표적 예로 향가 「제망매가(祭亡妹歌)」를 들자.

생사의 길이 예 있으니 두려움 속에 나는 걷는다. 말도 못다 이르고 가야 하는가?
어느 가을 이른 밤에 이에 저에서 떨어질 나뭇잎처럼
한 가지에 나고서도 가는 곳을 모르온저.

여기서 핵심이 되는 구절은 '말도 못다 이르고 가야 하는가'다. 우리는 "이제 죽어도 한이 없다"라든가 "죽어도 억울하지 않다"라는 말을 흔히 쓴다. 오늘날까지 남아 있는 일상 회화 용어와 향가의 정신은 면면히 흘러온 민족의 사생관이 변치 않았음을 알리는 것이다. 가을철이 되어서 떨어지는 낙엽처럼 죽는 죽음은 그렇게 슬프지가 않다. 그러나 가을도 되기 전에 떨어진 낙엽에서 한국인은 슬픈 회한을 간직한다. 왜냐하면 그 낙엽은 (우주가 주는) 제 명을 완전히 마치지 못하였기 때문이다. '한국의 신들이 그렇게 먼 곳에 있지 않은 것처럼' 한국인의 사자(死者)도 이 지상에서 멀고 머나먼 이국으로 사라져버린 것이 아니다. 다하지 못한 말을 두고 간 사자의 소원을 풀어주기 위하여 살아 있는 사람들이 기도를 하며 복되게 명을 다한 사람들에게는 언제나 후손을 보호하여 주도록 소원을 말한다.

우리의 '순수 느낌'에서는 유한과 무한 사이에 건널 수 없는 심연이 없는 듯하다. 유교의 전통이 문물화시킨 제사는 곧 죽음의 의식과 현세의식의 관계이다. 이래서 민족과 혈연 사이에 정은 끊이지 않으며 의리와 신의는 유한과 무한의 다리 위로 넘나들고 있다.

이처럼 우리에게는 서양의 그리스도교가 낳은 죽음의 벽에 단 한 번 일회적으로 도전하는 실존의식은 없었다. 그런 한에서 우리의 신앙 속에는 유한자의 고뇌가 갖게 마련인 책임감과 죄책감의 파토스가 결여된 것이다. 의리지정(義理之情)·신의지정(信義之情)은 고뇌와 참회에서 우러나오는 죽음의 형이상학과 다르다. 참회의 형이상학은 필연적으로 고백의 심리학을 전제로 한다. 우리의 철학에서 사단칠정(四端七情)에 관한 그 많은 논고도 한 편의 실존사상을 잉태시키지 못하였다. 앞에서 프랑스어와 한국어는 비교적 문법의 수동형이 적다고 하였다. 그런 현상은 한편으로는 아득한 옛날부터 움튼 문화 민족의 주체적 자부심을 뜻하고 또 다른 한편으로는 고백 문화의 부재를 뜻한다. 프랑스어 민족은 그래도 우리보다 다양하고 많은 형태의 수동형을 쓰고 또 거기에 그리스도교라는 고백의 문화가 그들을 지배하여 왔다. 이 점이 우리말과 그 의식의 다른 점이다.

한국 사상과 호국정신

1. 우리 민족의 집단의식: 그 로고스와 파토스

역사가 고대로 소급하면 할수록 역사의 이해는 집단적 성격을 통해서 나타난다. 개인은 자신의 사고를 집단 속에, 집단에 의해서 표출한다. 그러므로 집단의식이 개인의식을 삼켜버린다. 바로 이 집단의식의 성격이 곧 한 민족, 한 나라의 공동체의식으로 펼쳐진다.

그러면 상고대에 우리 민족의 집단의식이 어떤 성격을 띠었을까? 「산해경(山海經)」의 기록은 중요한 자료이다.

동쪽 입구의 산에 군자지국(君子之國)이 있는데 사람들이 의관을 바로 하고 칼을 찼으며 짐승과 호랑이를 먹이고 부리며 사람들의 성격이 호양부쟁(好讓不爭)하였다.[1]

이 증언에서 주목할 점은 칼을 차고 호랑이를 부릴 만큼 용맹이 있으나 또한 겸손하여 싸우기를 별로 좋아하지 않았다는 점이다. 또 우리는 공자가 뗏목을 타고 동이(東夷)에 가서 살고 싶다고 한 곳이 바로 『산해경』이 말한 그 군자지국을 가리킨 것으로 생각한다. 공자에게 어떤 이가 "그 더러운 곳

---

1) 柳承國, 『東洋哲學論攷』, pp.36-45. "有東口之山, 有君子之國, 其人衣冠帶劍, 食獸使二大虎在旁, 其人好讓不爭."

에 어찌 살 수 있겠습니까" 하고 물으니 "군자가 살고 있는 곳이니 어찌 더러움이 있으리오"[2]라고 공자가 대답하였다. 여하튼 우리의 옛 집단의식의 성격이 군자지국으로서 안으로 '호양부쟁'하여 겸허하고 밖으로 '의관대검'하여 위엄을 지녔으므로 은위(恩威)가 겸비하였다는 것으로 모여진다. 이와 같은 집단의식의 성격이 단군 신화에서도 나타나고 그리고 단군조선에 관한 기록에도 나타난다.

단군조선이 기자동래(箕子東來)로 멸망하건 은무정시(殷武丁時)의 동이정벌(東夷征伐)에 의하여 후퇴하건 고조선의 사실(史實)을 여기서 언급할 필요는 없다. 단지 우리의 주목을 끄는 것은 『제왕운기(帝王韻記)』와 『삼국유사』의 기록이다. 『제왕운기』에는 "이후일백육십사(爾後一百六十四), 수유부자(雖有父子), 무군신(無君臣)"이라는 말이 있다. 즉, 단군이 아사달로 들어간 다음 164년이라는 기간 동안에 부자지간은 있었으나 군신지간은 존재하지 않았음을 말한다. 위의 기록은 그 당시의 사회에서는 부자관계의 가족 단위는 있었지만 국가적 차원의 정치 단위가 붕괴되었다는 것을 뜻한다. 그런데 그와 같은 외침에 의한 우리 고대 사회의 정치적 붕괴는 외족(外族)에 대한 우리 민족의 강력한 저항의식을 불러일으키게 했다. 『제왕운기』에 나오는 "아사달산으로 들어가 신(神)이 되니, 죽지 않기 때문이었다(入阿斯達山爲神, 不死故也)"와 『삼국유사』의 "뒤에 돌아와 아사달에 숨어서 산신(山神)이 되었다. 나이는 1908세였다고 한다(後還隱於阿斯達山, 爲山神, 壽一千九百八歲)" 등은 외족의 침입에 대한 우리 민족의 집단의식의 강력한 저항이 단군에 대한 사랑과 숭배의 염원으로 일관되었음을 나타낸다. 단군이 아사달산에 들어가 신이 되어 죽지 않았다는 생각, 단군이 아사달에 숨어 산신이 되어 1908년이나 살았다는 발상은 바로 이족(異族)의 무력적 출현에서 우리 민족이 느낀 공동체의식의 상징이며 같은 집단의식의 구심력이 곧 불사신으로서의 단군정신임을 밝힌 것이다.

---

2) 『論語』「子罕」編. "君子居之, 何陋之有."

그러면 단군정신이 무엇이냐? 단재(丹齋)는 그것을 '수두교(敎)'라 해석했다. 단재는『조선상고사』에서 한국의 고대 사회를 '수두시대'로 보면서 수두는 '소도(蘇塗)'로 이독화(吏讀化)되었다고 한다. 광명신(光明神)을 모시는 '수두'는 마을마다 있으며 수두교도를 '선비'라 하였고, 선비의 이독은 '선인(仙人)' 또는 '선인(先人)'인데 최치원이 잠깐 증언한 '선사(仙史)'는 '선비의 역사', '수두교도의 역사'와 같다고 단재는 말한다. 그래서 신채호는 한국사에서 단군을 우리 민족의 제일 첫 번째 '선비'라고 그린다.

그러면 이 수두교로서 단재에 의하여 해석되는 '단군정신'은 어떤 사상적 패턴을 지녔는가? 또 이 '수두정신'을 어떤 이들은 '무교(巫敎)'(한국의 토속적 샤머니즘)로 해석하기도 한다. '수두교'이든 풍류도(부루도의 음역)이든 한국적 무교이든 그것이 담고 있는 정신이 문제다.

우리는 예의 '단군정신'을 로고스적인 측면과 파토스적인 측면에서 살펴보지 않으면 안 된다. 왜냐하면 제정일치시대의 사상은 실존의식보다 집단의식을 생각하고, 그래서 집단을 제정일치의 차원으로 이끌기 위해서 그 사상은 이성적 이념과 감성적 정감을 동시에 겨냥하지 않을 수 없기 때문이다.

그러면 단군정신의 로고스가 무엇인가? 우리가 우리 사회의 옛 기록이 담긴 문헌들을 주의 깊게 관찰하면 하나의 정신이 밧줄처럼 연면히 이어져 내려옴을 볼 수 있다.

① 『삼국유사』에 단군 신화와 함께 '홍익인간·재세이화(在世理化)'의 구절이 있다. 이 여덟 자는 단군정신의 이념이요 로고스다. 널리 인간계를 유익하게 하되 세상을 '이(理)'로써 화육(化育)시키고 홍익(弘益)케 한다는 뜻이다.

② 광개토왕릉비에서 우리는 고구려 시조의 건국이념을 볼 수 있다.

顧命世子儒留王, 以道興(輿)治
세자 유류왕(유리왕)에게 현명하시기를, '도(道)'로써 세상을 다스리라.

③ 『삼국유사』에서 신라 시조 혁거세의 탄생을 알리는 기록 가운데 다음

과 같은 조목을 발견한다.

天地震動, 日月淸明, 因命赫居世王, 蓋鄕言也 或作弗矩內王, 言光明理世也.
　　천지가 진동하고 해와 달이 밝아서 그를 혁거세왕이라 칭하였다. 아마
도 방언일 것이다. 혹은 불구내(밝은애)왕이라고도 하니, 그 뜻은 '광명의
이(理)로써 세상을 다스린다'이다.

　　④『용비어천가』제83장에 고려 태조 왕건이 아직 등극하기 전에 꿈에 바
다 가운데 서 있는 구층금탑(九層金塔) 위에 올라가 보았다는 기록이 나온다.

　　君位를 보빅라 홀씨 큰 명을 알외요리라. 바롨 우희 金塔이 소스니3)

　　⑤『용비어천가』제13장과 제8장에 조선 태조의 건국이념에 대한 송가(頌
歌)가 고려 태조의 것과 유사하게 나온다. 제13장의 전고(典考)에 다음과 같은
글귀가 있다.

夢有神人, 自天而降 以金尺授之曰, 公資兼文武, 民望屬焉, 持此正國, 非公而誰
　　꿈에 신인이 스스로 하늘에서 하강하여 태조에게 금척을 주면서 말하
기를, 공은 문무가 겸전(兼全)하니 백성이 따르기를 원하므로 이 금척을
가지고 나라를 바로 하라. 공이 아니면 누가 하리오.

또 제83장에는 다음과 같은 구절이 있어 제13장의 보완 자료가 된다.

　　자흐로 制度 날씨인정(仁政)을 맛됴리라. 하늘 우흿 金尺이 ᄂ리시니4)

_____

3) 군위를 보배라 하매 큰 명을 알리오리라. 바다 위에 금탑이 솟으니(位曰大寶, 大命將
　　告, 肆維海上, 廼湧金塔).
4) 자(尺)로 제도가 나매 인정을 맡기리라. 하늘 위에서 금척이 내리시니(尺生制度 仁政

단군 신화에서부터 조선 건국까지 일이관지(一以貫之)하게 한 줄로 꿴 구슬들처럼 내려오는 우리 민족의 고유한 전통 사상(재세이화 → 이도여치 → 광명이세 → 금탑 → 금척)이 우리 민족의 로고스로서 정확히 어떤 내용을 담고 있나 함을 충분하게 해석할 수 없다. 그 까닭은 고유 사상을 증언하는 문헌들이 슬프게도 사라졌기 때문이다. 그러나 적어도『산해경』과 공자가 동방을 군자지국이라 불렀음은 예의 로고스를 상정했기 때문에 가능하였으리라고 추측할 수 있다.

그런데 우리는 하나의 공동체의식의 집단으로서 우리 민족의 로고스를 불충분하지만 다시 햇볕 속에 내놓는 작업을 포기할 수는 없다. 그런 작업은 역사에서 일어난 사건과 사실을 보고 다시 거슬러 올라가는 귀납적 성격을 상대적으로 지닐 수밖에 없다. 그래서 우리는 예의 '단군정신'으로 발상(發祥)되는 한국 고유 사상의 파토스를 반드시 음미해야 한다는 필연성을 안게 된다. 그러면 우리의 역사에서 전개된 공동체의 파토스가 무엇인가?

① 『후한서』「동이전」 부여국조에 다음과 같은 기록을 본다.

> 섣달에는 제천대회를 연다. 이때에 사람들이 많이 모여 여러 날을 두고 술 마시고 노래 부르고 춤추고 노는데 이것을 '영고(迎鼓)'라 한다.…군사(軍事)에 관한 일이 있을 때에도 역시 제천의식을 베푼다. 소를 잡아 그 발굽으로 일이 길하고 흉한 것을 점친다.[5]

② 『삼국지 위서』「동이전」 고구려조에 우리는 다음과 같은 기록을 본다.

> 시월에 제천의식과 함께 국중대회가 열리는데 그것을 '동맹(東盟)'이라 한다. 공사(公事)로 모이면 입은 옷은 모두 비단에 금은으로 장식한다.[6]

將托, 肆維天上, 酒降金尺).

5) 殷正月 祭天大會 連日飮食歌舞, 名曰迎鼓…有軍事亦祭天, 殺牛觀蹄以占吉凶也.

6) 以十月祭天, 國中大會, 名曰東盟, 其公會衣服, 皆錦繡金銀以自飾.

③『삼국지』「동이전」예조(濊條)의 기록은 다음과 같다.

　해마다 시월이면 제천의식을 행하는데 이때에 밤낮으로 술 마시고 노래 부르고 춤추면서 논다. 이것을 '무천(舞天)'이라 한다.[7]

④『삼국사기』「신라본기」에 의하면 유리이사금 때의 일이다.

　7월 16일 기망(旣望)부터 날마다 대부(大部)의 뜰에 모여 길쌈을 했는데 밤늦게야 일을 파하고 8월 15일에 이르러 그 공의 다소를 살펴 가지고 진 편에서 음식을 마련하여 이긴 편에 사례하고 모두 노래와 춤과 온갖 놀이를 하였는데 이것을 '한가위(嘉俳)'라 하였다. 이때 진 편의 여자가 일어나 춤추고 탄식하면서 회소, 회소(모이소, 모이소, 곧 團結을 뜻함)라 하였다.[8]

⑤『고려사』제18권에 의하면, 제18대 의종(毅宗) 22년, 왕의 서경 순시 때에 다음과 같은 정령(政令)을 반포하였다.

　선풍(仙風)을 숭상하라. 옛날에 신라에는 선풍이 크게 유행하여 용천(龍天)이 기뻐하였고 민물(民物)이 모두 평안하였다. 그러므로 고려 태조 이래로 선풍을 숭상하여 마지않았다. 그런데 요즈음 양경(兩京)에서 '팔관회(八關會)'가 점차로 감소하여 유풍(遺風)이 시들고 있다. 지금부터 팔관회를 부흥하여 양반 집안에서 아이들을 선발하여 선가(仙家)를 잇고 고풍(古風)에 의행(依行)하여 사람과 하늘이 함께 기뻐하도록 하라.[9]

---

7) 常用十月節祭天, 晝夜飮酒歌舞, 名之爲舞天.
8) 於是歌舞百戲皆作 謂之嘉俳 是時負家一女子, 起舞歌曰, 會蘇 會蘇.
9) 尊崇仙風, 昔新羅仙風大行. 由是龍天歡悅, 民物安寧, 故祖宗以來, 崇尙其風久矣, 近來 兩京八關之會, 日減遺風漸衰, 自今八關會, 預擇兩班家, 定爲仙家, 依行古風, 致使人天感悅.

그러므로 우리는 단군 신화의 파토스로서 영고, 동맹, 무천, 가배, 팔관회 등을 일이관지하게 생각할 수 있다. 그런데 이 파토스의 의미를 분석하기 전에 신라의 한가위와 신라·고려의 팔관회를 지나가면서 부연해야 한다. 왜냐하면 한가위는 여자들의 놀이라는 데 특징이 있고 팔관회가 순수 불교의식이 아닌가에 문제점이 생길 수 있기 때문이다. 이 점에서 신라는 집단의식의 성격상 여성적인 '아니마'의 성향이 상대적으로 강한 나라이다. 그와는 반대로 고구려는 남성적 '아니무스'가 강한 집단의식을 표상하고 있다고 볼 수 있다. 신라가 '아니마'의 집단의식을 표상했기에 화랑 집단이 생기기 전에 원화 집단이 잉태되었다. 그리고 팔관회에 관하여 우리는 육당(六堂)의 견해를 따른다. 최남선은 팔관회를 '붉은모임'의 음역으로 풀이하면서 재세이화, 이도홍치, 광명이세 등 밝음에 의한 제천대회의 별칭(불구내→붉은애와 같이)으로 팔관회를 해석한다. 물론 『동국통감』의 저자 서거정(徐居正) 등은 팔관회를 불교 의식으로 보았다(八關之戒 本佛氏之敎也). 이에 대하여 육당은 신라·고려가 불교 국가이기에 팔관회가 불교적 뉘앙스를 흡입했지만 팔관회에서 불교적 의미가 주류를 이루지 않으며, 따라서 팔관회는 사불행사(事佛行使)라기보다 '사천행사(事天行使)'이며 매년 11월 문무 대표와 민중이 놀이를 통하여 군민동락(君民同樂)의 즐거움을 나타내고 있다고 주장한다.

　이에 우리는 단군정신의 파토스로서 영고, 동맹, 무천, 한가위, 팔관회가 무슨 의미를 지니는지 성찰하여보아야 한다. 무엇보다 먼저 우리는 그것들이 하나의 공동체의 유희·놀이라는 데 주의하지 않으면 안 된다. 이 점에서 현대 네덜란드의 문화인류학자 호이징가(Johan Huizinga)의 저서 『놀이하는 인간(Homo Ludens)』이 우리를 돕는다.

　호이징가에 의하면 놀이의 본질은 논리적인 분별력(善惡, 正誤) 이전에 정상적인 상식과 정신 빠지게 하는, 즉 신바람이 나게 하는 광기가 하나로 합쳐 힘을 내게 함에 성립한다. 그래서 정신 빠지는 일과 정신 차리는 일의 구별을 넘어 하나로 합일되기에 신들린 정신의 행위가 나오게 된다. 또 놀이는 재미와 상호 주관적 관계에서 놀이에 참여하는 사람들의 자발적인 결속을 가능케 한다. 한편으로 고대 사회에서 놀이는 제사를 수반하기에 놀이 속에 성스러운 것의 현존이 있게 되고 놀이를 통하여 하늘 또는 신과의 일체감을 맛보게 된다. 그리고 놀이는 반드시 놀이에 참여하는 집단에 대해서 규칙과 질서의 유지를 요구한다. 왜냐하면 규칙을 지키지 않는 놀이는 이미 성립하지 못하기 때문이다. 그런 점에서 고대 사회에서 한 집단의 놀이를 숭상하지 않고 외부에서 그 규칙을 파괴하려는 자는 사회 질서의 파괴자요 이교도요 침략자로 간주된다. 그러므로 놀이는 이교도와 침략자에 대한 항쟁의 원동력이 된다. 마지막으로 놀이는 긴장과 기대와 즐거움 속에서 용기, 체력, 인내성, 재치를 양성시킨다. 요컨대 놀이는 완전한 질서, 긴장, 운동, 제사 기분, 그리고 감동으로 차 있는 파토스의 문화인 것이다.

그런데 우리의 역사에서 등장했던 영고·동맹 등은 앞의 인용이 증언하듯이 '놀이'임에는 틀림없다. 그 놀이는 더구나 종교적 제천의식을 내용으로 담고 있기에 원천적으로 공동 집단의식의 로고스와도 관계를 맺고 있다. 제천의식의 로고스는 단군정신의 로고스와 관계를 맺는다. 그 증거로는 단군 시기와 가장 먼 조선 건국의 정신을 선양함에 있어서 『용비어천가』가 "夢有神人 自天而降 以金尺授之"라고 읊고 있음을 크게 주목하지 않을 수 없다. 꿈에 하늘에서 하강하여 이성계에게 금척을 준 신인이 환인, 환웅, 단군을 잇는 존재가 아니고 누구이겠는가? 바로 낱말의 호이징가적 뜻에서 그와 같은 놀이가 우리 민족의 공동체 결속력을 강화시켰으며 그런 힘이 전쟁을 당하면 살신보국하는 임전무퇴의 군인정신을 잉태시킨다. 동물의 피를 마시며 하늘에 충의를 어기지 않겠다고 맹세하는 임전대회(臨戰大會)는 우리 민족 호국정신의 파토스적인 힘이었다. 그 증거로 우리가 인용한 『후한서』「동이전」에서 부여의 영고와 관련해 "有軍事時亦祭天 殺牛觀蹄 以占吉凶也"라고 기록한 것이 뚜렷하다. 호국의 화신인 화랑도도 이 점에서 예외가 아니다. 화랑도가 오직 무사도로만 집결된 것은 아니다. 거기에는 화평의 정신, 도의의 정신, 아름다움의 정신, 수기치인(修己治人)의 정신도 있다. 단지 상황에 따라서 그것들이 임전무퇴의 호국정신으로 탈바꿈될 뿐이다.[10]

2. 역사 속의 낙천적 현세관

'단군정신'으로 대표되는 한국 고유 전통 사상에서 예의 로고스와 파토스를 어떻게 연결시킬 것인가 하는 문제가 제기된다. 그런 연결의 관절마디를 찾기 위한 작업은 유·불·도 삼교가 수용되기 이전의 고유한 전통 사상을 더듬게 한다. 그러나 불행히도 우리의 고유한 전통 사상을 알리는 문헌이 너무 빈약하기에 애오라지 최치원의 『난랑비서(鸞郞碑序)』에 의존할 수밖에 없다.

> 우리나라에 현묘한 도가 있으니 이를 일러 '풍류도'라 한다. …모든 생명이 만나서 관계를 맺으며 변화한다(國有玄妙之道 曰風流…接化群生).

단군 신화, 고신도(古神道)의 연장인 풍류도는 결국 의미상 두 가지의 관점을 지니게 된다. 그 하나는 '현묘지도'요 또 다른 하나는 '접화군생'이다. '현묘지도'가 체(體)요 '접화군생'이 용(用)이다. 현대적 개념으로 비약하면 앞의 것이 로고스요 뒤의 것이 프락시스와 파토스이다.

앞에서 성찰된 '재세이화→이도여치→광명이세→구층금탑→금척'이 현묘지도의 실상이요, '영고→동맹→한가위→팔관회'가 '접화군생'이라는 프락시스의 집단의식의 표현이요 파토스적 현상이 아니겠는가? 그렇다고 하여도 어떻게 단군 신화(무교, 수두교, 풍류도, 고신도 등)이 그 자체에 있어서 예의 체(體)·용(用), 즉 수경(守經)과 행권(行權), 원리와 상황이란 두 세계를 하나의 저울대 위에서 평형을 유지할 수 있었느냐 하는 의문은 여전히 남는다. 그러한 의문이 풀려야만 한국 고유 사상이 품은 에너지 가운데 하나인 호국정신의 원동력을 발견할 수 있다.

그러기 위해서 우리에게 가능한 방법은 역사적 사실을 통해서 거슬러 의

---

10) 김인회 교수도 이 점에서 같은 의견을 말한다. 金仁會, 「韓國原始宗敎」《國民倫理硏究》, 제4집, p.54.

미를 찾지 않으면 안 될 것 같다. 먼저 우리는 고구려의 역사를 통하여 '현묘지도'·'접화군생'의 묘처(妙處)를 해석해보기로 하자. 북방 나라 고구려가 가장 전성기에 달했을 때의 광개토대왕 비문에서 우리는 다음과 같은 구절을 발견한다.

은택이 황천에 사무치고, 무위가 사해에 날렸으며 모두가 그 생업에 평안하였고 국부민은하였으며 오곡이 풍성하였다.[11]

그러면 이와 같은 고구려의 저력이 어디에서 온 것인가? 여기서 우리는 단재가 주장하는 고구려주의를 생각한다. 물론 단재의 고구려주의를 그냥 수용할 생각은 없으나 적어도 그의 사론(史論)에서 우리의 주목을 끄는 것이 있다. 그것이 바로 조백(皂帛)이다. 그런데 조백도(皂帛道)를 단재의 이론대로 따라가기 전에 경당(扃堂)을 간과할 수 없다. 『당서』 고구려 조에 다음의 기록이 있다.

사람들이 모두 배우기를 좋아해서 아무리 궁색하게 사는 없는 마을일지라도 모두 역시 부지런히 배운다. 길가에는 모두 엄옥(嚴屋)을 지어서 이것을 경당(扃堂)이라 부르고 자제들 중에서 아직 미혼한 자가 있으면 여기 모여서 경서도 외고 활쏘기를 연습한다.[12]

『위서』 고구려조에도 "고구려인은 또한 용력이 있어서 궁마(弓馬)를 잘 다룬다"는 글귀가 보인다. 그러면 이 경당의 교육인 '송경습사(誦經習射)'·'독서습사(讀書習射)'의 정신이 도대체 어디로 이어지겠는가? 그것이 단재가 말한 조백도의 사상으로 연결된다고 보지 않을 수 있을까? 단재의 조백도 사

---

11) 恩澤口無皇天, 武威柳被四海…庶寧其業, 國富民殷, 五穀豊熟.
12) 人喜學, 至窮里斯家, 亦相矜勉, 衢側悉構嚴屋, 號扃堂, 子弟未婚者曹處, 誦經習射.

상은 송의 서긍(徐兢)이 쓴 『고려도경(高麗圖經)』에 많은 힘을 입고 있다. 요컨 대 단재의 조백도는 그 내용으로 보아서 경당 교육정신의 연장이다.

단재는 조백도(皂帛徒)를 조백선인(皂帛先人)으로 보면서 단군의 정신을 이 은 수두교의 화신으로 본다. 그러면 이 수두교도인 조백 선비의 정신적 이상 이 무엇이냐? 그것은 '평양은 선인 왕검의 집(平壤者 仙人王儉之宅)'[13]이다. 최 치원이 말한 '선사(仙史)'의 정신적 고향이 바로 이것이리라. 그러므로 고구 려의 경당은 『후한서』에 나오는 신라의 '축실(築室)'과 같은 일종의 청년집회 소요, 거기에서 조백도가 영글게 된다. 조백도는 '종교적 수련(제천대회)+학 문 연구+무술 연마'로 형성되면서 임전(臨戰)의 상황에 당하여 나라를 위하 여 이해타산을 초월하는 구국·호국의 정신을 발휘하게 된다.

그러면 여기에 다시 또 하나의 문제가 제기된다. 그와 같이 독서습사하는 조백도의 정신이 어떻게 단군 신화의 '재세이화'의 이념과 만난다고 생각할 수 있는가? 이 물음에 대한 답변으로서 우리는 신라의 화백(和白)처럼 고구 려의 제가평의(諸加評議)를 상정한다. 부여에서 임금이 단독 결정을 하지 않 고 중요한 국책을 부족의 장로회의에 맡긴 사상이 고구려에 전승되었다. 제 가평의는 왕통 계승 문제, 내치외정(內治外征)의 중대 사항을 합의하는 제도 이다.

그런 제도의 운영을 『삼국사기』에서 찾으면, 연나조의(椽那皂衣. 皂衣는 조 백도의 차림과 관계있는 듯하다) 명임답부(明臨答夫)가 백성의 생각을 받들어 포악한 7대 차대왕(次大王)을 죽이매 수상인 어지류(於支留)가 군가(群加), 즉 각 부족의 장로평의회를 소집하여 덕망 있는 태조대왕의 동생을 왕위에 봉 하는 기록이 있다. 또 고구려 봉상왕(烽上王)이 기근이 심한데도 자숙하지 않 고 행패를 부림에 창조리(倉租利)가 제가평의를 소집하여 봉상왕을 폐하고 을불(乙弗)을 임금으로 모시는 사례(史例)도 있다.

이와 같은 사례들은 결국 고구려의 집단의식의 이념이 단군 신화의 홍익

13) 『三國史記』「高句麗本紀」東川王條.

인간·재세이화의 사상과 일치함을 볼 수 있다. 예의 단군 신화가 정치적 사상 (事象)을 가장 크게 부각시킨 현세적 선정의 이념을 담고 있음에야 홍익인간· 재세이화를 잇는 이도여치, 광명이세, 구층금탑, 구척 등이 정치적 현세주의 가 표방하는 선정·인정(仁政)과 다를 것이 없다. 그러므로 금척이 암시하듯이 단군정신의 로고스는 정치국(政治國)의 척도를 불변의 금으로 이념화됨과 같 다. 그래서 한국의 사상은 정치사를 떠나서 일차적으로 이해될 수 없을 듯하 다. 그러므로 '현묘지도'에는 현세적 정치철학의 민본성(民本性)을 알리는 뉘 앙스가 가장 짙은 것이 아닌가 하는 생각이 든다. 화랑도를 볼 때 이 문제를 다시 언급하겠지만 현묘지도에는 도의(道義)의 정신, 심미(審美)의 정신도 있 다. 그러나 주류는 역시 광명과 같은 보편성에 의한 치국(治國)의 정신이 아 닌가 하는 생각으로 기울어진다. 신라의 화백제도와 마찬가지로 백제의 '정 사암(政事巖) 고사도 우리의 주장을 뒷받침해준다. 또 고려조의 도병마사 제 도나 조선조의 의정부도 결국 어떤 점에서 정치국의 정신을 잇는 현묘지도 의 정치철학이 아닌가?

여기서 화랑도를 우리의 각도에서 조명해야 한다는 당위성을 갖게 된다. 화랑도를 말함에서 모두가 즐겨 인용하는 최치원의 증언을 다시 생각해보 지 않을 수 없다. 가능한 한에서 유·불·도 삼교를 주체적으로 수용하기 이전 의 고신도적 차원에서 풍류도로서의 화랑도를 생각해보자. 화랑도의 교육 과정은 '相磨以道義, 相悅以歌舞 遊娛山水, 無遠不至'로『삼국사기』에 기록되 어 있다. 그러면 이와 같은 화랑도의 교육 효과가 과연 무엇이었는가? 그것 에 대한 것은 기록상으로 김대문의『화랑세기』의 증언이 가장 종합적이다.

현좌충신은 화랑도에 따라서 빼어났고 양장용졸도 화랑도로 말미암아 생 겼다.[14]

---

14) 賢佐忠臣, 從此而秀, 良將勇卒, 由是而生.

즉, 문무(文武)의 '독서습사'·'송경습사'하는 고구려 경당의 교육 결과와 김대문의 증언이 다르지 않다. 김대문의 증언을 신빙성 있게 방증하는 것은 화랑도의 사적(史跡)이 모두 현좌충신 양장용졸의 이야기만으로 가득 채워져 있다는 것에서 충분하다.

지금까지 우리는 '단군정신'의 로고스와 파토스가 어떻게 묘합하는가를 확실히 언급하지 못하였다. 로고스로서의 '현묘지도'와 파토스로서의 '접화군생'이 어떻게 체·용의 관계로서 구체적으로 정립되는가를 뚜렷이 밝히지도 못하였다. 단지 어렴풋이나마 고구려의 경당, 조백도, 제가평의 등이 현묘지도의 한 큰 단면으로 현재 민본사상과 정치국의 이념을 표시하고 있다고 스케치하였을 뿐이다. 결국 '현묘지도'의 주류가 정치철학의 냄새를 강력히 풍긴다고 기술하였을 뿐이다. 그런데 그 정치철학이 민본적이기에 화백도 정사암 고사도 제병마사 제도나 의정부와 같이 생길 수 있다고 보았다. 그러나 그런 정신이 임전 때에는 호국의 정신으로 변형될 수 있음도 보았다. 그러나 그런 정신이 어떻게 '단군정신'의 파토스와 역사에서 연결되는가를 아직도 우리는 찾지 못하고 있다.

우리는 화랑도에서 그 관절마디를 진단해봐야 할 때에 이르렀다. 그 점에서 앞서 언급한 화랑도 교육 과정을 유념하여야 한다. 그와 동시에 그 관절마디의 진단에서 크게 우리를 길 잡아주는 것은 이병도(李丙燾) 박사의 논문 「신라 문화의 특징」과 「신라인의 육체미관」[15]이다. 단적으로 이병도 박사는 '신라 문화의 특징'을 ① 현세주의적 특징, ② 예술적 특징, ③ 도덕적 특징으로 나누고 있다.

① 현세주의적 특징(이병도는 현세주의적 특징을 낙천적 기질과 동일시한다)으로서 다음과 같은 것들이 열거된다(要略).

　　• 신라인의 제의(祭儀), 유희의 정신(한가위)
　　• 신라 불교의 특징은 현세적인 맛이 짙다. 기복 불교의 흥륭(興隆), 불

---

15) 李丙燾, 『韓國古代社會와 그 文化』(瑞文文庫) 참조.

교의 포교 방법

- 자장법사의 요청으로 호국의 기원인 황룡사 구층탑 건립
- 원광법사가 진평왕 30년 고구려의 침략을 막기 위해 수나라에 보낸 걸사표(乞師表. 求自存而滅也, 非沙門之行也, 貧道在大王之土地, 食大王之土地, 食大王之水草, 敢不惟命是從)과 세속오계의 내용
- 승려와 화랑들의 구국 행동철학

② 예술적 특징으로는 다음과 같다.

- 신라의 솔거 그림과 조각들
- 신라의 향가 내용은 대부분 육체에 대한 금욕의 정신이 없고 신체와 정신의 조화를 나타낸다. 「헌화가」가 가장 대표적이다. 그러므로 아름다움에 대한 죄의식이 없었다.
- 화랑도의 선발 조건은 『삼국사기』에는 '미모남자(美貌男子)', 『삼국유사』에는 '양가남자유덕자(良家男子有德者)'로 되어 있다. 이것은 영육일체(靈肉一體)의 정신이고 선미합일(善美合一)의 정신이다.

③ 도덕적 특징으로는 다음과 같다.

- 신라인의 원시 공동체 의식인 두레(마을)정신이 발달하여 원화도와 화랑도로 이어진다. 그래서 신라에는 단체정신이 발달하여 단체생활을 통한 개인의 조화의식이 발달되었다.
- 당나라 장수 소정방이 백제를 멸하고 돌아가 자기 왕 고종에게 "신라는 왕이 어질어 백성을 사랑하고, 신하들은 충성으로 나라를 섬기며, 아랫사람들은 윗사람을 부형처럼 섬기고 있습니다. 비록 나라는 작지만 일을 도모할 수가 없었습니다(新羅 其君仁而愛民, 其臣忠以事國, 下之人其上如父兄, 雖小不可謀也)"라고 말하였다.
- 원광법사의 세속오계와 그것을 지킨 화랑들의 일사(逸事)
- 일제 말기 경주 금장대에서 발견된 두 화랑들의 연약(聯約. 신미년의 서약은 학문 연구, 임신년의 서약은 실천 궁행)

이상으로 이병도 박사에 의하여 밝혀진 신라 정신의 3대 요소를 요약하

였다. 그런데 그것들을 가까이서 성찰하면 현세주의적 세계관이 주체를 이루고 예술적 세계관과 도덕적 세계관은 현세주의적 세계관의 응용임을 알 수 있다. 예술적 세계관을 가장 잘 나타내는 신라의 향가들을 보라. 화랑 죽지랑(竹旨郎)의 아름다움이 늙어감을 한탄한 「모죽지랑가(慕竹旨郎歌)」, 충담사(忠談師)가 기파랑(耆婆郎)의 얼과 몸의 아름다움을 노래한 「찬기파랑가(讚耆婆郎歌)」, 노인이 신라 제일의 미녀 수로부인에게 꽃을 바치는 「헌화가(獻花歌)」 등은 모두 이승에서의 아름다움을 읊은 송가이다. 마찬가지로 신라인의 도덕관도 그러하다. 화랑의 세속오계도 그 한 보기이지만 풍류도가 유·불·도 삼교를 수용한 다음에 확장·전개된 '집으로 들어와서는 부모에게 효도하고 밖으로 나가서는 나라에 충성하라(入則孝於家 出則忠於國)', '무위자연의 상태로 유유히 살며 말없이 가르침을 행하라(處無爲之事, 行不言之敎)', '모든 악을 짓지 말고 선을 받들어 행하라(諸惡莫作, 諸善奉行)'라는 것도 출세적 가치관의 보편성으로 모여진다.

이렇게 보면 단군정신의 로고스적인 표현으로서 신라의 '현묘지도'도 '아니마·아니무스'의 뉘앙스 차이를 넘으면 고구려의 '현묘지도'와 거의 다를 것이 없다는 결론이 나온다. 고구려의 '이도여치'가 단군 신화의 '홍익인간·재세이화'의 연장으로서 고구려의 전성기인 광개토대왕 시기에서 어떻게 표출되었는가를 이미 앞에서 보았다. '백성이 편안히 생업에 종사하여 나라는 부유해지고 백성은 풍요로워졌다(庶寧其業, 國富民殷)'로 나타나는 광개토대왕의 비문은 『삼국사기』 김유신조에 나오는 당나라 장수 소정방의 증언("新羅 其君仁而愛民, 其臣忠以事國, 下之人其上如父兄")과 도무지 다르지 않다.

결국 현묘지도의 역사인 재세이화, 이도여치, 광명이세, 구층금탑, 금척 등은 곧 '인내천(人乃天)'이기에 상경하애(上敬下愛)·경천애인(敬天愛人)의 '낙천적 현세관'으로 부각된다.

3. '신바람' 문화와 그것의 철학적 반성

그러면 그와 같은 현묘지도가 어떻게 해서 '접화군생'의 파토스로 연결되는가 하는 점의 인식이 남게 된다. 그것의 해명이 이루어져야 한국 사상에서 호국정신의 원동력이 동시에 이해의 지평 위에 부상된다. 그 점을 알기 위하여 우리는 이미 언급한 영고, 동맹, 무천, 한가위, 팔관회 등이 '접화군생'의 정감적 실천세계와 관계가 있음을 유의해야 한다. 여기서 우리의 사고 전개에 큰 도움을 주는 것이 루마니아의 종교학자 엘리아데와 우리나라의 사학자 이능화의 이론이다. 미르체아 엘리아데의『샤머니즘』과 이능화의「조선무속고」다.16)

엘리아데에 의하면 샤머니즘의 샤먼은 접신탈아(接神脫我, ecstasy)의 기술을 뜻하며 그래서 무당이 신들과 접촉하는 과정이 접신탈아, 탈혼(脫魂, trance)으로 표현된다. 그런데 접신탈아 하기 위한 무교 의식에는 필연적으로 노래와 춤이 등장된다. 이와 같은 샤머니즘의 일반적 현상이 우리의 '단군정신'에도 적용된다. 이능화는 조선 무속의 유래를 '천왕환웅'과 '단군왕검'에서 찾으면서 그것이 신라·고구려·백제·고려·조선에 어떻게 변천되어 내려온 것인가를 밝힌다. 그리하여 무격(巫覡) 기원이 가무강신(歌舞降神)임을 그는 주장한다. 또한 그는 우리나라의 샤먼이 만신, 무당, 박사(박수), 화랑, 광대, 재인 등으로 불리는 까닭을 고증한다. 이렇게 보면 단군은 사실(史實)이든 상징이든 우리 민족의 첫 선비요 첫 무당인 셈이다. 그 무당의 로고스는 제정일치의 고대 집단의식에서 재세이화로 하늘과 땅의 세계를 연결하고 그것의 파토스는 동맹·무천 등으로 놀이화되었다. 따라서 '현묘지도'와 접화군생이 체·용의 묘합으로 하나의 관절마디를 이룰 수 있게 한 것은 접신탈아의 경지이다. 접신탈아의 경지는 플로티노스의 신비주의에서처럼 일자(一者)로

---

16) Mircea Eleade, *Shamanism*(translated by W. R. Trask) N. Y.; 李能和, 「朝鮮巫俗考」, 《啓明》, 제19호(1927).

서의 신에게로 인간이 재귀하는 초월의식이 아니라 신인동락(神人同樂)을 통한 현세적 복락의 해결에로 내재화한다. 우리의 무교는 인간이 신을 찾아간 것이 아니라 제신들이 인간에게 오도록 한다. 단군 신화의 내용과 무속의 탈아경지가 일치한다.

그리하여 육당의 「살만교차기(薩滿教箚記)」[17]가 말하듯이 하늘의 광명정대함을 인간세의 이도(理道)로 잇는 샤먼은 무의(巫儀)에 참가하는 모든 사람을 무교의 접신탈아경에 빠지도록 집단적 놀이로 인도한다. 단적으로 말하여 단군정신의 로고스와 파토스를 잇는 매체의 핵심은 '신바람'이다. '현묘지도'와 '접화군생'을 하나로 관통시켜주는 활력소가 이 '신바람'이다. 이 '신바람'은 우리 민족의 '집단무의식'으로 지금까지 불변의 원동력으로 남아 있다. 우리는 구조주의의 방법에서 이 '신바람'의 문화 표출을 정리할 필요가 있다. 그러나 그것은 여기에서 다룰 주제가 아니다. 이 '신바람'을 전제하지 않고는 고구려의 조백도, 신라의 화랑도, 그리고 우리 민족의 집단적 동력의 표현들(3·1운동, 4·19운동, 동학란, 묘청의 난, 삼별초의 난 등)을 근본적으로 설명할 수 없으리라.

그런데 '신바람'을 현상학의 방법에서 조명하면 두 가지의 의식 지향성을 나타낸다. 하나는 '미치는 의식'의 지향성이요 또 다른 하나는 '푸는 의식'의 지향성이다. 그런데 현상학적으로 '미치는 의식'과 '푸는 의식'은 그 지향성에서 동전의 앞뒷면처럼 동일한 의식의 두 표출 방식이다. 왜냐하면 지금의 무당 푸닥거리(푸다의 변형)에서 접신탈아의 미치는 의식은 실상 응어리진 소망을 푸는 의식과 같기 때문이다. 우리의 '화풀이', '분풀이', '원풀이', '살풀이' 등은 체증 같이 막힌 것을 트는 의식의 지향성인데 그것은 막힌 것을 시원하게 터서 어디에 얼을 미친 듯 쏟기 위함이다.

구조주의적으로 우리 민족의 집단무의식인 '신바람'의 문화의식은 망아몰입(忘我沒入)의 심층 구조를 지니기에 창의적인 면에서는 문화와 예술 창조

---

17) 崔南善, 「薩滿教箚記」, 《啓明》, 제19호(1927).

의 원동력, 구국·호국의 행동철학으로 뻗을 수 있고, 부정적인 면에서는 열광성(오늘날 북한의 광신적 교조성, 우리의 종교적 광신성)과 배척 배타성을 잉태시킬 수도 있다. 신바람은 전인적 의식 표출에서만 가능하기에 하나에 몰두할 때 자기와 다른 것을 수용하지 못한다. '신바람'이 공동체의 창의적 원동력으로 영글지 않을 때 한 개인이 다른 개인들에 대하여 광기 어린 욕을 퍼붓는다. 여기서 우리의 주제와 관련된 하나의 중대한 결론을 보게 된다. '현묘지도'의 로고스와 '접화군생'의 파토스가 우리의 문화사에서 잘 연결되었을 때에는 '신바람'이 안으로 여민동락(與民同樂)하게 되고 문화·예술의 기름진 창조를 하게 되며 밖으로 외족의 침략과 군림에 대하여 구국·호국의 살신·보국하는 기질을 낳는다. 그러나 '현묘지도'와 '접화군생'이 체·용으로 조화되지 않고 서로 어긋나고 호흡이 안 맞을 때 신바람은 맹목화되어서 개인 간의 배타심, 집단적인 광기, 타락된 현세주의 풍조 등을 불러온다.

바로 이 점에서 한국 철학사의 참 의미가 확연히 등장한다. (무교로 집약되는) '단군정신'이 우리 민족의 집단무의식이라면 철학사는 집단무의식을 길들이고 감시하는 상부 의식의 '초자아'다. 이 개념은 낱말의 프로이트적인 뜻에서 이해되어야 한다. 프로이트에 의하면 문화 가치는 '이드'의 과잉 충동에 대한 견제 의지에서 생긴다. 그리고 일반적으로 문화는 어떤 결격 사항에 대한 반작용으로 생긴다. 옷은 피부의 추위에 대한 결격 사항의 결과이듯이 모든 문화도 무의식의 문화, 기존 문화의 결격 사항의 보충 요구에서 후천적으로 발생한다.

그러면 우리의 상층 의식문화(철학사)에서 우리 민족의 집단무의식의 과잉 충동을 염려하고 또 기존 문화(무의식)의 결격 사항을 최초로 크게 체계적으로 보완시킨 이가 누구인가? 그이가 바로 원효이다. 원효를 늘 존경한 의천도 원효와 같은 발상지대에서 이해되어야 한다. 원효의 일심화쟁(一心和諍) 사상은 '초자아'상에서 참으로 무거운 의미를 지닌다.

① 개합(開合)의 논리(開則無量無邊之義爲宗, 合則二門一心之法爲要)는 진리가 펼쳐져도 번잡하지 않고 진리가 집합되어도 협소하지 않음을 드러낸다.

② 입파(立破)와 여탈(與奪)의 대립을 각각 초월한 논리는 불법의 세계에서 영원한 긍정(立·與)이 없으며 긍정과 부정이 서로 상반되는 것이 아니라 행진시의 두 팔과 두 발의 율동처럼 왕래함을 뜻한다.

③ 동이(同異)와 유무의 대립을 초월하는 논리는 '동(同)·이(異)'가 같다고 하면 내부에서 상쟁하고, 다르다고 하면 그 둘이 밖에서 서로 상쟁할 것이기에' 비동비이(非同非異)의 철학으로 이어진다. 그래서 '동'은 '이'가 있으므로 '동'이고, '이'도 '동'이 있으므로 '이'이므로 동이는 불일(不一)·불이(不二)가 된다.

④ 이변비중(離邊非中)의 사상은 '있는 것도 아니고 없는 것도 아니며, 두 가지 치우침에서 멀리 떠나며, 중도(가운뎃길)에도 달라붙지 않는다(非有非無 遠離二邊 不著中道)'라는 일여(一如)로 나아간다. 박종홍(朴鍾鴻) 박사는 『한국사상사』에서 원효의 이 세계를 '비합리의 합리'·'비논리의 논리'로 묘사하였다.

물론 원효, 그는 불교의 고승이자 불법의 대학자다. 만약에 우리가 원효의 사상을 순수하게 불교적인 범주에만 제한시킨다면 한국인의 사상가로서 원효를 이해할 수가 없어서 원효 사상과 우리의 고유한 '단군정신'의 무의식의 흐름의 연결이 이루어지지 않는다. 그래서 원효와 우리의 집단무의식이 각각 따로 논다. 그러므로 앞에서 네 가지로 분류한 원효의 철학은 '신바람'의 무의식 요구에 대한 '초자아'의 역할과 '신바람'의 결격 사항에 대한 보완의 논리를 담는다. 그렇지 않으면 '신바람'이 잘못 낳을 수 있는 배타·배척의식과 맹목적인 광기를 무엇이 중화(中和)시킬 수 있겠는가? 그 점에서 원효는 '신바람'을 부정한 것이 아니라 '신바람'의 병리적일 수 있는 요소를 가장 크게 최초로 진단한 지성이다.

율곡도 이 점에서 예외는 아니다. 주자학 일색으로 단조로워지는 위험을 가득 안은 조선 사회에서 이 큰 성리학자는 금강산에서 불도를 배우고 다시금 유도(儒道)의 세계로 귀환하면서 다음과 같은 시를 읊는다.

진리를 배움에 있어서 집착함이 없는 것이니, 인연을 따라서 어디든지 노니노라.18)

우리에게 오늘은 어제보다 중요하고 또 내일은 오늘보다 더 중요하다. 우리의 한국 전통 사상에서 일관되어온 '현묘지도'와 '접화군생'을 잇는 '신바람'의 집단무의식은 역사를 통하여 변하지 않는 요소다. 그 '신바람'이 민족에너지 확장에 활력소가 될 수 있고 또 민족의 에너지를 병리 현상으로 치몰고 갈 힘도 지닌다. 우리의 역사에서 구국·호국, 창조의 사실(史實)은 '신바람'의 저력이 아름답게 꽃필 때이다.

우리의 역사에서 잊고 싶은 면도 많았음을 고백하지 않을 수 없다. 새 한국을 다시 빛나게 창조하는 사상과 철학은 우리 민족의 불변의 성격인 '신바람'을 도외시해서는 안 된다. 그래서 재세이화→이도여치→광명이세→금탑→금척으로 내려오는 현묘지도의 체(體)와 영고→무천→동맹→한가위→팔관회로 이어지는 접화군생의 용(用)을 서로 어긋나지 않게 하는 '신바람'의 밝은 기질을 오늘의 우리는 민족정통사(民族正統史)에서 양생시켜야 한다.

그러나 대표적으로 원효와 율곡이 있었듯이 '신바람'만으로는 부족하다. 오늘날에 다시 원효와 율곡이 태어난다면 그들은 무슨 사상을 어떻게 생각할까? 우리의 모든 철학적 노력은 여기에서부터 문제의식의 발단을 찾아야 한다.

---

18) 李珥, 『栗谷全書』一卷. "學道卽無者, 隨綠到處遊. 暫辭靑鶴洞, 來玩白鷗洲."

제3부

단재, 그의 주체사관의 그늘
신채호의 역사의식에 대한 철학적 비평

1. '단재의 집' 속에 머물음이 가능한가

마침내 1936년 2월 18일 갑자기 뇌일혈로 의식을 잃고 (그는) 쓰러졌다. 급보에 접한 친우 서세충과 부인 박자혜, 아들 수범이 서울에서 급히 서둘러 우선 여순으로 달려갔다. 그러나 이들이 여순에 도착했을 때는 선생은 이미 운명 직전에 있었다. 그렇게도 보고 싶어 하던 아들을 옆에 두고도 한마디의 유언도 없이 선생은 갔다. 1936년 2월 21일 오후 4시 20분, 진짜 한국인 한 분이 57세를 일기로 영원히 갔다.[1]

이렇게 김영호(金泳鎬) 교수는 이 민족의 광복을 위하여 온몸과 마음을 바친 위대한 애국자요 역사가인 단재(丹齋) 신채호(申采浩) 선생의 최후를 그렸다. 가짜 한국인, 가짜 애국자가 행세하는 판국에서 진짜 한국인의 최후를 그려봄에 있어 나의 이 글은 엄숙하고 숙연한 감정으로 옷깃을 여미는 데서 시작된다. 단재 사학에 대하여 안재홍(安在鴻)은

단재의 일념은 첫째 조국의 씩씩한 재건이었고, 둘째 그것이 미처 못 될진대 조국의 민족사를 똑바로 써서 시들지 않는 민족정기가 두고두고 그

---

1) 김영호, 「단재의 생애와 활동: 독립운동과 저술활동 및 일화로 살펴본 일대기」, 외솔회, 《나라사랑》, 제3집(1971), p.92.

자유 독립을 꿰뚫는 날을 만들어 기다리게 하자 함이다.

고 풀이하였다. 또 홍이섭(洪以燮) 교수는

단재 사학이 시간의 허함이 짧아 상고(上古)에 머물렀으나 그 기반은 자기 시대의 현실에 두었고 인식의 초점은 식민지의 현실을 힘으로 부정하려는 혁명적인 독립투쟁에 두었다.

고 지적한다. 첫머리에서부터 안, 홍 두 사학자의 단재 사학에 대한 본질과 생명을 지적한 글들을 인용함은 진실로 그 이름을 받을 만한 가치가 있는 애국자의 사학에 대하여 새삼스럽게 역사학적인 접근에 의한 평가나 해석을 덧붙이지 않으려는 까닭이다. 그러므로 이 글이 단재의 한국사에 대한 또 하나의 역사학적 논문으로 생각되어지지 않아야 옳다.

그렇다면 이 글은 단재의 민족주의 사학을 무엇 때문에 문제 삼느냐? 그 까닭은 우리 시대의 역사의식 때문이다. 헤겔이 인간을 '아픈 동물'이라고 비유했을 때 그는 이미 인간을 '불행한 의식'에 의한 역사적인 전개 모습으로 생각하고 있었다. 미국의 듀이도 마찬가지로 칼라일과 루소에 이어서 인간의 의식을 '일종의 병(kind of disease)'으로 봄에 동의하였다.

왜냐하면 심신의 기관이 완전히 건강한 상태에서 쾌적한 활동을 하는 동안에 우리는 심신의 기관을 새삼스럽게 의식하지 않기 때문이다.[2]

이러한 해석을 우리의 문제에 등록시키면 우리가 이 시대에 다루고자 하는 역사의식은 민족의 병에서 돋는 의식으로 적용된다.

단재의 역사의식과 역사관은 민족의 자주독립이라는 지상명령에 의하여

2) John Dewey, *Human Nature and Conduct*, Henry Holt Co., 1922, p.180.

실국(失國)의 병 속에 잉태된 상처받은 한 인간의 자기의식이다. 사학자로서의 단재의 역사 기술의 역사학적인 내용과 그것의 옳고 그름에 대한 논쟁은 우리의 주제 바깥에 놓여 있고 또 우리의 능력을 초월하고 있다. 그런데 그의 사학의 밑바탕을 꿰뚫고 가는 역사의식은 한마디로 민족주의이다. 그의 민족주의적인 역사의식은 비사학인(非史學人)의 눈에서 결코 방관되지 않는다. 왜냐하면 오늘날 우리 시대의 병과 그것의 의식도 자연히 우리로 하여금 민족주의로 방향을 잡도록 하기 때문이다. 그런 점에서 단재 시대의 민족주의 의식과 우리 시대의 민족주의 의식─물론 시대 차이가 겨우 반세기에 불과하다─은 낱말의 넓은 뜻에서 공통점을 가진다. 그렇기 때문에 적잖은 사학자들이 우리 시대의 민족주의 의식의 요구에 의하여 단재 사학의 정신과 역사의식(역사철학)으로 복귀하여야 함을 주장한다. 이 점이 문제다. 과연 우리는 우리 시대의 민족주의를 단재의 민족주의적 역사의식으로 비판 없이 복귀시켜야 옳을까?

단재의 민족주의 역사의식(역사철학)에 대하여 이미 신일철(申一澈) 교수[3]가 자세히 분석하였다. 그러므로 우리는 또다시 신채호의 역사를 구조적으로 분석할 필요가 없다. 그런데 이 글의 짜임새 있는 전개를 위하여 단재 신채호의 민족주의적인 역사의식을 네 가지로 다음과 같이 분류함이 좋으리라 생각된다.

① 민족주체주의의 역사철학

② 자강주의적(自强主義的) 역사철학

③ 적자생존의 진화주의적인 역사철학

④ 영웅주의의 역사철학

단재의 역사의식이 위의 네 가지로 표현된다면 우리 시대의 역사의식과 그것의 민족주의적인 표현이 무엇일 수 있겠는가?

단재의 시대는 오직 항일 독립운동과 자주 대한의 재건으로 모든 민족적

---

3) 申一澈, 「申采浩의 自强論的 國史像」, 《韓國思想》, 제10집.

인 에너지가 흡수되었다. 물론 단재는 자본-공산이라는 양 진영으로 분단되는 민족의 분열도 알지 못했고 또 대립된 두 이데올로기가 뿜어낸 민족 상쟁의 비극도 생각하지 못하였다.

우리가 단재의 일생과 그의 사상의 편력을 주의 깊게 관찰하면 그의 시대에 이미 미국을 중심으로 광복운동을 한 이승만식의 서양적인 행동 스타일과 북중국과 만주 대륙을 중심으로 한 신채호식의 국수적인 행동 스타일의 대립이 있었음을 간과할 수는 없다. 스타일의 갈등과 뉘앙스의 차이를 우리는 한국 현대사의 이해와 해석을 위하여 결코 놓쳐서는 안 된다. 그럼에도 불구하고 단재는 광복 후의 이 나라가 이처럼 증오의 분단을 당하리라고 상상하지 못하였다. 우리가 왜 단재의 역사의식을 재음미하여야 하는지 그 까닭이 여기서부터 더욱 뚜렷해진다.

우리 시대의 역사의식으로서의 민족주의는 항일 독립운동의 대명사가 아니라 통일 한국의 대명사이다. 그러므로 통일 한국을 겨냥하는 새 민족주의는 무엇보다도 민족의 정통성을 민족 안에 보편화시키는 에너지로 충전되어야 한다. 민족의 정통성이란 한 민족으로 하여금 낱말의 헤겔이나 마르셀다운 뜻에서 '자기 집에 있음(das Bei-sich-sein, l'être-chez-soi)'의 행복을 느끼게 함에 성립한다. 왜냐하면 '자기 집에 있음'은 자유롭고 안심되어 객관적인 대상으로서의 자기 집의 분위기가 자기라는 주관과 근본적으로 화해되기 때문이다. 그런데 자기 집이라는 개념을 더욱 공간적으로 확장시키면 그것은 바로 자기의 고향을 뜻한다. 고향이란 무엇이냐. 그것은 각자(민족)가 살았던, 그리고 또 살고 싶은 체험의 세계다. 과거에만 살았고 미래에는 살고 싶지 않다면 그 세계는 각자에게 체험된 고향으로 느껴지지 못한다.

'살았던'이라는 과거적인 회상과 '살고 싶은'이라는 미래적인 동경이 낱말의 플라톤다운 뜻에서 일치되지 않으면 고향의 개념은 노인다운 향수의 보수성에 의하여 응결되어버리거나 또 다른 한편으로 혈기 방장한 청년의 낭만적인 조급성에 의하여 쉬이 불타버리고 만다. 우리 시대의 민족주의요 역사의식으로서의 '자기 집에 있음'의 통일된 민족 정통성의 창조는 그것의 본질을 다른 학자들의 이론에 비쳐보면 랑케의 '지도적 이념(die leitende Idee)'이나 또는 트뢸치의 '현대적 문화 종합(gegenwärtige Kultursynthese)'에 의하여 뒷받침될 수 있다. 특히 트뢸치의 '현대적 문화 종합'의 이해는 이 글의 근본정신을 이해하는 데 단순한 보조 재료 이상의 몫을 맡는다.[4]

단적으로 '현대적 문화 종합'이란 역사의 창조에 있어서 서로 매개되는 두 계기인 역사적 사실과 역사적 이상, 역사적(객관적)으로 주어진 것과 인간의 양심이 역사에 주는 것의 원근법적인 종합이라 함은 과거의 역사가 그저 주어져 있는 것으로만 (실증적으로) 해석되지 않고 현재의 삶에 상관하여 평가되고 논의됨을 말한다. 좀 더 간단히 말하면 '현대적 문화 종합'은 현재의 삶(인생)에 입각하여 인격과 양심에 의한 윤리와 역사적으로 주어진 문화윤리(성격)를 종합하려는 데서 이루어진다. 인격적인 양심의 윤리는 모두가 보편적으로 수긍하는 초역사적인 이념이요, 문화윤리는 사회적, 경제적 그리고 지리적 조건과 결합된 역사적이며 개체적인 성격이다. 사실상 트뢸치의 '현대적 문화 종합'의 개념은 율곡의 '이통기국(理通氣局)'의 사상과 다르지 않다.

이렇게 그 개념의 사상적인 연관을 옆으로 이어나가면 '현대적 문화 종합'으로 채색된 '자기 집에 있음'이라는 민족 정통성의 창조는 역사의식을 역사의 구체적 발생 사건과의 연관에서 파악하는 베버적인 '이상형(Idealtypus)'이기도 하다. 왜냐하면 '자기 집에 있음'의 민족주의와 그 역사의식은 결국 역사를 통해서 역사를 극복하려는 것이요 동시에 새로운 삶의 터전을 개척하려는 것이기 때문이다. 그래야만 살았던 체험의 과거적인 지속형과 살고 싶은 미래적인 희망이 낱말의 변증법적인 뜻에서 만날 수 있다. 지나가면서 덧붙이지 않을 수 없는 것은 이민의 한국적 현상이다. 부유층의 신체적인 이민은 말할 필요도 없고 재정적인 이민(재산의 해외 도피)―그것이 사실이라면―도 가짜 한국인의 현상이기에 그들은 우리가 개척할 새 고향(옛 고향)에 살 자격이 없다. 이제부터 이러한 역사의식을 염두에 두고 단재 사학 속에 펼쳐진

---

4) E. Troeltsch, *Der Historismus und seine Überwindung*, 1934.

역사의식을 해부하여보자.

그가 쓴 「대한(大韓)의 희망」이 오늘날의 우리 희망일 수 있을까?

2. 가운데 나라, 고구려의 '일함정신'

이미 앞에서 우리가 단재의 역사의식을 넷으로 분류하였는데 여기에서 처음의 둘을 한 묶음으로 하여 해석하기로 한다. 왜냐하면 민족주의와 자강주의는 사실상 하나로 엮어질 수 있는 개념이기 때문이다.

우리나라의 지식인들에게 널리 알려진 단재의 역사관이 있다.

> 역사란 무엇이뇨? 인류 사회의 아(我)와 비아(非我)의 투쟁이 시간에서부터 발전하며 공간에서부터 확대하는 심적(心的) 활동의 상태의 기록이다.[5]

비아의 정복은 역사에 있어서의 승리자요 비아에 의한 복종은 역사에 있어서의 패배자라는 양자택일의 투쟁이 바로 역사 자체임을 단재는 천명한다. 이어서 단재는 아와 비아와의 휴식 없는 긴장 투쟁 관계를 '선천적 실질'과 '후천적 형식'으로 나누어 본다.[6] 선천적인 실질이란 아가 먼저이고 거기에서 비아의 탄생이 뒤따름을 이르고, 후천적 형식이란 비아가 없었더라면 아의 출현이 있을 수 없는 관계를 뜻함이다.

위에 인용된 단재 사상에서 우리는 독일의 통일 부흥을 부담으로 짊어졌던 피히테의 '일함(Ththandlung)'의 철학을 상기시키지 않을 수 없다. '일함'의 사상은 자아와 비아의 관계에서 첫째로 모든 판단과 인식(지식)의 원천으로서 자아에 초점을 맞추는 이론적인 분석, 둘째로 자아의 모든 의향을 관념적

---

5) 『丹齋申采浩全集』 上, p.19.
6) 『丹齋申采浩全集』 上, p.21.

인 사유로 생각함이 아니라 행동으로 보는 것, 셋째로 행동의 의도 위에 근거해서 외부의 객관적인 인식의 세계를 재구성하는 변증법의 철학이다. 따라서 그러한 철학은 근본적으로 하나의 주체를 가정하고 있는데 바로 그 주체로서의 자아는 단순한 존재도, 주어진 사실도 아닌 '일함'이다. 그래서 일하는 자아는 비자아와의 관계에서 두 가지의 성질을 안고 있다. 그 하나는 비아가 자아를 규정하고 또 하나는 자아가 비아를 규정함이다. 첫째 규정이 인식이고 둘째 규정이 곧 행동이다.

이러한 피히테의 철학과 단재의 사상을 동시에 담으면 곧 단재에 있어서 '선천적인 실질'이 역사에서의 행동이고 '후천적인 형식'은 역사에서의 인식이다. 인식과 행동이라는 두 가지 차원이 피히테에게 이원적으로 줄곧 방치되지 않는다. 피히테는 그 두 가지를 노력의 윤리학에 의하여 조화시킨다. 이를테면 비아가 자아에 내놓는 인식은 자아가 자신의 일함을 실현하기 위한 수단, 즉 목적 운동의 수단으로서 정립된다. 그러므로 역사 속에서 자아의 행동은 관념적으로 이상(理想)을 향하여 뻗는 한에서 무한하지만 그러나 현실적으로 자아의 행동반경은 언제나 비아에 의하여 제한받는다. 그러한 제약의 조건은 자연히 자아의 노력을 요구한다. 왜냐하면 자아의 노력은 정복되어야 할 저항(비아의 저항), 극복되어야 할 방해물을 전제로 하고 있다. 자아의 노력은 피히테의 일함의 철학 속에서 스스로 자아의 의미 창조와 의미 확장을 위하여 원하여지기 때문에 절대적이다.

이와 같은 사상의 연관을 우리는 단재의 역사의식에서 읽을 수 있다.

양자 일청(日淸)의 전(戰)도 아한(我韓)으로 유기(由起)하며 일아(日俄)의 전도 아한으로 유기하고 세계 만목(萬目)이 한국 문제에 진주(盡注)하매 종래 동서 열강과 교섭이 무다(無多)하여 동서 일방에 은군자(隱君子)같이 독락하던 한국이 열국 경쟁의 중심이 되니 어시호(於是乎) 대가위(大可爲)의 지위로다.[7]

이어서 단재는 그러한 비아의 역사적인 장애를 극복하는 일함의 노력 속에 '대한(大韓)의 희망'이 있음을 말한다.

오호라, 현재의 고통은 과거의 무희망으로 유(遺)한 얼업(蘗業)이요, 미래의 행복은 유희망으로 파(播)한 종자니 면(勉)할지어다 아한인(我韓人)아.[8]

또다시 우리는 단재의 역사의식을 피히테의 역사철학과 연결시켜 생각하여보자. 이미 피히테의 철학이 독일 국가의 힘의 무한한 확장을 의도하고 있음을 알고 있듯이 단재의 사학은 우리 민족 국가의 에너지를 무한대로 팽창시킴을 뼛속 깊이까지 스머든 한으로 품고 있다. 그래서 이 불멸의 애국자에게 역사란 '민족 소장성쇠(消長盛衰)의 상태를 열서(閱敍)할 자[9]'이다.

이처럼 단재의 한이 민족 중흥의 깃발을 고구려란 고지에 꽂을 때 우리는 베토벤의 〈환희의 송가〉를 듣는 듯 헨델의 〈용사의 노래〉(개선가)를 듣는 듯 씩씩하여진다. 단적으로 단재 사학의 역사의식은 고구려주의다. 그의 고구려주의는 중국·일본과의 역사적 관계에서 늘 우위를 발견하는 주체적 민족 자강의식을 대변한다. 고구려주의는 가운데주의요, 고구려는 단재에게 있어서 동아 역사의 가운데 나라다.

단재는 고구려 정신을 무엇보다도 먼저 그 나라 이름의 어원적인 넋에서 찾는다. 그는 고구려나 고려의 나라 이름이 단군조선의 중부(中部) 이름으로서 고구려·고려는 계루(桂樓)나 고리(古離)에서 유래된 것인데 그것들은 '가울이'란 뜻이요, '가울이'는 중부라는 의미이며 중부는 단군조선의 삼경오부(三京五部) 가운데 일부로서 주몽의 고구려나 왕건의 고려나 다 같이 단군조선의 중부 이름이 내려온 것이라고 풀이한다. 그리하여 우리나라를 동국(東國)이니 해동(海東)이니 또는 동이(東夷)니 하는 명칭들은 다 사대 근성이 표출된

7) 『丹齋申采浩全集』下, p.347.
8) 『丹齋申采浩全集』下, pp.350-351.
9) 『丹齋申采浩全集』下, p.463.

때(신라 말기)부터 시작되었고 본다는 우리나라가 삼위(三危) 태백산을 우주의 중심으로 삼고 '가울이' 곧 중부를 전국의 중심으로 잡아 이룩된 중국(中國)임을 단재는 주장한다. 그래서 단군조선부터 시작된 우리나라는 고구려 또는 고려를 가운데로 지녀왔고 신라, 백제, 가야, 발해, 태봉들과 같은 국명들도 모두 단군 때부터 있어왔던 변방의 이름이었다고 그는 해석한다. 그러한 해석 속에서 우리는 단일 민족의 정통을 우리의 역사 속에서 찾게 된다.

이렇게 되어 한국사는 바로 아시아의 중심사가 되고 그 사관에 의하여 단재는 고구려와 지나의 주체력 탈취를 위한 자강의 정치무력사(政治武力史), 신라와 일본의 자강항쟁사(自强抗爭史), 그리고 백제와 자기 식민지 개척을 위하여 싸운 말갈의 정치무력사를 주체적인 민족의 자강 역사의 실증들로 제시하고 있다. 그러한 삼국 시대의 대외세력에 대한 삼국의 주체적 자강의 역사를 말하기 이전에 이미 한민족이 북만주를 지배하면서 지나 대륙에서 식민지를 설치하였다는 역사적인 근거를 대표적으로 서언왕(徐偃王)의 경우를 들어 『조선상고문화사』의 저자는 밝히고 있다.[10] 더욱이 식민지 사관에 의하여 우리나라가 언제나 중국에 의하여 거의 일방통행적으로 문화 영향을 받고 살아왔다는 사실에 젖었던 우리 후예들에게 단재 신채호 선생은 우리 민족의 여명기에 우리의 문화 생명인 단군교—그것은 수두교(蘇塗敎)요 선비교임을 단재는 논증한다—가 문화적으로(무력적으로뿐만 아니라) 중국을 지배하였음을 햇볕 속에 내놓는다. 그래서 그 이론에 의하면 중국 상고사에 문화적으로 큰 비중을 차지하는 이른바 홍범구주(洪範九疇)는 단군의 아들인 부루(夫婁)가 치산치수의 원리와 경전으로 중국(지나)에 전한 것이다.[11] 그래서 중국사에 있어서 은과 주의 싸움은 곧 조선의 수두교와 지나의 민족교의 종교전쟁인 셈이 된다.

이와 같은 이론들이 실증적으로 그리고 사실(史實)에 얼마나 정확한가는 역사가가 아닌 우리가 더 논구할 자격이 없다. 그러나 단재는 역사학자이기

---

10) 『丹齋申采浩全集』上, p.412 참조.
11) 『丹齋申采浩全集』上, pp.397-403.

에 자기의 이론을 뒷받침하기 위하여 부족한 사료들을 모으고자 글로써 표현키 어려운 노고를 다하였음을 우리는 피와 살 속에 절실히 느낄 수가 있다. 아무튼 그는 김부식에 의하여 대표되는 사대주의 역사의식에 대항하는 민족주의적인 주체 자강의 역사의식을 고무하기 위하여 고구려주의를 민족 넋의 정통으로 제창한다. 그러므로 그의 역사의식은 고구려의 잃음과 더불어 통곡한다. 자연히 그의 사관은 잃은 고구려의 회복운동과 반도 안의 정체운동의 대립 속에서 후자를 반민족주의자로 매도하지 않을 수 없다. 이 점에서 그는 「조선역사상 일천년래 제일 대사건(朝鮮歷史上 一千年來 第一 大事件)」[12]이라는 논문 속에서 보수적인 유교도 김부식 세력과 혁신적인 수두교도(단군교도, 그것이 단재에 의하면 화랑도다)의 싸움에서 고구려 옛 강토를 되찾자는 수두교도 정지상(鄭知常)·윤언신(尹彦頤)·묘청(妙淸)이 패하고 퇴영적이며 사대적이고 반도 정체론자인 유교 보수파 김부식이 이겼음을 단재는 통분한다.

이 전역(戰役)에 묘청 등이 패하고 김부식이 승하였으므로 조선사가 사대적·보수적·속박적 사상, 즉 유교 사상에 정복되고 말았거니와 만일 이와 반대로 김부식이 패하고 묘청 등이 승하였더라면 조선사가 독립적 진취적 방면으로 진전하였을 것이니 이 전역을 어찌 일천년래 제일 대사건이라 하지 아니하랴.[13]

이렇게 단재는 민족 주체 자강의 역사를 펼치면서 우리 민족 옛 얼의 상무적인 기질은 사대파의 승리로 점차 사라지고 숭문적인 문약한 기질이 이 민족을 나약하게 만들게 되었다고 진단한다. 그래서 우리 민족 역사는 수두교인 화랑교 대 외래의 중화 종교인 유교의 종교전쟁을 가지게 됨으로써 후자의 승리는 곧 민족 주체 자강의 포기로 문화적인 예속 근성 무력적인 항복

---

12) 『丹齋申采浩全集』上, pp.100-121.
13) 『丹齋申采浩全集』上, p.101.

근성을 비겁한 이의 버릇처럼 만들게 되었다는 사실을 그는 환기시킨다.

그래서 그는 고구려의 을지문덕적인 팽창주의를 거부한 영류왕을 쿠데타로 죽이고 을지다운 팽창주의를 계승한 연개소문의 일을 한국 역사에서 최초로 이룩된 혁명으로 찬양한다. 그와 반대로 자격 없는 백제의 의자왕을 죽이지 못한 성충·계백 같은 충신들을 그는 한탄한다. 이러한 입장에서 단재는 기씨조선의 대부례(大夫禮)가 연나라와 전쟁을 치르지 않고 외교로써 평화 관계를 유지하였다는 사실을 통분하면서 대부례의 반전론 때문에 중국을 침략·지배할 수 있었던 좋은 기회를 우리가 또 놓치게 되었다고 말하면서 대부례를 역사의 죄인이요 민족의 반역자로 단죄한다.[14]

이상으로 우리는 단재의 민족주의의 주체적이요 자강적인 역사를 훑어보았다. 무엇보다도 그의 역사정신에서 일제의 식민지에 의하여 서러움과 억압을 당하고 있는 우리 민족에게 향하는 민족 긍지의 뜨거운 불길을 느낄 수 있다. 이래서 우리는 단재의 사관과 역사를 동시대와 지금까지의 그 어떠한 역사가들의 이론보다 비교가 안 되리만큼 높이 평가하고 머리를 숙인다.

그러나 항일 독립을 위한 그의 민족사관과 역사의식이 오늘날의 상황에서 재검토되지 않고 민족주의라는 큰 당위적인 명제 아래에 그대로 수용될 수 있느냐 함을 우리가 문제 삼지 않을 수 없다. 요컨대 이 민족의 구원한 애국자가 주장하는 고구려주의가 새 시대의 새 민족주의로서 타당한가 하는 점이 문제다.

3. 단재 사학의 허상

앞에서 단재 사상과 피히테 사상의 사이에 유사점이 근본적으로 있음을 보았다. 물론 단재가 피히테의 철학에, 다윈이나 스펜서의 진화론 사상을 양

---

14) 『丹齋申采浩全集』上, p.428.

계초(梁啓超)를 통하여 간접적으로 영향을 받은 것같이, 영향을 받았다는 증거를 가지고 있지 않다. 그러나 두 인물들의 시대적 배경이 공통분모를 가지고 있었기 때문에 공통된 사상의식을 가지게 되었다는 점을 부인할 수는 없다. 피히테는 전후 독일의 영광과 부흥을 계몽주의와 독일 관념론을 통하여 자신의 두 어깨에 떠맡게 되었고, 단재는 광복·구국의 영예와 사상을 역시 가슴속에 품게 되었다. 또 두 인물이 살았던 시대는 역사적으로 제국주의가 싹트기 시작하여 드디어 그 열도가 최고조에 올랐다는 시대적인 공통함수를 가지고 있기도 하다.

이리하여 피히테에 의하여 제창된 자아의 적극적인 '일함'의 정신은 독일에서 독일주의의 이데올로기로 영글게 되었다. 철학자들에 의하여 이룩된 독일주의는 정치사적으로 비스마르크 제국의 창조자들에게 하나의 교조(教條)를 제공하여주었다. 독일이 주체적이고 자강적이며 독자적이어야 한다는 지나친 의욕은 유럽 세계와의 상호 주체적인 유대마저 거부하고 드디어 자기 나라를 편협한 민족주의 속으로 몰아넣었다.

편협한 독일주의는 독일의 존재를 곧 유일한 생존의 법칙으로 주장하기에 이르렀다. 그리하여 독일주의의 밑바닥에는 국수적인 에고이즘과 함께 역사의식에는 보편주의에 대한 그들의 지나친 거부에서 기인한 특수주의와 또 딜타이가 말한 이른바 '확신의 무정부 상태(Anarchie der Überzeiging)'가 암초마냥 잠재하여 있었다. 그래서 독일주의가 언제나 독일적이어야 한다는 반보편주의가 서구 문명에서 이단자로 자리 잡으면서 한편으로 독일의 내부에서 부자유스럽고 맹목적인 어두움의 예속에 숨 쉬고 있던 대중과 야합하게 되어 그토록 힘차던 독일주의는 두 번씩이나 군국적인 기질의 노예로 전락하였다. 군국적인 노예로 변한 대중은 광신적인 게르만 지상주의자들이 되었다.

독일적인 아-비아 사이의 '일함' 철학이 독일적인 '확신의 무정부 상태'나 또는 확신의 광신 상태로 변하게 된 까닭을 단재의 사관과 그 역사의식을 논하는 마당에 무슨 이유로 말하는가 하고 당혹스러운 회의가 생김직도 하다.

또 한편으로 만춘추(萬春秋)에 자랑스러운 한 애국자의 일편단심에 대한 정신적인 모독 행위가 아닌가 하고 분개하는 마음이 일어남직도 하다. 그러나 단재의 고구려주의(한국주의)가 모든 역사의식의 중추가 되어서 딜타이가 경고한 '확신의 무정부 상태'가 한국 현대사에 야기되지 않을까 생각하여봄이 그렇게 환상적인 것은 아니리라. 낱말의 딜타이다운 뜻에서 '확신의 무정부 상태'란 그 표현을 뒤집어보면 곧 '확신의 유아주의(唯我主義)'로 탈바꿈된다. 그러한 의구심은 자본주의나 공산주의라는 두 이데올로기적인 대립을 의식하기 이전의 근원적인 관점에서 발생한다.

그러면 도대체 단재의 역사의식이 어떠한 관점에서 그런 의구를 불러일으키는 요소를 함유하고 있는가? 우리가 단재 사관의 생명인 '아와 비아의 투쟁'으로 새겨진 역사의식을 그의 전편을 통하여 주의 깊게 관찰하면 그의 역사의식에서 몇 가지의 상극되는 모순들의 설익은 이물질들이 조화되지 못하고 남아 있음이 발견된다. 그러한 현상들을 열거하면 다음과 같다.

① 제국주의와 민족주의의 모순되는 역사의식의 공존
② 국가지상주의와 무정부주의의 모순되는 역사의식의 공존
③ 폭력주의(역사적인 정의의 불인정)와 정의 예찬 사상의 모순되는 역사의식의 공존
④ 반유교주의와 친유교적 사고의 모순되는 역사의식의 공존
⑤ 인문주의와 상황주의의 모순되는 역사의식의 공존
⑥ 고구려주의적인 삼국 통일의 실패와 신라 통일의 불완전한 성공에 대한 역사 해석의 모호한 점.

이상과 같이 여섯 가지의 문제점들을 놓고 그것에 대한 역사철학적인 해석을 하기 전에 먼저 위의 사항들에 대한 증거들을 제시하여야겠다.

첫째의 경우 단재는 「제국주의와 민족주의」라는 논설 속에서

연즉(然則) 제국주의로 저항하는 방법이 하(何)한가? 왈 민족주의(타민족의 간섭을 不受하는 주의)를 분휘(奮揮)함이 시(是)이다.[15]

라고 말하였다. 그런데 다른 한편으로 그는 "을지문덕주의는 하주의(何主義)요, 왈(曰) 차즉(此卽) 제국주의니라"[16]고 썼다.

둘째의 경우 단재의 국가지상주의의 사상을 알리는 표현으로서,

국가가 기시(旣是) 민족정신으로 구성된 유기체인즉,[17]

무정신의 역사는 무정신의 민족을 산(産)하며 무정신의 국가를 조(造)하리니 어찌 가구(可懼)치 아니하리오.[18]

라는 구절이 있다.

이에 반하여 그의 무정부주의 의식을 알리는 기록은 『단재신채호전집』에서 인용할 수는 없다. 그러나 그의 생애에서 1925년을 전후부터 1936년 여순 감옥에서 옥사할 때까지 그의 지배적 이념이 무정부주의라는 것이 밝혀졌다. 홍이섭 교수는 『단재신채호전집』의 해제에서 선생의 아나키즘을 독립투쟁과 애국정신의 한 방편에 불과하였다고 설명하였지만 우리의 생각에 그의 무정부주의는 단순한 방편 이상의 뜻을 지닌다. 이 점을 뒤에서 곧 보게 되리라.

셋째의 경우 단재의 역사정신은 폭력주의에 따라서 역사상의 정의를 실질적으로 인정하지 않았다. 그 보기로서 단재는 『조선상고사』에서 궁예가 신라 헌안왕에 의하여 버림받은 아들이라면 폭력적으로 아버지를 죽이고 신라를 뒤엎는 일이 마땅하거늘 후세의 사가들이 편협한 윤리의식 때문에 궁예를 억울하게 매도한다고 썼다.

이어서 그는,

---

15) 『丹齋申采浩全集』下, p.377.
16) 『丹齋申采浩全集』下, p.146.
17) 『丹齋申采浩全集』上, p.463.
18) 『丹齋申采浩全集』上, p.464.

제왕이라 역적이라 함은 성패의 별명(別名)뿐이며, 정론이라 사론이라 함은 다과(多寡)의 차이뿐인데[19]

성공하는 자를 천명 받은 자라 하면 이는 강권(强權)이 곧 천명이니 시비가 없을지며 정의를 가진 자가 천명 가진 자라 하면 정의란 또 어떤 것인가. 민심을 따라 행하는 자가 정의라 하면 희발(姬發, 周 武王)이 은을 친 뒤에 인심이 은을 생각하여 은경(殷京)의 인심이 다 반(叛)하였으니 희발의 정의가 어디 있으며, 폭군을 벤 자가 정의라 하면 주(紂)가 비록 잔포하나 현성(賢聖)한 임금이 6~7대나 되던 왕실을 없이 함이 무엇이 정의며, 전(前)대 6~7 성군의 덕정이 주의 잔포를 구하지 못함이라 하면 어찌하여 은실(殷室)의 대성(大聖) 질자(質子)·미자(微子)를 세워 성서(聲書)의 유통을 잇게 아니하였으며, 민심이 곧 천심이라면 당일에 주가 속히 죽고 질자 같은 대성이 서기를 바람이 민심이니 어찌하여 천심은 민심과 달라 주의 재위한 수명은 20년, 30년이나 길게 하여 기어이 그 악이 차서 서주(西周) 소서(少西)에게 망하게 하였느뇨.[20]

라고 기술한다. 첫 인용은 정의가 곧 힘에의 의지며 권력의 철학임을 알리고 두 번째의 인용은 역사적인 개별 사건에 보편적으로 섭리하는 정의의 존재에 대한 깊은 회의가 담겨 있다.

그러나 다른 한편으로 단재는 그의 논설 「대아(大我)와 소아(小我)」에서 소아와 달리 대아는 불사불멸하는 여래와 같은 정의의 진리임을 역설한다. 그리하여 한국사 속에서 신라의 화랑정신이나 고구려의 조백정신이 다 대아의 화신임을 그는 암시한다.

넷째의 경우 일반적으로 단재의 역사의식은 반유교적인 색조로 거의 채

---

19) 『丹齋申采浩全集』上, p.56.
20) 『丹齋申采浩全集』上, pp.402-403.

색되어 있다. 김부식의 유교 사관에 대한 지칠 줄 모르는 공격이 단재의 전 저술에 흘러넘치며 또 한국 사상의 현상을 역사적으로 낭가(郎家) 대 유가(儒家)의 싸움으로 생각하여 유가의 승리를 한없이 통탄한다. 심지어 백제 말년에 충신 계백·성충이 의자왕을 척살시키지 못했던 사실에 대하여 그들의 어리석음을 한탄하며 그 원인을 유교 교육에 의한 충신불사이군(忠臣不事二君)으로 돌린다. 그런데 단재는 김부식의 존화 근성에 대한 메스꺼운 반발의 지나침으로 말미암아 유교에 대하여 의식적으로 눈을 돌린다. 유교가 다른 모든 종교와 같이 이 나라에 끼친 해독을 모르는 바는 아니나 유교의 정신이 이 민족사에 남긴 찬란한 업적을 도외시해서는 안 된다. 만약에 우리가 단재의 사고방식을 따른다면 백제의 부흥운동을 망치게 한 장본인인 자진(自進)의 배신도 유교 때문이라고 하여야 하리라.

그럼에도 불구하고 단재의 정신에는 소년 시절에 받은 유교 교육에서 유교적인 가치의 잔설이 무의식적으로 남아 있다. 그 보기로서 단재는 을지문덕의 영웅적인 인격을 수사(隨史)의 기록에 따라서 '침사(沈思)하고 끈질기며(沈鷙), 권모술수(權數)에 능하다'고 하면서 또 스스로 을지문덕 장군의 인격에 감복하여 '성실, 강의(强毅), 자립, 모험'[21]의 네 단어를 장군의 인격에 추가시킨다. 여기서 성실과 강의는 『논어』에 나오는 유교적 가치의 성실한 개념들이다. 이러한 우리의 주장이 객관성이 없는 견강부회로 생각될지 모른다. 그러나 단재의 논설 「성력(誠力)과 공업(功業)」에서 우리는 확실히 사라지지 않았던 유교의 잔설을 볼 수 있다.

> 범거(凡擧) 세계 대대소소(大大小小) 진진찰찰(塵塵刹刹) 사사물물(事事物物)
> 인인국국(人人國國)이 영비차성력(英非此誠力)으로 취집(聚集)한 자라.[22]

---

21) 『丹齋申采浩全集』 下, p.150.
22) 『丹齋申采浩全集』 下, p.358.

이 글은 『중용』에서 보는 불성무물(不誠無物)의 우주사적(宇宙史的) 재표현으로 생각되지 않을 수 없다.

다섯째의 경우 단재는 역사의 기폭을 만드는 물결의 생김이 인물에 의하여 형성되느냐 아니면 사람의 의지에 좌우되지 않는 시대적 상황에 의해서 형성되느냐 하는 점에 매우 심각하게 고심한 것 같다. 그는 "개인으로부터 사회를 만드느냐, 사회로부터 개인을 만드느냐"[23]라는 어려운 문제를 스스로 제기하면서 조선 사회가 초기에는 세종대왕에 의하여, 후기에는 퇴계에 의하여 형성되었으니 인물의 인문주의가 역사를 꾸며나간다고 주장한다. 그러다가 이어서 그는 원효가 신라인이기에 원효일 수 있고 퇴계가 조선인이기에 퇴계일 수 있지 않느냐 하면서[24] 역사 형성의 주요인을 상황에 두기도 하였다. 이렇게 모순적인 역사 이해의 양극에서 단재는 후기에 가면서 영웅주의의 예찬과 더불어 역사 창조의 주요인을 인문 쪽에 돌리게 된다.

유자약자대자(惟自弱自大者)가 유(有)하면, 기국(其國)이 약대(弱大)하나니 현재(賢裁)라 을지문덕주의여.[25]

또 희(噫)라 국가의 강약은 영웅 유무에 재(在)하고 장졸중과(將卒衆寡)에 부재하도다.[26]

여섯째의 경우 단재는 이 나라 건국의 새벽에 우리나라의 힘이 지나 대륙을 지배·석권하였지만 고구려의 패망과 더불어 중국에 의하여 지배당해온 까닭을 거듭 밝힌다. 그 까닭으로서 통일된 단군조선이 단기 1048년에 아사달로 도읍을 옮기면서 그 나라의 통일이 깨어지고 드디어 단일 민족 내부에

---

23) 『丹齋申采浩全集』上, p.57.
24) 『丹齋申采浩全集』上, p.58.
25) 『丹齋申采浩全集』下, p.146.
26) 『丹齋申采浩全集』下, p.151.

동서남북으로 내분과 전쟁이 생겼고 삼국이 정립되면서 민족의 힘이 자체 안에서 분열되었기 때문이라고 설명한다. 그와 반면에 지나인 중국은 진(秦)·수(隋)·당(唐) 등으로 이어진 통일 국가를 형성할 수 있었기에 우리에 비하여 후진이었던 그들이 선진의 빛을 보게 되었다고 단재는 분석한다.[27] 이러한 그의 분석을 재음미하여볼 때 오늘의 민족 분열에 처한 우리의 처지가 깊이 깊이 반성되지 않을 수 없다.

그런데 고구려주의자인 단재가 당에 의한 고구려의 멸망을 통분하였을 때 어찌 선생만이 그러하랴! 역사를 배운 모든 이 민족 가운데서 668년 보장왕 27년을 원통하게 여기지 않는 자 그 누구냐? 단재가 스스로 말하였듯이 그의 역사의식은 곧 정치사[28]요, 정치사는 그에 있어서 무력에 의한 힘의 역사다. 그러면 삼국 중에서 가장 강력한 힘을 가진 고구려가 응당 통일을 이룩하여야 했음이 옳았건만 어찌하여 삼국 가운데서 가장 힘이 미약하였던 신라가 불완전하지만 그래도 통일을 이룩할 수 있었는가? 단재는 거기서 김춘추와 김유신의 교활한 친당 외교에 의하여 민족적인 힘이 반도 안으로 수축되었다고 설명한다. 그러한 설명 속에는 모순이 있다. 왜냐하면 이미 앞에서도 언급되었듯이 단재 사관은 적자생존의 진화주의적인 철학과 영웅주의의 사상으로 짜여져 있기 때문이다. 진화의 철학이란 곧 낱말의 단재다운 표현으로 '외경력(外競力)'의 철학이다.

경쟁은 인(人)의 천직(天職)이요 생활하는 자본이다. 고로 천직을 기(忌)하고 자본을 기(棄)하면 초췌사경(憔悴死境)에 필입(必入)함은 개인도 역연(亦然)하고 일국도 역연하다.[29]

결국 '외경력'에서 이김이 사는 길인데 과연 고구려가 그 당시에 신라보다

27) 『丹齋申采浩全集』上, pp.392-393.
28) 『丹齋申采浩全集』上, p.414.
29) 『丹齋申采浩全集』下, p.174.

경쟁의 역학관계에서 승리하였다고 단재가 주장할 수 있을까? 그리고 그는 신라가 백제를 이길 수 있었던 힘이 결국 백제가 일본의 외세에 의존하였다면 신라는 당의 외세를 이용하였다는 데서 성립하였다고 보았다.[30] 그렇다면 과연 우리는 단재와 더불어 '외경력'에서 영웅적으로 승리하는 국력의 기초를 고구려와 같은 무력적인 힘의 정치사에만 두어야 할까? 아니면 다른 복합 요소를 우리가 인정해야 할까?

4. 새 민족주의를 위한 역사의식

지금까지 단재 사관과 그의 역사의식의 허상이 무엇인가 함을 그의 전집을 통하여 실증적으로 제시하였다. 이제 앞의 모순적인 허상들에 대한 철학적인 비평의 접근을 시도하여볼 차례가 왔다.

단재가 주체정신에 입각한 민족사학을 제창하면서 제국주의와 민족주의라는 상반된 두 가지의 사상적 요구가 그의 역사의식의 저변에 흐르고 있음을 우리는 보았다. 따라서 그러한 상반된 요구는 단재로 하여금 '아와 비아의 투쟁' 속에서 비아를 정복해야 아가 생존할 수 있다는 낱말의 피히테다운 '일함'의 전투적인 기질에 의하여 민족주의적인 제국주의를 생각하게 하였다. 그러한 단재적인 민족주의적 제국주의를 우리가 역사적으로 이해할 수 없는 것은 아니다. 왜냐하면 단재가 살았던 시대의 역사는 비아가 만약에 실존한다면 아가 실존하기를 그치게 되고, 또 만약에 아가 실존한다면 그때에 비아는 아에 있어서 단순한 대상적인 도구 이외의 다른 것이 못 되는 그런 상황이었기 때문이다. 그리하여 역사의 현실에서 아가 비아에서 느끼는 경험(역으로도 마찬가지다)은 곧 죽음에의 경험에 비유될 수 있었기에 역사의 현실에서 주인과 노예의 단계가 너무도 수월히 일어났다.

---

30) 『丹齋申采浩全集』上, p.498.

요컨대 주인과 노예의 적대 감정 속에서 상처받은 단재의 영혼은 "지옥이 만약에 있다면 그것은 타인들이다"라는 사르트르의 메마른 표현을 자기 생각의 표절이라고 느꼈으리라. 이런 점을 감안하면 사실상에 있어서 역사 속의 주체성은 결코 독존성(獨存性)을 뜻하지 않고 오히려 상호주체성임을 암시하고 있다. 왜냐하면 역사에 있어서의 아는 결코 비아의 현전을 무시할 수 없기에 아의 고유한 사고와 행동방식은 아의 독자성에서 잉태되는 것이 아니라 아와 비아가 동시에 얽는 상호주체적인 분위기에서 근원적으로 발생하기 때문이다. 그러므로 역사의 주체 사관은 먼저 상호주체성의 풍토에서 해석되어야 한다.

　그러면 역사에 있어서의 상호주체성이 무엇이냐? 우리는 결코 수학적인 진리를 상호주체적인 진리라 부를 수는 없다. 수학적인 진리는 그 자체로서 이미 완결된 진리다. 그러나 역사적인 진리는 결코 완결된 진리일 수 없기에 거기에는 무수한 가능성이 애매하게 함유되어 있다. 역사에 있어서 아와 비아 사이에 온전한 고독도 존재할 수 없고 또 완전무결한 대화도 불가능하다. 그 점에서 역사의 상호주체성의 관계는 그 내용상 근원적인 애매성을 지니게 된다.[31]

　이러한 퐁티적인 '상호주체적인 역사의 애매성'은 칸트에 있어서 '비사교적 교제성'으로 나타난다. 랑케가 "각 시대는 직접 하느님에 접해 있다(Jede Epoche ist unmittelbar zu Gott)"라고 말하였을 때 역사상 각 시대는 다 제각기 중심적인 뜻을 품고 있음을 그는 이미 꿰뚫은 것이다. 그렇게 보면 역사적인 진리는 어떤 추상적인 정치 이념이나 그 이념을 고정화시키는 법제도에서 보다도 먼저 그 역사 현실의 상호주체적인 관계가 얼마나 '인간적인 것의 건강'을 유지하기 위하여 융통성이 있느냐 없느냐에 의하여 결정된다.

　'인간적인 것의 건강'이란 곧 이 글의 시작에서 언급된 '자기 집에 있음'의 비소외적인 존재 양식을 뜻한다. 이미 내가 "하나의 사회적 진리란 그것이

---

31) M. Merleau-Ponty, *Sens et Non-sens*, Nagel, 1960.

강제적으로 어떤 것으로 존재해야 한다는 원리의 결정이 아니라 그 사회가 만드는 인간 상호관계의 실재요 현실에서 좌우된다"[32]라고 했었는데 그 말은 역사적인 진실이 '확신과 신념의 제국주의'에서는 말라버리게 됨을 가리킨 것이다. '확신과 신념의 제국주의'는 공존의 역사의식과 나란히 갈 수는 없다.

마술에 홀린 세계에서의 문제는 누가 옳으며 누가 가장 정당하게 나아감을 아는 데 있지 않고 위대한 거짓말쟁이(Grand Trompeur)의 척도에 맞추어서 이 세계를 이성에 맞추는 데 어떤 행동이 충분히 유연하며 또 어떤 행동이 뻣뻣한가를 아는 데 있다.[33]

라고 메를로퐁티가 밝혔음은 바로 모든 역사적인 진리란 바로 각자가 살고 있는 시대의 상징 속에서만 이해되어야 함을 알리는 것이 아닌가! 그런 한에서 단재적인 '아-비아의 투쟁'이란 역사의식을 오늘의 우리 상황에 이식할 때 민족 통일의 역사의식을 준비함에 그것이 충분히 '유연'한가 아니면 너무 '뻣뻣'한가?

다른 한편으로 홍이섭 교수의 말처럼 단재의 무정부주의가 단순히 독립운동의 한 방편에만 불과하였을까? 국가지상주의와 무정부주의란 모순된 사고 구조가 밑바닥에 어떤 연관성을 지니고 있나? 철학적으로 국가지상주의는 단재가 생각한 대로 국가 유기체설에 의하여 지탱된다.

여기에 이르러서 우리 생각의 길잡이가 되는 사람은 자크 마리탱이다. 마리탱은 민족이란 정치사회를 구성하는 인간들의 유기체적 집합임을 말한다.[34] 그러므로 민족은 자신의 공동선을 위하여 역사적 투쟁 속에서 국가에 의하여 선험적으로 간섭받을 수가 없고 또 어떠한 법질서의 규정도 공동선

---

32) 김형효, 「民族主體, 民族統一」, 《문화비평》 11호, p.493.
33) Merleau-Ponty, *Sens et Non-Sens*, p.221.
34) J. Maritain, *L'Homme et l'Etat*, P.U.F., 1968.

을 위한 민족적 투쟁을 보류시키는 법철학상의 근거가 될 수 없다. 그런 한에 서 민족은 정치 사회 안에서 스스로 자신을 형성해야 하는 온전한 자치권을 향유하고 있고 민족의 공동선, 그것이 그의 유일한 정치적 진실이다.

민족은 국가 위에 군림하여 있기에 민족이 국가를 위하는 것이 아니라 국가가 민족을 위하는 것이다.[35]

이러한 마리탱의 사상은 헤겔의 국가유기체(실체)설에 반대하는 국가도 구설을 뜻한다. 예를 들면 공산주의에서 '당=국가'의 실체 사상이 불변의 교 조로서 쐐기 박게 될 때 그것은 정치사회에 있어서 민족의 공동선을 위한 투 쟁의 진보의식에 장애가 된다. 그리하여 그런 국가는 당권의 유지를 위한 이 념과 야합하거나 또는 민족적인 공동선을 위한다는 구실 아래에 맹자 시대 와 같은 당 관료의 지배만을 사회적으로 강화시키게 된다. 어찌 공산주의의 세계에만 그러하랴. 단재가 겪었던 모든 제국주의가 모두 국가유기체설에 의하여 지탱되었고 또 단재도 그것에 물들었다. 우리 시대에 국가유기체설 은 민족의 공동선에 장애물이다.

그런데 국가절대사상이 무정부주의와 관계됨은 마치 심리적으로 개인의 유아주의가 심리적인 무정부 상태에 이어짐과 같다. 내 개인의 체험에 의하 면 내가 가정적으로나 사회적으로나 고립무원의 감정을 느낄 때 형제간이 나 사회인들이 아무도 나에게 간섭할 자격이 없다는 독존의식을 갖게 된다. 현상학적으로 그런 체험을 기술하면 결국 고립무원으로 자란 나는 누구의 도움도 힘입지 않았기에 낱말의 라이프니츠다운 뜻에서 '창이 없는 단자(單 子)'가 된다. 절대적인 자치에 의한 스스로의 정부는 바로 무정부주의 의식이 며 그런 의식이 현상학적으로 유아주의로 나타난다. 북중국과 만주 대륙에 서 헐벗고 굶주리며 오로지 조국 광복에 모든 것을 쏟았던 단재 선생에게 국

---

35) J. Maritain, *L'Homme et l'Etat*, p.25.

가신성의식과 심리적인 무정부주의가 동시에 탄생될 수 있었으리라. 그러나 오늘의 역사의식에 국가신성사상과 무정부의식이 딜타이가 경고한 '확신의 무정부'를 가져옴이 어찌 먹구름이 소나기를 몰고 옴과 같이 명백하지 않으랴!

다음으로 단재 사상에 있어서 폭력과 혁명 및 정의에 대한 고뇌와 회의를 지면 관계로 유교 사상에 대한 시비와 함께 보기로 하자. 이미 앞에서 단재가 역사에서 정의의 실재에 대하여 안개 속에 방황한 것 같은 편력을 보았다. 이 점을 단재의 「조선혁명선언」과 결부시켜 살펴보자.

이 논설에서 단재는 일제와 대항하는 구국 혁명의 수단으로서 민중의 힘에 의한 직접 폭력혁명을 정의로서 간주하였다. 왜냐하면 그 혁명은 단재의 이념대로 '① 이족(異族) 통치의 파괴, ② 특권 계급의 파괴, ③ 경제 약탈 제도의 파괴, ④ 사회적 불평등의 파괴, ⑤ 노예적 문화사상의 파괴'[36]를 겨냥하기 때문이다. 사실상 폭력의 문제는 역사상에 있어서 설명하기 어려운 철학적인 난제이다. 왜냐하면 폭력 없이 역사적 정의가 해결되지 않고 또 그렇다고 해서 폭력이 정의를 이루지는 못하기 때문이다. 이래서 폭력은 양심 앞에 선 스핑크스다. 그런데 우리가 단재의 「조선혁명선언」을 읽으면 육당의 「3·1독립선언문」과 면암(勉庵)의 「치일본정부대신서(致日本政府大臣書)」와 계정(桂庭)의 「유서(遺書)」와는 아주 성격상으로 다른 이질성을 발견한다. 신채호의 선언은 폭력전쟁 선언인 데 반하여 최남선, 최익현, 민영환의 선언은 다소간에 비폭력 인도주의에 호소하는 선언이다.

이러한 차이점을 동시대의 항일구국운동사에서 어떻게 해석해야 옳을까? 물론 평면적으로 어느 한쪽에 옳고 그름을 붙이는 것은 유치하다. 왜냐하면 단재에게도 인도주의가 없음이 아니요, 면암에게도 폭력주의가 없음이 아니기 때문이다. 그러나 그들에게는 차이점이 있다. 그 차이점은 우리의 눈에는, 우리 민족에게 먼 옛적부터 내려온 유교의 이해도에서 발생한다. 유교가

---

36) 『丹齋申采浩全集』 下, pp.374-375.

고려 말에 비로소 유입된 것이 아니고 '최치원의 난랑비서'가 증언하듯이 이미 화랑도의 창설 시기 이전에 이 땅 속에서 주체적으로 자랐다. 그런데 단재는 그러한 유교 정신에 대하여 부정적이고(무의식적으로 그에게 유교정신의 잔영이 남아 있지만) 계정, 면암, 육당들은 그것에 긍정적이었다. 그러면 왜 단재는 부정적인 데로, 그리고 나머지 세 분은 긍정적인 데로 기울어졌을까?

여기서 우리의 의문에 도움을 주는 것은 앞의 시작에 나오는 트뢸치의 '현대적 문화 종합' 개념이다. 다시 한 번 더 트뢸치의 개념을 요약하면 역사를 극복하는 새 역사의 창조는 양심의 도덕(보편성)과 상황의 성격(특수적 개별성)의 '이통기국(理通氣局)'적인 종합임을 뜻한다. 그런데 반유교적인 단재의 폭력혁명이 '현대적 문화 종합'에서 역사적으로 주어진 사실의 상황에 치중하였다면 유교적인 독립선언서들은 인격적인 양심의 초역사적인 가치에 치중하였다. 그러한 트뢸치의 개념을 역사 속에서 보면 오늘의 서구 문명의 원동력은 히브리의 신앙, 그리스의 고전정신, 로마의 제국주의, 중세의 논리주의가 계승·종합된 것이다. 그래서 서양의 몰락이 있지 않는 한에서 그들은 이런 것들의 종합과 새로운 힘의 부가에 의하여 장래의 정신력을 만들어나가리라.

우리나라의 독립은 단재의 상황성에서 나온 폭력이나 또는 3·1운동의 윤리성에서 나온 교육에 의하여 이루어지지 않고 타의에 의하여 주어졌다. 그래서 우리는 양심과 상황의 주체적인 문화 종합을 새로이 형성하여보지도 못하고 또 민족의 분열을 체험하게 되었다. 이제 우리의 역사의식은 민족의 통일을 주체적으로 창조함에서 양심의 보편적인 도덕률과 상황의 사실적인 개별성을 새로이 종합하는 새 민족주의의 '이상형'을 모색하여야겠다. 낱말의 베버다운 뜻에서 '이상형'은 양심의 동기와 '일함'의 결과가 '의미적인 적합 관계'를 가질 때 생긴다.

여기서 우리는 단재의 교훈을 잊을 수 없다. 단재는 한국이 중국에 대하여 역사적으로 열세를 가지게 된 궁극적인 원인이 먼저 자체적으로 통일된 민족으로서 중국에 대응하지 못하였기 때문이라고 하였다. 우리는 고구려가 삼국을 통일하지 못하고 신라가 했던 것을 선생과 더불어 못내 아쉬워한다. 그러나 과거는 이미 다시 돌이킬 수 없는 것, 그러기에 신라가 통일을 성취할 수 있었던 원인을 오늘에 다시 음미해야 한다. 신라의 통일과 같은 역사의 성공은 상황에만 의존됨도 아니요 영웅에만 의존됨도 아니다. 영웅은 역사에 의미를 준다. 그러나 그러한 의미의 부여는 상황이 영웅에게 역사의 의미를 제의함과 동시에 성립한다. 만약 그렇지 않을 때 조작된 영웅은 우상숭배를 강요하고 또 시대적 상황은 낱말의 하이데거다운 뜻에서 '세상사람'의 투기장으로 변한다. 이렇게 볼 때 단재의 민족영웅론에서 의연히 솟은 을지문덕, 최영, 이순신은 새 민족주의의 역사의식에서 다시 정리되어야 한다. 단재 신채호 선생의 정신을 거듭나게 함이 그 일이 아니랴!

　오늘의 우리는 생의 가치와 생의 삶을 이중적으로 분리하는 공기오염에 의하여 병들어간다. 그러한 병 속에서 의인(義人)은 매장되어간다. 매장되어가는 의인을 보호함은 새 민족주의의 시작이다. 만해 한용운의 시 구절을 생각하자.

　의인의 무덤을 황금의 노래로 그물치지 마서요. 무덤 위에 피 묻은 깃대를 세우서요.

한국인의 불행한 의식

　고민은 불행한 의식의 심리적 표현이요 깊은 불균형의 징후이다. 그러한 고민이 한 개인의 경우에 생기는 일시적인 것이든 또는 한 민족의 경우나 인류 전체에 공통으로 가로지르는 반항구적인 것이든 간에 불행한 의식의 관념이 잉태하는 고민과 고통 속에는 언제나 비관념적인 것이 있다. 그러한 비관념적인 것, 그것은 반드시 극복되어야 할 것으로 나타나는 어둡고 검은 요소이다. 그러한 요소의 극복은 곧 행복을 위한 투쟁이 되는 것이다.

　민족사에 있어서나 개인의 실존사에 있어서나 고통과 불행은 언제나 세 가지의 등록지대를 갖고 있는데 곧 고통스러운 분열의 감정이요, 모순과 역리에 대한 처절한 경험과 반성이요, 마지막으로 조화와 행복에의 강렬한 열망이다. 분열의 경험은 언제나 화합이나 통일에의 향수를 짙게 품고 있는데 그 까닭은 곧 분열의 경험이야말로 고통의 경험이기 때문이다. 그와 동시에 분열과 대립·갈등에서 솟구치는 모순은 고통과 고민을 당하는 주체에게는 이 세상의 그 무엇보다도 더 심각한 악으로 등장되는 것이다.

　그런 한에서 현대 한국인의 불행과 고통은 위에서 말한 세 가지의 경험과 체험에서 이해되어져야 하고 또 해석되어야 할 것 같다. 즉, 분열의 체험과 모순의 악, 그러한 모순에 대한 인간으로서의 숙고, 그리고 마지막으로 총화와 통일의 행복에 대한 줄기찬 동경 등이다. 그런데 우리가 한국인의 불행이라고 할 때 그러한 문제의식이 적용되는 외적인 범주의 영역에 있어서는 애매한 점이 있음을 생각하지 않을 수가 없다. 도대체 한국인이라고 할 때 그때의 낱말 '한국인'이라는 것은 나 개인의 하나밖에 없는 실존적인 불행의 단말마적 체험을 뜻하는 것인가, 아니면 우리 한민족 전체의 뭉뚱그려진 불행을 말하는 것인가 쉽게 말하기가 일차적으로 어려운 것으로 생각되어진다. 만약에 나 개인의 실존적 곤욕사(困辱史)를 뜻하는 경우에 그러한 역사를 민족 전체의 이름으로 확대시킴은 논리적으로 부당주연(不當周延)의 과오를 범하게 되는 것이며 또 그와 반면에 우리가 민족이라는 큰 맥락의 역사적 불행을 논하는 경우에 흔히 사람들이 빠지기 쉬운 추상적이고 관념적인 불행 일반사의 논고적 유희에 젖게 마련인 것이다. 그러나 사실상 불행 일반사란 이미 불행이나 고민 그 자체가 아니다. 한 환자의 신체적 고통, 즉 살길을 찾기 위해 그것으로부터 도피하고자 하는 나만의 바로 그런 괴로움은 결코 의사의 입장에서 진찰하고 평가하는 고통 일반의 목록이 될 수 없는 것과 마찬가지다. 그러면 낱말의 거짓 없는 뜻에서 '한국인의 불행'이라는 문제의식을 어떻게 다루어야 할까?

여기에 이르러 우리는 민족과 개인을 가로지르는 공통의 영역을 발견하지 않으면 안 된다. 그러한 공통 지평이 곧 상황에 의한 풀이라고 생각되어진다. 요컨대 민족사나 개인사를 실증적 사실(事實)이나 사실(史實)의 고증 또는 검증에 의한 객관적 나열보다도 오히려 상황사에 의한 해석으로 그 출발점을 삼는 데서 민족의 진통이 나의 것으로 느껴지며 또한 내 개인의 비창한 고통도 민족적 운명사와 연결될 수가 있을 것이다.

그러면 도대체 상황이란 무엇인가? 종합적으로 그리고 단적으로 표현하면 현대 철학자들에 의하여 이해된 상황이라는 개념은 그 속에 내가 전적으로 포함되어져 있는 그러한 분위기며 또한 바로 그러한 분위기야말로 나 자신을 정확히 이해하도록 하는 것이다. 그러므로 상황은 나 개인의 실존적 양상을 외부에서 물리적으로 결정하는 것이 아니라 나를 내면적으로 규정하고 있는 것이다. 그러므로 상황의 구조론적 성격이란 가장 구체적 인간의 구체적 의식이 복합적으로 얽매어 있는 데서 성립하지만 그러한 의식들은 단일하게 획일시키는 데서는 결코 성립하지 않는다.

예를 들어 보자. 만약 우리가 무대의 연극이나 영화의 필름 속에서 하나의 장면을 보면서 낱말의 깊은 뜻에서 '감상'하게 될 때 내가 현재 그 장면을 능동적인 입장에서 거리를 두고 보는 것인지 또는 수동적으로 그 장면이 하나의 이미지로서 내 속에 투영되는 것인지 분간할 수 없을 때 우리는 참다운 뜻에서 감상이라고 부르는 것이 된다. 바로 그러한 감상의 분위기가 잉태하는 공간과 시간이 곧 상황인 것이다. 그런데 감상의 분위기, 즉 그러한 장면을 보면서 느끼는 각인의 분위기는 결코 동일하게 획일적으로 도식화되어질 수가 없는 것이다. 그 장면 속에 참여하는 모든 관객의 위치에 따라 그 느낌이 각각 다를 수밖에 없는 것이다.

여기서 우리는 위치라는 낱말이 새로 등장됨을 보게 되는데 그 낱말의 의미가 여기에 있어서 도대체 무엇이겠는가? 위치란 곧 장소의 개념을 전제로 하고 있다. 우리가 나의 위치라고 부를 때 일상적인 경험에서부터 그 포함된 의미를 숙고해보면 나라는 주체의식의 독립적인 권리와 그 권리의 주장 또는 요구보다도 오히려 나라는 것의 독립적 주체의식의 독자성이 희미해지고 동시에 나는 어떤 다른 것과의 역학적 의존 속에서 이해되어져야 할 좌표처럼 여겨지는 것이 나의 위치의 참뜻처럼 생각된다. 그런 한에서 상황의 등록지대에서는 자아와 비아(민족 또는 비아적 모든 요소)의 엄밀한 구별이란 사실상 관념적 구분양식에 지나지 않을 뿐만 아니라 상황의 성격과 그 구조적 본질을 이해함에 있어서도 획일적인 단위주의적(單位主義的) 사고방식에서 출발해야 될 것이 아니라 위치의 좌표계(座標系)의 다양성에서 나아가야 하는 것이다.

앞에서 언급된 것들을 쉽게 이해하기 위하여 또다시 종합해보면 결국 한국인의 불행이란, 문제의식이 나 개인만의 문제라고 주장하든지 또는 몇 세기가 지난 다음 중립적 입장에서 체계화하는 어떤 사학자처럼 관념적 맥락상의 민족의 고통이라고 주장하든지 하는 따위의 그 어느 것에도 속하지 않는 것이다. 그와 함께 한국인의 불행한 의식에 접근할 때에도 단일하게 취급되어져서도 안 되며 한 상황 내에 존립하는 위치들의 복합적 구조에서 시도되어져야 하는 것이다. 왜냐하면 상황의 사회사에 있어서 그 각 구성원의 이질적 사회계층을 망각하거나 고려하지 않는다는 것은 마치 사회의 상황적 성격을 생물실험실의 표본처럼 취급하는 것과 같기 때문이다. 생물실험실의 표본은 여러 가지 종류의 동식물이 있을 수 있다. 그러나 그 다양한 표본도 단순한 표본들인 한에서 모두 다 송두리째 실험자의 임의적 한 원칙에서 수용되어야 할 개체에 불과한 것들이다.

그렇기 때문에 상황 사회의 각 계층이나 각 계급의 특수한 위치들을 오직 하나의 계층 또는 한 계급으로 축소·환원시키려는 것도 인간에게 주어진 역사를 날조 또는 변조하는 불행한 소외를 더욱 심화시킬 뿐만 아니라 또한 그러한 각 계층의 위치를 도외시하는 것도 비현실적이요 비실재적인 사고방식인 것이다. 그런 한에서 우리는 마땅히 현대 한국인의 불행의 실재와 경험에 완전히 접근하기 위하여 현대 한국의 사회적 상황을 이해하여야 하며 또한 사회적 각 계층과 각 계급의 고뇌와 번민을 유기적인 구조에서 파악하여야 하는 것이다.

철학사를 통하여 언제나 제기되어왔던 큰 문제들 중 하나는 바로 '나란 도대체 무엇인가' 하는 물음이다. 기쁘면 웃고 슬프면 울고 하는 이 나 자신이 도대체 무엇인가에 대한 집요한 탐구는 관념론·유물론에서부터 고차원적인 종교들의 가르침에 이르기까지 각양각색으로 수행되어왔다. 그러나 이러한 나(자아)에 관한 해답은 아직도 완결된 상태에 이르지 못하고 여전히 하나의 철학적 아포리아에 등록되어 있는 것이다. 그런데 여기서 우리는 이런 자아의 실체적 의미를 밝히려는 데 정신을 집중하려는 것이 아니라 상황사 속에서 해명하려는 데 그 목적이 있는 것이다. 도대체 상황사적인 차원에서 자아 곧 나란 무엇인가 하는 것이다.

이런 설문에 대하여 이미 내가 다른 곳에서도 말하였듯이 '나는 나의 과거의 표현이요 또한 체험된 나의 공간의 현실화'인 것이다. 나의 과거의 표현이라고 하였을 때 그 참다운 뜻은 물리적 과거의 집약이라는 것이 아니다. 30년, 40년, 50년의 물리적 일륜(日輪)의 나이바퀴가 곧 나의 현재라고 단적으로 말할 수는 없는 것이다. 나의 과거라고 말할 때 그 과거란 말로써 객관적으로 표시할 수 없는 나의 체험사(體驗史)인 것이다. 그런 점에서 전에 이미 내가 기술한 바와 같이, 그러한 과거의 무게는 톱니바퀴처럼 기계적으로 작용하는 것도 아니지만 과거의 군은살이 나를 제약하기 때문에 나는 모든 것에 자신이 있는 환상가가 될 수도 없는 것이다.[1] 그와 마찬가지로 나의 현재는 체험된 공간의 현실화라고 말하여질 때 '나는 나의 가정(家庭. 체험의 공간으로서의)의 기념비'라고 주장하는 것이 무슨 뜻인지 새겨보면 이해되기가 쉬울 것으로 생각된다.

이러한 까닭에서 나아가면 현대 한국인의 불행과 고통은 한국의 지나간 역사적 상황의 시간적 차원에서 먼저 이해되어야 하고 또 다른 한편으로 현대 한국인의 체험의 공간들에서, 다시 말하자면 한국인의 계층적 또는 계급적 위치들에서도 이해되어야 한다. 그런데 그 둘은 둘로 완전히 마치 별개의 요소들처럼 분리되어 있는 것이 아니라 이원적 일원의 이론처럼 서로 교차하고 있는 것이다. 왜냐하면 시간적 역사의 생성·변화는 거기에 참여하는 각 사회적 계급의 상호 운동사이기 때문이다.

현대 한국인의 불행한 의식은 어떻게 우리 한국의 상황사에서부터 해석되어야 할 것인가? 이 점을 먼저 우리는 조심스럽게 살펴보지 않으면 안 되겠다. 내 자신이 사학자가 아니기 때문에 이 문제를 조심스럽게 고찰하지 않으면 안 되는 이유가 여기 있거니와 또 한편으로 내 자신이 줄곧 생각해왔던 사유의 일단을 비기술적(非技術的) 면에서 접근하려고 하기 때문에 또한 가능하리라 생각된다.

우리가 한국 민족의 불행한 의식사(意識史)를 상황이라는 연관 아래서 서설적으로나마 보려고 할 때 유독 우리 민족만이 불행했다고 어리석은 주장을 하는 것이 아니다. 각 민족들은 그 민족들대로 자신들의 고유한 상황 아래서 그들 특유의 불행한 의식을 다 함유하고 있는 것이다. 왜냐하면 헤겔적인 뜻에서 불행한 의식이란 한 민족과 타 세계 민족의 분열에서 오는 투쟁일

---

1) 《文化批評》 7-8호, p.548.

뿐만 아니라 한 민족 내부에 있어서 민족 간의 고통스러운 분열이며 또한 그러한 갈등은 언제나 개인의 실존사(實存史)에도 고통스러운 상처를 안겨주기 때문이다. 그런 한에서 한민족(韓民族)의 고통사(苦痛史)는 다른 세계사의 불행한 의식들과 전혀 별개의 것으로서 독립적으로 취급될 수 없는 것이다. 이미 상황사 그 자체가 독존적 성격을 용납하지 않는 것이다.

그렇지만 우리의 상황사에는 바로 그것이 우리의 것이기 때문에 그 상황 속에서 실존적으로 살아오지 않은 타 민족과 타 주체들이 체험할 수 없는 고유한 고뇌가 있는 것이다. 그러기에 현대 한국인의 한 불행과 번뇌에는 미국의 한 국민의 불행과 그 성질을 달리하는 특유한 기질이 존재하게 되는 것이다. 무엇보다도 우리 민족만의 상황사에는 그것이 바로 구체적인 우리 민족의 것인 한에서 그 상황사를 바로 구체적인 우리 민족의 것으로 만드는 요소가 있어야 한다. 우리는 그것을 지리학적 또는 지정학적 요소라고 생각한다. 우리 한국의 역사가 전개되어온 온상인 동북아시아의 조그마한 반도의 지리학적 상황을 무시하고는 우리의 역사적 유산을 설명하거나 또는 거기에 접근하기가 어려운 것이다. 따라서 우리의 반도적 성격은 웅대한 대륙의 잡다한 세력과 우리의 해양을 남으로 가로막고 있는 일본과의 상관 아래서 파악되어야 하는 것이다. 이런 지리적 상황의 문제는 사대 문화니 또는 자주 문화니 하는 구분을 논하기 이전의 것이다.

예를 들어보자. 만약에 심리적이나 또는 유전적인 기질이 거의 동일하다는 가정 아래서 한 쌍둥이가 각각 넓은 평원과 평야가 전개되는 미국과 험준한 계곡이 짓누르는 듯 위압감으로 매일 넘겨다보는 산악의 나라 스위스에서 헤어져서 살게 되었다고 생각해보자. 각각 두 개의 다른 상황 속에서 자라난 두 사람의 성장과 역사를 상론할 필요도 없을 만큼 그들의 의식구조와 사고방식은 자명하리만큼 다를 것이다. 요컨대 지리적 상황은 곧 한 민족의 의식사와 경제사를 그 민족의 것으로 만드는 요인이 되는 것이다. 농촌과 도시인의 의식구조가 다르고 여름철의 경제구조와 겨울철의 그것이 다름은 다 지리적 상황이 필연적으로 형성하는 제약인 것이다.

그런데 의식이란 언제나 갈등 속에서 현실화되는 것이다. 상황이란 근원적으로 자아와 비아의 구별이 뚜렷이 선명해지지 아니하는 것에서 성립하지만 그렇다고 해서 모든 것이 동일하다는 것을 뜻하는 것은 아니다. 동일자와 이타자의 변증법적 교류와 그 교류가 주위에 형성하는 좌표 속에서 또한 상황은 해석되어야 하는 것이다. 현대 현상학자들의 주장과 마찬가지로 자아의 의식은 영원히 자기 자신과 행복한 일치를 이룰 수 없는 갈등의 불행을 자신의 운명으로 가지고 있는 것이다. 그러므로 한 개인의 의식은 그가 처한 상황 속에서의 대립, 갈등, 투쟁 등에 의하여 점점 현실화되는 것이다. 즉, 그가 처한 사회계층 속에서 자라는 한 인간의 의식사는 곧 이타 계층과의 운동, 역운동, 그리고 상호운동 등에 의하여 해석되어야 하는 것이다.

우리는 헤겔의 역사철학에서 보는 것같이 의식의 투쟁사가 종착의 단계에 와서 역사 안에서 완전한 휴식과 행복의 분위기에 젖게 된다는 이론을 지지할 수는 없지만 적어도 개인의 실존사는 고독의 역사가 아니고 민족의 상황사에 직결된다는 것에 대하여 헤겔에 깊은 공명을 보내지 않을 수가 없는 것이다. 그런 뜻에서 우리는 우리 민족의 상황사에 있어서 구체적 의식들이 줄곧 수행하였고 또 때로는 당해왔던 갈등, 투쟁, 운동의 역사─이타자와의 관계─를 중시하지 않으면 안 된다. 왜냐하면 어떤 의미에서든지 그러한 투쟁의 역사는 곧 행복을 위한 운동으로 정시(呈示)되었고 또한 소외에서 벗어나려는 인간적 희망이었기 때문이다.

한편으로 역사의 운동에 있어서 경제적 생활은 곧 그 운동을 인간의 운동으로 인간화시키는 제일의적(第一義的) 역할을 담당하고 있는 것이다. 동물의 운동에 있어서는 경제적 생활도, 상업 거래도, 돈에 대한 숭배도 없다. 인간의 역사에 있어서 경제적 생활의 등장은 단적으로 인간이 동물이 아니기 때문이며 또 바로 그 이유 때문에 인간은 자기와 다른 사물과의 교섭 관계를 향유하게 되는 것이다. 인간이 자기와 다른 것들과 교섭 관계를 맺는 특권을 지닌다 함은 인간이 기계적인 반복만을 수행한다는 것도 아니요, 프랑스의 사회학자 뒤르켐(E. Durkheim)이 말한 것같이, 개인은 집단의식의 도구라는 것을 가리키는 것도 아니다. 요컨대 경제적 생활은 사회를 개인에서 분리된 추상으로 고정화시켜서는 안 됨을 말하는 것이다. 사회적 상황 안에서 개인들의 경제생활이야말로 사회적 상황을 이해하는 데 신체적 기반을 제공해주는 것이다. 왜냐하면 개인들이 한 상황사 안에서 타자들과의 관계와 거기에서 발단되는 문화의 양상은 자연과 생산·소유의 경제 제도에서 구체적으로 그어지기 때문이다. 그러므로 주어진 상황의 여건 속에서 물질과 의식은 결코 분리되어서 생각될 수 없고 언제나 인간사의 드라마 속에 마치 신체와 영혼처럼 공존하는 것이다. 그러므로 신체가 아프면 영혼도 아프듯이 경제적인 생활이 고통스러우면 의식의 생활도 그만큼 괴로워지는 것이다. 이런 점에서 우리가 한국 민족의 불행을 살펴보려고 하면 반드시 생산양식과 경제 제도의 의미를 물어야 하는 까닭이 성립된다.

헤겔의 사상이 시사하듯 실존의 구체사(具體史)와 민족의 역사가 분리할 수 없음을 참인 것으로 전제해서 보면 한국 민족의 의식사와 경제사는 곧 한국의 반도적 지리 조건이 제약하는 상황사 안에서 피어온 바로 나의 현실사가 되는 것이다.

한국사를 통람해보면 언제나 우리 민족의 의식사를 지배해온 것은 거대한 북방의 대륙 중국과 만주 및 몽고였다. 일본은 최근세사에서 우리나라를 합방하기 이전까지 두 차례에 걸쳐 우리의 전토를 황폐화시켰지만 그전에는 우리 민족의 의식사에 거의 영향을 주지 못하였던 것이다. 북방 대륙의 세력에 대하여 우리 민족의 의식적 표현은 언제나 이타적이었던 것으로 나타난다. 사대파와 자주파의 대립은 우리의 역사를 통하여 교차되어왔지만 사대 정책 아래서도 우리 민족의 의식은 언제나 중국 대륙의 이타자로서 자각되어온 듯하다. 수·당에 대한 고구려의 항쟁은 곧 두 민족 간의 전쟁인 것이요 친당(親唐)에 의한 통일신라의 건설은 곧 대당(對唐) 민족전쟁을 야기시켰던 것이다.

더욱이 우리 민족의 자주성을 소담스럽게 알리는 사료인, 발해가 일본에 보낸 국서에서 스스로 고려국이라고 칭한 것은 고구려 구토(舊土)에 대한 민족의식의 표현이 아닐 수 없다. 왕건이 세운 고려국은 체통상으로 봐서 실질적으로 신라의 계승자임에도 불구하고 그의 국호를 고려라고 칭함은 상실된 구토에 대한 감정적 동경을 뜻하는 것이다. 우리 민족의 의식은 확실히 중국 대륙에 대한 이타자의 자각이었던 것이 틀림없다.

우리가 보통 사대 정책의 발원이라고 하는 조선의 개조 이성계의 '이소역대불가론(以小逆大不可論)'은 단순히 민족의식의 결핍이라고 반박할 수도 없는 것이다. 단순한 사대주의의 신봉이라기보다 이성계 개인의 왕권 확립을 위한 친명 정책이었음이 사학자들에 의하여 밝혀진 바이지만 무엇보다도 조선 초기 세종대왕에 의하여 창조된 한글 및 기타 다수의 문화가 민족의식의 자주적 표현을 가리키고 있다. 또한 일제 시대에 우리 민족이 남긴 투쟁의 역사는 독립선언문 그대로 자주국의 의식 투쟁사인 것이다.

그러면 이방 민족에 대한 이타자로서의 의식을 가져왔던 우리 민족의 불행은 어디에 있었던가? 무엇이 을지문덕의 고구려와 원효의 신라가 지녔던 적극적 자주의식에서 이성계의 이소역대불가적인 소극적 자주의식으로 우리의 의식구조를 변하게 만들었는가? 이 문제는 사가들과 철학사가 및 다른 학자들이 심각하게 연구해야 할 문제이리라.

여기서 나는 그러한 문제의식의 제기에 대하여 몇 가지 서설적 시도로써 대응해보고자 한다. 북방 대륙과 우리 민족의 관계는 문무 양면에서 다루어져야 된다고 생각한다. 북방 거대 민족과 그 대륙에 대하여 우리 민족의 의식적 표현은 상고사에 거슬러 올라가면 갈수록 무(武) 우위의 사상이 지배적이지만 최근세에로 내려오면 올수록 문(文) 우위의 사상이 지배적이었던 것이다. 중국 대륙과 양차(兩次)에 걸쳐 혈전을 감행하지 않을 수 없었던 고구려, 빼앗긴 구토를 이민족에게서부터 무력으로 회복한 발해, 그리고 신라의 통일 정책 등이 상고국사(上古國史)의 민족적 이미지들이다. 또한 고려 초기의 대북방 강경 정책 등은 고려조 의종의 문약(文弱) 정치와는 큰 대조를 이루고 있는 것이다.

그러면 왜 무(武) 위주의 의식에서 문(文) 위주의 의식으로의 변이를 경험하여야만 하였던가? 자고로 우리 민족은 백의민족으로서 홍익인간의 이념을 구현코자 한 평화 애호 민족이라고 스스로 말하여왔던 것이다. 그러나 이러한 사고에는 그 진실성이 어떤 측면에선 있다 치더라도 또 다른 측면에서 보면 거짓이 섞인 민족 예찬론일 수가 있다. 우리 민족은 이타족(異他族)의 압력에 굴종하기를 거부해왔을지언정 결코 타 민족을 침략해서 지배해본 적이 없는 것이다. 이 원인이 어디에 있었는가? 인류사의 상고 시대로 거슬러 올라가면 갈수록 인간의 윤리의식과 정치의식, 그리고 실존의식의 자각은 희박한 것이다. 인간의 윤리적, 정치적 그리고 실존적 비판의식의 결여는 쉽사리 인간을 집단의식으로 환기시킬 수가 있고 집단의식은 이해(利害)의 집합적 경우에는 전쟁의식으로 직결되는 것이다. 상고 시대에 집단에게 부과된 유일한 윤리의식은 충(忠)이었다. 충은 전쟁에서 임전무퇴의 정신을 심어놓는 것이다. 오늘날 야만족에 가까울수록 호전적인 기질을 지니고 있음을 보아도 이해할 수가 있다. 그런 시기에 우리의 상고 민족이 호전적이 아니 될 수 없는 것이다. 자기가 약하면 언제나 이타의 강자에게 짓밟히지 않을 수 없는 것이다. 이런 상고사적 시대에 우리 민족의 의식적 자각은 어떠하였을까. 우리는 무력적으로도 언제나 광대하고 인구 많은 대륙에 대하여 열세 의식을 지녀왔던 것임에 틀림없으리라. 그렇지만 그러한 열세 의식이 곧 자주의식의 부재를 뜻하는 것은 아니다.

고구려 고국원왕 12년에 전연의 모용황이 침입하여 궁궐을 불사르고 선왕인 미천왕의 시체를 파헤치며 왕의 생모 등 많은 포로를 잡아 돌아갔을 때에 고구려는 어쩔 수 없는 무력 세력의 역부족을 느끼지 않을 수 없었으리라. 살수와 안시성의 대첩은 복수요 설욕이었다. 그러나 양 대전을 치르는 동안 고구려는 이미 힘이 늙었다. 국사상(國史上)에 있어서 요, 금, 원, 청 등 북방 민족에 대한 대립에서 전술상으로는 때때로 승리한 적이 있었으나 결국은 언제나 패전의 고배를 마셔야 했던 것이다. 광대한 만주를 석권하던 고구려도 비록 적극적으로 이타 민족에 무력적으로 대항하였지만 결과는 국력의 쇠진을 가져오게 되었음을 편협한 반도의 한족(韓族)은 처절히 느끼지 않을 수 없었던 것이다. 이소역대불가론은 곧 그런 비통한 민족의식의 현실화라고 하지 않을 수 없다.

또 한편으로 대륙의 고도로 발전한 문화를 전래받은 우리 민족은 점차로 문화 창조의 국가를 지향하게 되었던 것이다. 문화 국가로의 지향은 자연히 무력의 존립 가치를 도외시하게 되는 것이다. 거의 숙명적으로까지 생각되었을 무적(武的) 열등감이 더욱 존문억무(尊文抑武)의 풍토를 조성시켰던 것이다. 이런 까닭에 우리 민족의 의식구조는 북방 만족(蠻族)에 대한 멸시와 중원 문화국에 대한 친밀감으로 변하였다. 이러한 우리의 의식구조가 서양의 기사도나 일본의 무사도가 민족 고유 문화 창조에 중요한 일익을 담당했던 것과 같은 기회를 우리나라 무신에게는 거부하게 되었던 연고가 아닌가 한다. 여하튼 북방과 문무 관계가 그러한 의식구조의 눈에 보이지 않는 변모를 작용케 하여오다가 우리 민족 개인들의 의식이 사춘기처럼 예민하게 성장하려는 즈음에 민족의식을 완전히 멍들게 하였던 것이 이른바 일제의 식민지 시대였다. 우리 민족에게 비자주적 열등감과 패배의식을 철저히 심어놓은 것이다. 일제 시대부터 시작된 애수조의 유행가 가락은 곧 민족적 열등감과 패배주의의 감상적 발로이며 사대주의·외래존중(外來尊重) 사상은 민족의 자존심을 말살시켜놓을 정도가 되었다.

이처럼 대륙의 문무 영향에 대한 자주의식의 소극화와 반비례로 적극화되어온 열세 의식은 마침내 조선 봉건 체제를 더욱 폐쇄적으로 만드는 요인이 되었던 것이 아닌가 한다. 전쟁 자체의 부정은 곧 정의에 입각한 윤리라는 관념이 아직도 형성되어 있지 않던 시대에 많은 형태의 전쟁은 국내 문제의 해결이 막다른 골목에 이르렀을 때 그 돌출구로서 외국 정복의 길로 택해졌던 것이 상례였다. 그러나 대륙에 대한 무적(武的) 승리의 포기와 중국 문화의 보수적이고 전례주의적(典禮主義的) 재창조는 조선 사회를 파쟁의 소용돌이 속에 몰아넣게 한 원인이 되었던 것이다. 그러한 당쟁의 분열은 해결점도 없고 종착역도 없는 악순환의 바퀴에 휩싸리게 되었다. 더욱이 그러한 당쟁을 가열케 하였던 것이 가치 관념의 일원화였던 것이다. 다시 말하자면 귀족 계급인 사대부의 이상과 가치만이 조선 사회가 인정한 생활철학이었다. 정교일치(政敎一致)의 전례주의에 의하여 정치적 권력의 신장만이 사회적 존경을 받게 되었던 사실이 몇 개의 예외를 제외하고는 널리 조선 사회에 만연되었던 것이다.

그런데 사대부의 계급은 그 수를 더해 가는데 권력과 정치적 지위는 좁은 반도 안에 제한되었다. 이것은 단일 가치인 권력을 쟁취하려는 중앙의 권모술수를 필연적으로 조장하지 않을 수 없었던 것이다. 물론 서양사를 볼 때도 권력 쟁취를 위한 제후들 간의 내전이 있었던 것이다. 그러나 그들은 중앙 집권적인 폐쇄 사회를 형성하였다기보다 오히려 지방 분권적이었다. 그러므로 한 봉토가 타 봉토를 지배하기 위하여 상업적 자본의 축적을 위한 장려책(상공인의 발달을 촉진), 무사들의 우대(공명정대한 정신의 신장), 학문의 장려 등을 구현하지 않을 수가 없었던 것이다. 요컨대 이러한 사대부 중심의 권력주의는 일제의 침략과 더불어 관료주의의 풍토를 강렬하게 심어놓게 한 원인(遠因)이 되었던 것이 아닌가 한다. 막스 베버의 자본주의 논리에서는 관료의 직업 의식은 종교적인 소명을 전제로 하고 있다. 그러나 사대부를 이은 일제식 관료주의는 곧 권력주의의 근대적 표현에 지나지 않는 것이다.

헤겔의 역사철학을 일관하여 흐르는 변증법적 원리는 곧 주인과 노예의 변증법이다. 즉, 역사를 통하여 그 시대 역사의 지배자와 피지배자의 상호 교차의 투쟁사가 곧 주인과 노예의 변증법이다. 헤겔에 의하면 노예계급은 공포와 노동과 부의 축적이라는 3요소에 의하여 주인계급을 전도하게 되는 것이다. 즉, 노예계급은 공포에 의하여 노동하지 않을 수 없으며 노동의 시련을 통하여 단결하게 되고 드디어 노동은 생산양식을 장악하게 되어 주인을 넘어서는 혁명을 일으키게 된다는 이론이다.

그러나 우리 민족의 역사에는 헤겔의 이론이 한 번도 적용된 적이 없었다. 상고 시대부터 조선 말까지 왕조의 역성(易姓) 변화들을 통하여 언제나 지배계급·주인 계급은 귀족, 사대부, 양반층이었다. 그러나 노예계급(농민, 상노)의 반항이 없었던 것은 아니었다. 후삼국, 신라 말기 '원종과 애노의 반란', 고려

무인 집정 시대 발생했던 대대적인 노예 반란, 그리고 '만적의 선언' 등은 모두 후기의 동학란과 함께 지배 보수 세력에 대한 항쟁이었다. 그러나 시대적으로 보아서 그들의 항쟁과 동기의 정당성에도 불구하고 전적으로 실패로 끝났다는 사실은 간단없이 역사적으로 경제 제도와 생산양식이 보수적 주인 계급에 의하여 수탈당해왔음을 말하는 것이다. 수탈 경제생활의 역사적인 준영구화(準永久化)는 우리 민족의 정신적·심리적 구조에 중대한 영향을 미쳤을 것이다. 왜냐하면 문화의 모든 현상과 법의 개념까지도 경제적인 현상 속에서 출발하기 때문이다. 따라서 어떤 책의 학설이나 교리의 가르침보다 생산과 노동양식이 더 인간의 정신적 구조를 표시한다. 그 점은 마치 우리의 신체가 영혼의 세세한 감정을 표현해주는 것과 같다. 그러므로 한 상황사 안의 인간들의 사고방식은 경제 생산양식에서 얽힌 실존들의 상호주체적 관계의 분석을 통하여서만 가장 잘 알 수 있는 것이다.

수탈 경제 양식에서 이루어지는 상호주체적 인간관계는 사대부, 양반 계층을 이어 일제 시대 관료와 대지주의 성문법에 의한 독점자본 경제까지 계속되었던 것이다. 이러한 상황의 인간관계 속에서 피지배층은 항상 공포와 노동만을 강요당했을 뿐 헤겔적인 뜻에서 대자적 의식을 형성하지 못하였던 것이다. 대자적 의식을 형성하지 못한 소외층들은 언제나 즉자적인 동일성의 반복만 있었을 뿐 무기력한 무리로 타성화되었다. 오늘날 북한에 타 지역의 공산주의보다 훨씬 저질인 형태의 개인 우상화 체제가 쉽게 용납된 것도 그러한 즉자 상태의 동일성에 기인한 비극이 아니겠는가.

지금까지 우리는 통시적 상황 속에서 펼쳐진 한국인의 불행이 무엇인가를 개략적이나마 살펴보았다. 현대 한국인의 불행이 그 역사적 상황에서 독립될 수 없는 것은 바로 한국인의 기억은 그의 깊은 과거의 지속이기 때문이다. 자주성과 열세주의 및 배패주의의 갈등, 권력주의의 관료 위주 사상이 잉태한 내적 파벌주의 그리고 소외계층의 즉자 상태에서 야기된 각 사회계층 간의 단절 의식, 해방 후 그러한 즉자 심리는 북한에서 미증유의 일인 우상화 체제를 슬프게도 굳게 했고 남한에서는 민주주의의 수용과 함께 소외계층의 표현은 새로운 양상을 갖게 되었다.

그러면 지금부터 그러한 우리의 고민이 어떻게 동시적인 면에서 현대 한국이라는 공간적 상황 내에서 구체화되는가를 보기로 하자. 우리는 현대 한국인의 불행을 그 역사적 상황과의 연관 아래서 현대적 지적 감각으로 두드러지게 부각시키기 위하여 몇 가지의 유형으로 분류해볼까 한다. 그러한 유형은 라이프니츠적인 단자(單子)적 개념이라든지 또는 아리스토텔레스적인 실체적 개념으로 받아들여져서는 안 되고 이미 우리가 앞에서 언급한 '위치'의 상황적 개념 아래서 이해되어야 한다. 현대 한국인의 불행을 존재적 불행, 소유적 불행, 상호주체적 불행 등 세 가지로 분류하여 우리의 문제의식에 접근해보고자 한다. 그런데 이 세 가지 유형은 위치 상황의 개념이기 때문에 결코 독립적으로 각각 분리되어서 생각될 수 없는 것이다.

현대 한국인의 존재적 불행이란 무엇인가? 이미 우리가 앞에서 보았듯이 불행한 의식이란 곧 처절한 분열의 경험이다. 헤겔적인 뜻에서 그러한 분열이란 자기 자신과의 찢어짐이요, 또한 타자와의 분열을 뜻한다. 그와 마찬가지로 한 민족의 불행한 의식이란 민족 내부의 분열이요, 또한 타 민족과의 갈등인 것이다. 존재적 입장에서 비친 한민족의 상황적 불행이 무엇인가? 그것은 실존적 견지에서 한국인 자신으로부터의 분열이요, 민족적 견지에서 민족 내부의 갈등이요, 세계사적 입장에서 타 민족과의 열려진 통일을 회복하지 못한 데 있는 것이다. 그러므로 불행의 존재적 의의는 실존적 그리고 민족적 존재의 파열을 뜻하므로 민족이나 개인(실존)에 있어서 불행한 의식은 의식이 스스로 자신의 고향을 발견하지 못하고 자기 것과 다른 세계 속으로 자기 의식을 조영해봄에 성립하는 것이다. 존재적 고민은 영혼의 소외화를 말하는 것이다.

우리는 이미 역사적 상황 속에서 거의 대륙 민족 및 일본에 대하여 자주의식과 패배의식이 복합 관계 속에서 형성되어왔음을 보았다. 그러나 개화기 이후 서양 문물제도의 이타적(異他的) 성격에 접함으로써 동양적 복합 의식과 서양적 복합 의식이 한꺼번에 한국인의 의식구조를 점령하게 되었다. 과거

한국인이 자주의식에의 집요한 요구에도 불구하고 대륙의 의식 속에서 자신의 존재적 위치를 정위(正位)하려고 했던 것과 마찬가지로 개화기 이후 한국인은 서양적인 것 속에 자신을 조명시켜보려고 애썼던 것이다. 그러나 동양적인 것과 서양적인 것의 선택 또는 매개를 위한 시기는 일제의 침략으로 좌절되어 우리는 존재적 자부심을 잃거나 또 때로는 반발로 허장성세하는 경우를 가져오게 했던 것이다.

이와 같이 한국인이 자기의 영혼을 외국적인 것의 영혼 속으로 몰입함으로써 한국인은 한국인의 영혼이나 그 영혼의 외부적 표현들(상업적, 언어적, 사회생활적)을 신용하려 하지 않고 한국인이 아닌 영혼 속에 그들의 존재적 신뢰를 두려고 하였던 것이다. 따라서 오늘날 우리의 사회에서 존재적·언어적(결국 같은 뜻이지만) 신용이 우리 한국인의 영혼 속에서 사라져가는 비극을 직면하게 된 것이다. 이러한 비극은 한국인의 감정의 다원적 연관성을 나타내는 것이 결코 아니라 한국인의 감정의 분열과 대립, 그리고 전체의 불신에서 오는 새로운 숙명적 패배주의를 야기할 위험성을 지니고 있는 것이다. 한국인 자신의 자기 소외에서 오는 불신주의는 순진한 의식을 추방하는 것이다.

그뿐만이 아니다. 한국인이 자기 존재를 이타적인 것 속에 몰입시킴은 존재의 소외를 제기하지만 더 중요한 문제는 한국인이 자기의 존재적 의식, 그것의 고뇌를 아예 없애버리거나 또는 문제 삼지 않으려는 데 가장 큰 존재적 불행이 있는 것이다. 이러한 형이상학적인 것에 가까운 고민의 제거는 곧 부르주아적인 근성의 만연에 기인하고 있다고 생각된다. 부르주아적 근성이란 형이상적인 것을 형이하적인 것으로 타락시킨다든가 또는 경제적 구조 속에서 초경제적 질서를 무시하는 태도를 말하는 것이다. 따라서 부르주아적 사고는 인간의 존재를 양적 계산의 차원으로밖에 보지 않는 것이다. 얼마만큼 이윤과 생산 업적을 올릴 수 있는가 하는 기능만이 문제되는 것이다. 부르주아적 세계에 있어서 신앙은 기능이며 정의는 곧 양의 증대만을 위한 원칙인 것이다. 만약에 한 한국인이 이러한 세계 속에서 회의하면서 나의 존재 의의는 무엇이며, 무엇 때문에 나는 존재해야 하는가 하는 설문을 스스로 에게 던질 때 그는 자신의 존재란 이미 증발된 지 오래며 한갓 일을 처리하는 기능공에 지나지 않는다는 감정을 갖게 되리라. 그러나 기능공으로 탈바꿈하는 존재에 못지않게 비극적인 것은 한국인의 존재가 화석처럼 굳어버린 교조(教條)의 표본으로 변화하는 것이다. 이것이 북한 인민의 존재적 불행이다. 더구나 존재의 교조화에서 오는 불행은 존재의 자유를 상대적으로 억압하는 수단으로 전락하게 되며 자유 경쟁의 부르주아 사회에서는 존재가 상대적으로 자유스러운 기능공으로 탈바꿈된다.

넓은 의미에서 한국적 문화 풍토가 기능 문화 우위로 향하고 존재 문화를 가볍게 여김에서 한국인의 의식구조 속에 열려진 통일의 가능성을 감소된다. 왜냐하면 기능 문화의 본질은 단위적이며 자기 폐쇄적이고 자기 충족적이며 동일적 기능 안에서는 획일적인 성격을 띠고 다른 기능과의 관계에서는 조립적이기 때문이다. 그러므로 기능 문화는 영혼의 존재적 본질인 너그러움을 알지 못하고 또 섬김의 정신도 알지 못한다. 너그러움과 포용력 그리고 섬김의 융화가 없는 곳에 어떻게 통일이 있겠는가? 통일은 조립하고는 다르다. 기능 문화만이 팽배하는 곳에 의식의 분열, 그리고 경우에 따른 제품적 조립은 있을지언정 새로운 지양의 통일의식은 구하여지기 어려운 것이다.

현대 한국인의 불행한 의식은 그의 의식이 이방인의 의식 속으로 투영·매도되는 역설적 엑소더스를 자행함과 동시에 존재 문화의 비존중으로 통일의 너그러움을 상실해가는 데 있다. 존재의 세계뿐만 아니라 소유의 세계에도 극심한 분열을 낳고 있다. 우리의 역사적 상황 속에서 경제적 소유의 분극화가 한 번도 지양되어보지 못했음을 우리는 이미 앞에서 보았다. 의식의 완전한 행복이 하나의 영원한 숙제로서 인류 앞에 던져졌듯이 소유의 완전한 동일화 또는 균등화란 역시 하나의 헛된 꿈이요 헛된 정열이다. 그러나 여기서 소유의 불행한 의식을 논하는 것은 그러한 비실재적 유희를 삼기 위해서가 아니다.

원래 인간의 상황사에서 존재 문화와 소유 문화가 별도로 구별될 수가 없는 것이다. 그 단적인 예로서 상황적 존재로서의 인간은 그의 신체를 소유하고 있기도 하고 그의 신체로 존재하기도 하는 것과 마찬가지다. 그런데 존재 문화가 기능 문화로 전락됨과 동시에 소유 문화는 그만큼 더 독립적으로 물신주의를 강요하게 되는 것이다. 여기서 우리는 경제적 생활에 입각한 소유 문화의 철학을 논하려고 하는 것은 아니다. 단지 기능 문화의 신장과 함께 어떻게 소유 문화가 인간의 의식을 파열 또는 분열시키는가 하는 점과 한국의 소유 문화에 대한 반성을 하여 보려는 데 그 목적이 있다.

소유 문화의 의미 가운데 간략히 설명하면 두 가지의 양태가 있다. 그 하나는 '소유적 소유'이고 또 하나는 '함유적(含有的) 소유'이다. 전자는 소유 주체자와의 관계가 전적으로 외적인 형태며 후자는 소유 주체자와의 관계가 그렇게 외적 거리를 두지 않는 상태이다. 우리말에서 그 실례를 찾기는 힘들지만 프랑스어에서 대표적 문장의 예를 들면 다음과 같다. 소유적 소유의 예는 '나는 하나의 개를 가지고 있다(J'ai un chien)'이고, 함유적 소유의 예는 '나는 머리가 아프다(J'ai mal á la tête)'이다. 그러면 그 차이란 개(chien)나 아픔(mal)이나 문법적으로 타동사 avoir(소유하다)의 목적어에 해당하는데(넓은 의미에서), 개의 경우에는 관사가 개입되어서 나(Je)인 주체와 외적 관계를 유지하고 있고 '아프다'의 경우에는 관사가 개입되지 않으므로 주체와의 분리가 인식론상으로 불가능하다.

단적으로 이런 문법적 연관에서 약술하면 소유적 소유는 몇 가지 특징을 가지고 있다. 첫째 자기 주체의 극렬한 자기 주장과 동시에 타인의 배격, 둘째 소유물의 유지를 위한 긴장, 셋째 처분 가능성의 배척(상업적 이익에서 오는 처분이 아니라 너그러움에서 오는 처분 행위) 등이다. 인간 조건에 함유되는 소유 형태에서 소유적 소유로 경제 문화가 자라게 되면 될수록 경제적 생활 철학 속에서 초경제적 생활양식을 버리는 부르주아의 허식주의에 빠지게 된다. 오늘날 한국인이 부르주아적인 사고 근성에 지배되어 민족 내부의 분열 및 한국인 각자의 의식구조의 이중성을 만들어가고 있는 것은 불행이 아닐 수 없다. 배금만능주의가 곧 그것이다. 자기 주장과 배척의 심리구조에는 언제나 승자와 패자가 있는 법이다. 소유적 소유형의 문화에서 어떤 점에서든 탈락된 한국인은 이미 절망인(絶望人)인 것이다. 이러한 모순과 악은 국민 일반의 재정생활 수준이 보편적으로 향상된다면 해소되리라는 정치적 현상론하고는 거리가 먼 것이다. 불행한 의식의 본질은 질의 문제지 양의 등록지대에 속하는 것이 결코 아니기 때문이다. 우리 역사의 통시적 상황 속에서 계속된 가진 자와 안 가진 자의 모순과 악은 너무 양적인 정치 현상으로 보지 말고 좀 더 민족의 열린 통일을 위한 질의 문화철학에서 음미하는 자세를 존중해야 할 것이다.

동시적 상황에서 본 한국인의 불행, 그것에서 느끼는 모순을 마지막으로 계층적 위치 또는 계급적 위치에서 간략하게 살펴보기로 하자. 이것을 관견함은 곧 현대 한국인의 상호주체적 불행이 무엇인가를 보는 조그마한 길잡이가 되리라.

프랑스의 철학자 메를로퐁티가 밝힌 바와 같이, "인간이 태어난다는 것은 세계'로부터' 태어나는 것이고 또 '동시'에 세계'로' 태어나는 것이다." 세계로부터 태어난다 함은 실존의 원심적 독립의지요, 세계로 태어난다 함은 실존의 구심적 귀속 성질을 말하는 것이다. 실존의 귀속 성질은 곧 실존이 위치한 상황으로의 인력 작용을 말한다. 즉, 노동계층에 태어난 한 실존은 그 세계로부터 독립 의지와 동시에 필연적으로 소속 인력(引力)이 주는 영향에 쫓게 되는 것이다. 따라서 이미 그의 독립 의지는 노동자적인 소속 상황의 특유한 재표현이 된다. 이와 같이 모든 사람은 다 자기가 태어난 사회적 계층이 있고 그 계층은 자기가 만들지 않고 이 세상에서 어쩔 수 없이 감수해야 하는 근원적 상황인 것이다. 공산주의적 교조가 이러한 다원적 사회계층 및 계급을 비실재화시키고 일원적 계급만을 주장함에서 우리는 그 교조의 의식 속에서 관념적 낭만주의가 있음을 본다.

여기서 우리는 현대 한국 사회의 계층 및 계급 구조와 유형을 사회학적으로 분류할 여유도 없고 또 준비도 되어 있지 않다. 그러나 계층 간의 상호주체적 불행이라는 견지에서 볼 때 세대와 계층 간의 상호 교육의 부재, 문무(文

武) 양 계층의 상호 무교통(無交通), 유산층과 무산층의 즉자적 상태에서 생기는 무협력성, 경영자와 노동자 간의 공통 대화를 위한 라운드테이블의 결여, 각 계층 간에 획일적으로 군림하는 권력주의 및 배금주의 의식, 계층 내부의 파벌의식 등이 문제되지 않을 수 없다. 어느 상황사에서나 낡은 문명의 가치관 속에 새로운 가치 요소를 도입시킬 때마다 말할 수 없는 불균형 속에서 구세대의 문제와 새 세대의 문제 간에 혼란이 빚어지고 있는 것이 사실이다. 지금 현대 한국인의 의식구조 속에는 토속적이고 보수적인 정신적 구세대와 급진적이고 진보적인 정신적 신세대 간에 심한 장벽이 놓여 있는 것이다. 이 문제는 일방이 타방을 편파적으로 지배할 수 없는 성질이고 또 지배 세대가 법률과 고정된 도의의식으로 법제화 또는 예전화(禮典化)시켜서도 안 된다. 왜냐하면 법제화에만 의존하는 문화철학은 의식의 분열과 소외를 음성적으로 증대시키기 때문이다. 그리고 한 상황 아래서 다양한 위치의 계층적 좌표에 따라 이타적(利他的) 계급구조가 다원적으로 생기지 않을 수 없다. 그러한 다원적 계층 구조 간에 상호 교육을 하지 않는다는 것은 계층의 우열을 암시하는 닫힌 사회를 굳힐 뿐만 아니라 민족적 저력의 총화를 막는 요소가 된다. 상호주체적 교육의 이념은 관심의 평등(평등화가 아님)과 형제애의 문화 양식을 가져옴에 있다.

역사적으로 우리는 서양 제국에서 본 바와 같은 문무 양층의 친화성을 발견하지 못했음을 알고 있다. 이미 앞에서도 관견한 것이지만 무반은 그들의 야성과 종종 노출되는 무식(無識) 때문에 문반의 지성에 의하여 경멸을 받게 되어왔던 것이다. 오늘날 우리의 상황 속에서 그러한 역사의 상황이 재현되고 있지 않는가 물어볼 필요가 있다. 오늘날 군부의 핵심은 한국 문화의 창조에 지적(넓은 의미로)으로 무관심 또는 무능하며 학자·예술가들은 강직과 용기를 자신의 존재적 무게로 느끼는 무인정신에 관여하는 배려를 무시하고 있는 것이 아닌가. 여기서 오늘날 많은 한국의 젊은이들이 어쩔 수 없이 문무의 이질성을 겪어가면서 사회구조와 의식의 심한 모순 및 괴리를 절실히 체험하는 것이다.

지난 프랑스 학생혁명 때 이익 위주의 사회로만 외곬으로 달려가는 자본주의 제도에 대한 학생의 반항에서 드골은 관여의 정치철학을 내세워 자본주의의 사회 모순을 해결하려고 시도했다. 경영진은 순이익만을 생각하고 이에 대하여 노동자의 의식은 생활을 위하여 붙어살지만 경영 체제 속에서 초경제적인 이념을 찾아야 되겠다는 자기 분리의 현상이 오늘 한국의 경영 사회 속에 없는가? 통시적 상황 속에서 사대부의 가치가 권력 귀일주의(歸一主義)로 첨예화되어간 것을 보았지만 관료 및 권력주의는 여전히 오늘날의 한국인들에게 굳은살로서 남아 있는 것이다. 권좌는 제한되어 있는데 그것으로 돌진하는 정치적 열병자는 많아서 비전과 정치철학도 없이 정치적으로 큰 시기(선거)가 오면 군집이산 하는 경우가 한둘이 아님은 현대 한국인의 가치철학과 문화철학의 비민주화(단순한 대중화가 아님)를 사회적으로 노정시키는 증거가 되는 것이다.

지금까지 우리는 간략하게나마 어떻게 '한국인의 불행한 의식'이라는 문제로 방법론상 접근해야 할 것이며 또 통시적 상황 속의 불행과 그 의식, 그리고 동시적 상황에서의 불행과 고민을 개별하였다. 이러한 관견이 문제의식의 제기를 위한 서설적 간고(簡考)임을 대신하면서 우리는 시인 횔덜린의 말로써 끝맺을까 한다.

꽃 피는 것과 시드는 것은 서로 밀접히 연결되어 있다.

아무튼 참 행복은 깨끗한 백지도 아니요, 고통 없는 축복만도 아닐 것이다.

민족정신의 새벽
고신도(古神道)의 해석

1. '자기 집에 있음'의 고향의식으로서의 민족주의

민족에게는 민족의 주체와 객체의 구별이 근원적으로 있을 수가 없다. 따라서 온전한 민족은 그 민족을 객체로서 자기 자신의 주체 속에 가지게 된다. 그러므로 한 민족 자신의 주체적인 노력은 자기 자신을 객체로서 확대하여 재생산함에서 성립된다. 그러한 재생산의 과정에서 민족정신이 주체적으로 구체화된다.

훌륭한 민족은 역사적으로 거의 예외 없이 자기 자신을 끊임없이 재창조하는 주체 철학에 의한 이념을 통해서 민족 국가를 형성하고 있다. 인도가 오랜 세월에 걸친 영국의 식민지를 청산하고 독립 국가를 유지할 수 있었던 것은 간디에 의하여 확대되고 심화된 구원(久遠)한 인도의 신비주의에 힘입었고, 또 이스라엘이 수십 세기의 민족적 방랑 끝에 새 국가를 건설할 수 있었음도 유태인의 정신에 이어 내려온 시오니즘의 활력소 때문이었다.

그런 한에서 오늘날 우리 민족의 역사적 현실을 생각하면 남북으로 갈라진 정치적, 경제적, 군사적 그리고 문화적 분단의 이질성은 분명히 일본 식민주의에서 비롯된 외세 때문이었다. 대한제국이 일제에 의하여 멸망됨과 함께 민족주의 정신의 공백기가 급습하기 시작했다. 물론 조선의 유교 정신에서 솟은 척사파의 항일 독립과 새 문명의 개화에 의한 서구 기독교에 의한 항일 독립의 운동이 줄기차게 폭발된 것은 사실이다. 그러나 그러한 독립운동은 일이관지(一以貫之) 못하였다. 그 점은 유교의 몰락과 서세동점에 의한 서양 문화의 전파와 러시아에서 성공한 프롤레타리아의 공산혁명 사상들이 한꺼번에 민족의 자주독립이라는 공통분모를 가지고서 항일이라는 전선에 모여질 수는 있었지만 독립 쟁취와 더불어 그 공통분모의 사라짐과 동시에 한민족의 정신적인 구심점이 없어져서 이 민족이 사분오열되었다는 사실을 단적으로 지적한다. 다시 말하면 유교적인 대한제국의 붕괴—그 붕괴가 타의에 의해서였지만—는 곧 민족적인 일체감을 만드는 철학사상의 파멸을 뜻하는 것이기도 하였다.

만약에 우리가 공산주의나 자본주의라는 서구적 이념을 광복의 민족적 이념으로 수용하기 이전에 민족정신을 열려진 사상으로 모을 수 있는 민족의 보편적인 주체성이 있었다면 우리나라의 형편은 오늘날의 상황과는 달리 전개되었으리라. 단재의 민족정신이 공산-자본의 양대 진영으로 나뉘기 이전의 근원적인 민족의 확대·심화·재창조를 뜻한다. 그러나 슬프다! 그의 정신이 민족주의의 보전(寶典)으로 여겨지기엔 시간적으로 너무 늦었고 또 사상적으로 정련될 여유를 가지지 못하였다.

우리는 아직도 우리 민족의 낱말의 헤겔이나 마르셀다운 뜻에서 '자기 집에 있음(das Bei-sich-sein, l'être-chez-soi)'의 행복을 느끼고 있다고 볼 수 없다. 한 민족으로 하여금 '자기 집에 있음'의 행복을 느끼게 함이 바로 그 민족의 주체성이다. 왜냐하면 마음속에 자기 집에 있음은 자유롭고 안심된 객체로서의 자기 집의 분위기가 자기의 주체와 근본적으로 일치하기 때문이다. 그런데 자기 집의 개념을 더욱 공간적으로 확장시키면 바로 자기의 고향을 뜻하고 자기의 고향은 자기가 살았던 그리고 또 살고 싶은 세계이다. '살았던'이라는 과거적인 회상과 '살고 싶은'이라는 미래적인 동경이 낱말의 플라톤적인 뜻에서 일치되지 않으면 고향의 개념은 노인적인 향수의 보수성에 의하여 응결되어버리고 또 다른 한편으로 혈기 방장한 청년의 낭만적인 조급성에 의하여 불타버리고 만다. 그래서 민족의 주체사상은 민족정신의 근본을 온고지신(溫故知新) 함에 성립된다.

이 점에서 우리는 시원적 의미에서 우리 민족의 연원이 무엇이며 그 연원에 대한 신앙이 어떠하였는지를 살펴볼 필요성을 느낀다. 『삼국유사』나 『제왕운기』가 전하는 바에 의하면 우리 민족의 가장 오래된 옛 모습은 곧 단군조선이요 그 생활감정이다. 바로 그 단군조선의 생활감정을 고신도(古神道)라 부른다. 지금부터 우리는 고신도 신앙을 분석해보기로 하자.

2. 고신도의 분석

단적으로 고신도가 무엇인가? 『삼국사기』는 최치원의 「난랑비서(鸞郎碑序)」를 전하고 있다.

> 우리나라에는 현묘한 도(道)가 있다. 이를 풍류라 하는데 이 교(敎)를 설치한 근원은 선사(仙史)에 기록되어 있다.[1]

그리고 『삼국유사』 3권에도 "왕(진흥왕)은 천성이 멋이 있어서 신선(神仙)을 크게 숭상했다"[2]라는 구절이 있다.

『삼국사기』의 풍류나 『삼국유사』의 신선이 바로 우리 민족의 옛 신도(神道)이다. 최남선은 풍류나 풍월[3]을 어음(語音)으로 해석하여 '부루'라고 하면서 불함문화(不咸文化)의 '붉' 사상과 결부시킨다. 여하튼 풍류도가 순수한 우리 민족의 고신도인 것만은 틀림없다.

그러면 선사에 기록된 고신도로서의 풍월도가 무엇인가? 그 점에 대하여 우리는 자세히 논의할 수가 없다. 왜냐하면 고대 신앙에 관한 순수한 민족정신의 조선 사상을 담은 많은 문헌들—『고기(古記)』, 『단군기(檀君記)』, 『단군고기(檀君古記)』 등—이 명확한 이유를 모르게 사라져버렸기 때문이다. 우리에게

---

1) 『三國史記』, "國有玄妙之道, 曰風流, 設敎之源, 備群仙史."
2) 『三國遺事』, "王又天性風味, 多尙神仙."
3) 『三國遺事』, "三又念, 欲興邦國, 須先風月道."

전하여진 문헌 가운데 고신도인 풍류도에 관하여 적혀 있는 곳은『삼국사기』
다. 앞에서 논급된 최치원의 「난랑비서(鸞郎碑序)」를 인용하면 다음과 같다.

이 나라에 현묘지도(玄妙之道)가 있다. 이를 풍류라 하는데 이 교(敎)를 설
치한 근원은 선사(仙史)에 자세히 적혀 있다. 실로 이는 삼교(三敎)를 포함한
것으로 모든 생명과 접촉하여 이들을 교화하였다. 그들은 집에 가서 부모
에게 효도하고 나아가서는 나라에 충성을 다하니 이는 공자의 가르침이
요, 또 모든 일을 거리낌 없이 처리하고 말을 하지 않으면서도 일을 실행
함은 노자의 종지요, 또 악한 일을 하지 않고 착한 행실만 신봉하여 행함
은 부처의 교화이다.4)

이러한 고운(孤雲)의 증언을 생각하면 조선의 고유한 정신으로서 풍류도
는 유·불·도 삼교가 이 땅에 유입되기 전에 벌써 독자적으로 단군조선에서
전승되어왔음을 우리가 이해할 수 있다. 그런데 그러한 풍류도의 정신과 멋
이 중국 대륙과의 교섭에 의하여 유·불·선 삼교가 들어옴으로써 더욱 확장·
심화되었음이 김부식의 기록으로 밝혀졌다. 그런데 불행하게도 유·불·선의
삼교에 의하여 민족의 고신도가 접화(接化)되기 이전의 순수한 모습은 기록
의 단절로 지금의 우리는 잘 알 수가 없다. 그러나 고신도의 본래적 모습을
해명하려는 작업이 현상윤, 최남선, 신채호 등과 같은 국학자들에 의하여 수
행되어왔다.

단재는 김부식이 유교 사대주의 근성 때문에 한민족 고유의 고신도를
고의적으로 무시하였다고 비난한다. 우리가 역사적으로 사대주의를 어떻게
해석하든지 간에 김부식의 유교 사상이 국수적·민족적 자주정신을 결핍한
것은 사실이다. 그래서 어떤 점에서 그는 비난을 받아도 마땅하다. 그의 공

---

4)『三國史記』「新羅本紀」, 眞興王 條, "國有玄妙之道, 曰風流, 設敎之源, 備群仙史. 實乃
包含三敎, 接化羣生, 且如入則孝於家, 出則忠於國, 魯司寇之旨也, 虛無爲之事, 行不
信之敎, 周柱史之宗也, 諸惡莫作, 諸善奉行, 竺乾太子化也."

과를 도외시한다 하더라도 지금 우리의 입장에서 볼 때 유교가 민족 고유의 풍류도를 타락시켰다고 반드시 생각될 수는 없다. 왜냐하면 신라 화랑도의 사군이충(事君以忠)·사친이효(事親以孝)의 정신은 이미 유교 사상에 의하여 정리되고 세련·심화된 흔적이 있기 때문이다. 그런 점에서 유교가 단재의 생각대로 고신도의 정신을 전락시켰다고 여김은 지나친 독단이 아닌가 생각된다.

물론 조선의 유교국은 삼국 시대의 국가보다도 훨씬 적극적인 자주성이 희박하다. 그 원인에 대하여 내가 이미 논술한 바가 있다.[5] 거기에서 이성계의 '이소역대불가론(以小逆大不可論)'으로 시작되는 조선의 사대 정책은 자주적인 주체성의 전무라기보다는 오히려 고구려 옛 강토를 잃게 된 민족전사(民族戰史)에서 당한 열세에서 오는 불가피한 패배주의의 병리 현상으로 풀이함이 옳다고 천명했다. 조선이 원래 중국의 황제(천자)에게만 붙여지는 명칭인 조종법(祖宗法)을 사용한 것은 그래도 자주적인 국가 존립의 이념을 지녀보자고 한 소극적 주체성의 표현으로 보아야 한다. 그러므로 요컨대 유·불·도의 삼도가 고신도를 확대·심화시켰음을 우리는 인정하면서 그러한 동의 속에서만 비로소 단군조선에서부터 내려온 풍류도가 이해될 수 있음을 말하지 않을 수 없다. 물론 유·불·도 삼교가 이 나라의 민족정신 형성에 끼친 역기능을 무시할 수는 없다. 그러나 그 삼교가 남긴 빛나는 업적을 우리가 일부러 도외시함도 주체정신의 왜소화를 가져오는 위험을 범하게 된다. 왜냐하면 승려 신돈이나 유교인 김자점 등과 같은 추악한 한국인이 각각 불교와 유교의 배경에서 민족정기의 타락을 촉진하기도 하였지만 그래도 이 민족의 주체적 사상사에서 불교의 원효·의상·지눌이 있음을 부인할 수 없고 유교의 강수(强首)와 정암(靜菴)과 율곡이 정의와 진리 속에 살아 있음을 일축할 수가 없기 때문이다. 이런 점 저런 점을 고려하면서 우리는 민족의 고신도를 해명하여나가 보자.

현상윤은 『조선사상사』에서 단군조선의 조선됨을 제천사상(祭天思想)과 경

---

5) 이 책에 실린 「한국인의 불행한 의식」 참조.

천사상(敬天思想)임을 밝히고 있다.[6] 그 보기로서 그는 고구려의 동맹과 부여의 영고, 동예의 무천제(舞天祭) 등을 열거한다. 그리하여 제천·경천사상은 자연히 높은 데를 숭상하여 '천(天)'·'영아(嶺也)'·'지고무상(至高無上)'의 공간적 종교 형식으로 변천되었음이 그에 의하여 설명된다. 요컨대 경천 숭배사상은 곧 태양 숭배사상임을 뜻한다. 그런데 그러한 현상윤의 풀이로는 경천사상이 고대 한국 사회의 독특한 신앙이었다는 데는 그 논증이 희박하다. 왜냐하면 은족(殷族)이 비록 동방족(東方族)으로 해석되기는 하지만 그래도 은나라는 역시 중국의 역사에 해당된다. 그런데 그 은나라의 문화가 동방인의 것으로 중국의 이른바 동이족에 해당되는 지역에서 흘러들어간 문화임은 사실이다. 그리고 은허갑골학(殷墟甲骨學)의 정리로 인하여 은 무정(武丁) 때 수차례 걸친 동이 정벌의 기록이 밝혀졌음에서 단군조선과 은의 관계가 문화상으로 '이와 입술의 사이'였음을 우리가 추측하기 어렵지 않다. 그 은의 문화도 경천·제천사상으로 가득 차 있다. 그러면 같은 동부족(東部族)—주나라는 서부 하화족(夏華族)이다—으로서의 은과 조선이 같은 문화형(文化型)에 속하는 것은 사실인데 어떤 문화의 차이점이 두 나라 사이에 있는가 함을 더 따지지 않을 수 없다.

육당 최남선의 『불함문화론』은 이 점에서 우리에게 많은 가르침과 사고의 재료를 전하여준다. 육당은 무엇보다도 먼저 단군 신화에서 삼위(三危) 태백산(太白山)이라는 산 이름에 주의를 기울인다. 태백산이 현재의 어디인지 정확히 지적할 수는 없지만 실제로 이 강토에 존재하는지 않는지는 우리에게 별로 큰 문제가 아니다. 단지 태백산이라는 산명에 나오는 '백(白)' 자가 육당의 주의를 끌었다. 왜냐하면 조선, 이 강산에는 유별나게 '백' 자나 또는 그것에 비슷한 소리를 가진 글자가 너무도 상대적으로 많기 때문이다.[7] 현재 우리 강토에 북으로부터 시작하여 백두산, 장백산, 태백산, 소백산, 백운산, 백

6) 玄相允, 『朝鮮思想史』, pp.3-4.
7) 崔南善, 「不咸文化論」, 《新東亞》, 1972년 1월호 부록.

월산, 백암산, 백마산 등과 같은 산명들이 수두룩하다. 이러한 현상은 '백' 자가 태양을 신으로 하는 일종의 제천 의식을 상징한다고 한다. 그래서 육당은 "백(白) 자에 함축되어 있는 것은 그 종교사상 내지 전(全) 문화 과정의 핵심을 이루었던 것이다"[8]라고 언급하고 있다.

이어서 육당은 그런 '백' 자 연의(聯義)의 문화는 곧 '붉'의 문화로서 '붉'이란 단순히 태양의 광명만을 뜻함이 아니라 고의(古義)에 따라서 신이나 하늘을 내포한다고 주장한다. 그래서 고대의 신앙에서는 종교적으로 '하늘' 또는 그 인격형인 '하느님'보다 오히려 '붉' 또는 그것의 활동형인 '붉은(애)'이 태양을 숭배하는 성어(聖語)로서 많이 사용된 듯하다고 「해에게서 소년에게」의 시인이 주장한다. 그런 한에서 마한의 소도, 부여의 영고, 고구려의 동맹, 예의 무천, 백제의 사중지제(四仲之祭), 신라의 입추지제(立秋之祭. 한가위) 등은 모두 단군조선의 붉은애인 하늘님에 대한 제천의식과 무관하지 않다. 왜냐하면 그것들을 가로 이어가는 공통 사상은 곧 제천과 국조신(國祖神)에 대한 숭봉이기 때문이다.

그래서 육당은 단군과 몽고어의 'tongri', 그리고 한국어의 되ㄱ리(머리)가 다 같은 동의어임을 논증한다. 그래서 고신도의 신앙은 '되ㄱ리'가 곧 '되금'이요, '되금'(대감)의 정신이 곧 '붉'이요 곧 '백(白)'이니, '박(朴)'은 곧 '붉은'의 사의(寫意) 또는 역자(譯字)로 이어지게 된다. 이러한 견해는 신라의 '화랑'도 '붉은애'로 해석하며 또 그 시세(時世)를 불구내(弗矩內, 붉뉘)라고 본다. 그렇게 보면 곧 최치원의 증언으로 알려진 선사(仙史)에 기록된 풍류도는 곧 '붉'의 정신, '되금'의 정신을 생활화하는 '붉은애'의 기상을 뜻함과 같다.

그런데 육당은 명실 공히 민족 현대사의 박학(博學)이다. 그가 박학하기에 그는 자기의 불함문화의 주장을 한반도에 집중시켜 그 초점을 고정시키지 않고 널리 중앙아시아까지 불함문화권의 인자(因子)를 확대시킨다. 그러나 초점이 넓어지면 그만큼 사물은 흐려진다. 그래서 우리는 최남선의 이론에

8) 같은 책, p.107.

서 고신도의 군살 없는 정수가 무엇인지 잘 모른다. 도대체 '난랑비서」에 적혀 있다는 '현묘지도 접화군생' 8자의 알맹이가 무엇일까?

이에 우리는 육당에서 다시 단재로 우리의 눈을 돌려보자. 단재, 이 민족의 찬란한 애국자는 우선 최치원이 말한 '선사(仙史)'에 대하여 그 '선(仙)'이란 노장의 도가사상에서 나온 신선(神仙)의 개념과 다름을 말한다. 단재는 선인(仙人) 또는 국선(國仙)이라 할 때의 '선'은 선인(先人) 또는 선인(仙人)과 같은 범주에 속하는데 그 선인(先人) 또는 선인(仙人)은 순 우리말의 발음인 '선인'에서 한자로 음역(音譯)된 것임을 주장한다.9) 그 주장에 대한 실증적인 증거들로서 신채호는 「최영전(崔塋傳)」, 서긍(徐兢)의 『고려도경(高麗圖經)』, 『통전(通典)』, 『신당서(新唐書)』 등을 든다. 이 자료들을 종합하여 그는 고구려에 '조백선인(皂帛先人)'이라는 낭도(郞徒)가 있었고 그들은 충군애국(忠君愛國)하는 고구려의 종교적 무사단(武士團)임을 밝히고 있다. 그래서 고구려의 조백선인이 바로 국선이요, 그들의 정신이 바로 신라의 화랑정신과 같이 고신도를 숭상하는 민족정신의 고유한 주체 세력임을 『조선상고사』의 저자는 밝히고 있다. 조백선인은 비단으로 허리띠를 두르기 때문에 '조백(皂帛)'이라 하고, 도로를 청소하고 성곽을 축성하며 공공의 사업에 힘을 쓰되 만약에 외침이 있으면 일치단결하여 임전무퇴의 용감한 기상을 발휘하였다고 한다. 그리고 단재는 '仙'은 '先'의 음역이고 또 '先'은 '선'의 음역인 까닭에 바로 우리나라의 고유한 말인 '선비'는 곧 고신도를 숭상하는 붉은애의 무리들이라 한다. 그래서 '단군은 선사(仙史) 가운데서 첫 선비'임을 뜻하게 된다.10)

결국 경천애인·홍익인간의 종교 사상은 '붉'을 실천하는 '붉은애'의 정신인데 그 '붉은애'의 정신이 앞의 세 학자들의 의견으로 일이관지(一以貫之) 하면 바로 선비도로 통하게 된다. 따라서 풍류도는 곧 선비도이다. 여기서 선(仙)에 관한 의미에 관하여 일부의 사학자와 철학자들이 도가 사상의 한국화

---

9) 申采浩, 『朝鮮上古史』(『丹齋申采浩全集』上, pp.38-39).
10) 같은 책, p.379.

임을 주장하지만 그 주장은 근본과 둘레를 뒤바꾸어놓는 이론이라 아니할 수 없다. 왜냐하면 『삼국사기』에 기록된 최치원의 증언을 존중하면 먼저 선사(仙史)가 있었고 거기에 유·불·도의 삼교가 유입되어 선사의 선비도가 더욱 확대·심화의 재생산 과정을 밟았기 때문이다. 그러므로 도가의 선(仙)과 고신도의 선(仙, 先)을 혼동해서는 안 될 것 같다.

우리는 보통 선비라 하면 그릇된 역사에 투여되어서 한시나 읊으면서 자구나 수식하는 사장적(詞章的)인 문약한 지식인으로 생각하기 쉽다. 그러나 그러한 모습이 진정한 선비의 형용은 아니다. 한국의 선비도는 경천애인·홍익인간의 진리관을 섬기면서 학문을 통하여 진리를 생활화하고(이것이 일본의 무사도와 완전히 다르다) 나라가 무력 침략을 당하면 생사를 가벼이 하며 속무(俗務)와 세정에 구애받지 아니하는고로 전쟁에 나아가 용감하고 늘 하늘의 빛을 두려워하는 청천백일의 제천 영혼을 지님에서 빛냈다.

신채호의 말처럼 단군이 한국 최초의 선비라면 을지문덕과 을파소도 선비요, 원효와 김유신도 선비며, 왕인과 계백도 선비요, 강감찬과 정지상도 선비고, 세종과 이순신과 이이도 선비다. 환웅이 환인으로부터 삼부인(거울, 칼, 방울)을 받았음은 곧 선비도를 받았음과 마찬가지다. 거울은 향내적 숭문(崇文)의 정신이요, 칼은 향외적 상무(尙武)의 기질이며, 방울은 숭문숭무(崇文崇武)의 선비 마음이 청천 백일하에 부끄러움이 없도록 비는 선비의 신앙을 상징한다.

단재의 이론처럼 삼국의 멸망 이후 민족정신이 문약의 비겁한 골짜기로 빠져 들어간 흔적이 세월이 흐를수록 더욱 심하여진 경향이 있음이 사실이다. 고구려보다 고려가 더 문약하였고 또 고려보다는 조선이 더 문약하였다. 조선은 숭문억무(崇文抑武) 정책을 택함으로써 선비의 정신을 왜곡되게 생각하도록 한 과오를 범했다. 그렇다고 하여 단재와는 반대로 유교의 정신이 이 민족 역사에 남긴 불멸의 영광을 우리가 무시할 수도 없다. 그렇지 않으면 단재가 한국사의 단절을 통탄하였지만 바로 이 애국자가 또다시 조선사와 현대사를 단절시키게 되리라.

풍류도인 선비도가 이 민족을 오랜 새벽부터 '현묘지도·접화군생' 하였듯이, 불교는 열반정숙(涅槃靜寂)·무애자재(無碍自在), 유교는 적연부동(寂然不動)·감이수통(感而遂通), 도교는 허이불굴(虛而不屈)·동이유출(動而愈出)로 각각 이 민족의 정신 속에 주체화되었다. 김자점·이완용이 선비일 수 없듯이 이일(李鎰)·원균이 선비일 수 없다.

상무정신을 반드시 오늘날 전쟁에서의 용기로서만 좁게 해석하여서는 안 된다. 상무정신은 실천력과 행동력 있는 무실역행(務實力行)의 기질로서 현대적으로 확대 해석됨직하다. 오늘의 우리나라에서 문인은 거의 교활하거나 문약하거나 아니면 공리공담(空理空談)에 자신도 모르게 젖을 병리 현상을 지니고 있고, 무인은 거의 무식하고 거칠어서 새 문화 창조의 작업에 참여할 수 있는 슬기를 결핍하고 있다. 이론과 지식, 행동과 실천의 괴리는 고려 무인 집권의 새로운 재현을 가져오게 하지는 않을는지?

근원에서는 같았던 물이 지형의 다름에 따라서 두 개의 강으로 분류된다. 그러나 따지고 보면 그 원류가 같은즉, 원류가 단절되지 않을 때 두 강은 둘이면서도 하나다. 이 나라의 선비들은 누구뇨? 광개토왕, 문무왕, 고려 태조, 세종, 을지문덕, 김유신, 계백, 충무공, 임경업, 원효, 의상, 퇴계, 율곡, 다산, 반계, 도산, 백범, 단재, 그들 모두가 이 나라의 선사에 적혀 있던 풍류도의 화신들이다. 그들의 정신을 잇는 새 시대의 선비도는 무엇을 해야 할까?

제4부

한국 철학사상의 새로운 운동과 주체성의 탐구

세속의 진리만을 밝히고 절대적 진리를 밝히지 못하면 유일변(有一邊)으로 치우치게 되고, 절대적 진리만을 밝히고 세속적 진리를 밝히지 못하면 공일변(空一邊)으로 치우친다. 두 진리를 합명(合明)함은 '유'와 '공'의 두 변을 떠나 어느 쪽에도 치우치지 않으므로 중도(中道)라고 하는 것이다._고구려 스님 승랑(僧朗)

1. 구체철학의 새로운 운동

도대체 철학이 무엇이며 또 철학자는 무슨 쓸모가 있는가? 아마 여러분은 철학을 전공한 내가 이와 같은 회의적인 물음을 던졌을 때 이상하다고 아니 느낄 수가 없으리라. 그러나 그것만이 전부가 아니다. 개화기 이후부터 또는 범위를 더 좁혀서 광복 이후부터 한국의 철학은 무슨 구체적 기여를 이 나라에 하였으며 또 철학자들은 무슨 일을 하여 왔는가?

이렇게 머리말을 이끌어냄은 철학이라는 것이 사전적 뜻으로 어떠어떠한 것이며, 따라서 철학자는 무슨 일을 하는 사람들이라고 대중이나 일반 독자에게 설교하기 위한 것이 아니다. 오히려 그런 뜻이라기보다 철학을 공부하는 나 자신을 포함하여 한국의 철학인들에게 뿌리 깊이 박힌 고질화된 병과 무능을 파헤쳐 반(反)철학적 생각을 다 같이 배움에 그 목적이 있는 것이다. 여기서 나는 루소의 저서인 『고독한 한 산보자의 꿈들』 속에 나오는 구절을 생각한다.

나는 나보다도 훨씬 박식하게 철학을 하는 사람들을 알고 있었다. 그러나 그들의 철학은 말하자면 그들에겐 낯선 것이었다.

광복 이후 계속된 우리의 철학계는 일반적으로 말하여 철학적 용어의 진열로서 철학 용어의 전문적 기술만을 해설하는 기술이었다. 그리하여 서구 사상에 대한, 미국 사상에 대한, 한국 및 동양 철학에 대한 학설들의 그러그러한 식의 전문적 철학 용어의 집합이 그동안의 우리네 철학 풍토임은 해방 후 나온 이른바 철학 논문 및 철학적 논설을 한 번 훑어보면 그것을 긍정하기가 별로 어려운 노릇이 아니다. 그런 점에서 살펴보면 우리나라에는 그동안에 철학적 정신은 희미하였고 오직 강단 철학 강의만이 있었음을 우리는 알 수 있다. 그리하여 강단 철학 강의는 세대와 세대로 이어져 내려오면서 부분적인 형식은 어느 정도 수정되었지만 강단 철학 교수들은 그들이 강의하는 철학적 문제들이 어디서 연원되는 것인지를 점점 물어보려고 하지 않았고 대학가의 처세술 형식 아래서 그들이 생각하는 것과는 다르게 생각하고 그들이 느끼는 것과는 다르게 느끼고 다르게 말을 쓰면서 새로운 문제를 정립하려는 태도마저도 은연중에 방해를 하거나 금지시켰던 것이다.

광복 후 지금까지 4반세기가 지나가는 동안에 우리의 조국은 많은 상처와 고통과 혁명의 소용돌이를 겪어왔다. 그러나 전문적인 강단의 철학교수들은 그동안에 거의 기와집에 앉아서 변천과 혁명을 알았을 뿐이지 그 이상의 아무것도 없었다. 그뿐만 아니라 이 민족을 문제 삼는, 이 민족을 구체적으로 생각하는 지적 사상은 슬프게도 철학교수들에 의하여 이루어진 것이 아니고 대부분의 고생하는 문인이나 소설가들에 의하여 수행되었다. 그러하건만 이상스럽게도 이 나라의 지성과 양식은 아직도 철학자들에게 새로운 삶을 개척하려는 민족적 방향을 맡기려고 하고 있고 또 하루 빨리 그들의 그릇된 문제 해명에서 벗어나서 새롭고 참신한 정신의 생활화를 창조하도록 기대를 걸고 있다.

이러한 나의 주장에 대하여 일부분의 강단 철학교수들은 다음과 같이 반박할 것임에 틀림없으리라. 즉, 우리도 그러한 철학적 고민을 모르는 바는 아니다. 그러나 철학은 아무렇게나 되는 생각이 아니고 개인의 기분이나 임의의 자의에 빠지지 않도록 엄밀한 학문적 수련이 이루어진 다음에야 비로소 그러한 고민에 접근하는 것이 학문적 양심이 아니겠느냐?

이러한 가상적인 반론에 대한 나의 답변이 있을 수가 없다면 나는 이 글을 쓰려고 하지 않았을 것이다. 나의 답변은 다음에 곧 이어서 나올 것이다. 그러나 우선 '임의적 자의에 빠지지 않기 위하여'라고 하는 구실이 갖고 있는 공포증에 대하여 말을 아니 할 수가 없다. 우리 한국의 철학 풍토─서양 철학의 경우를 한정하면─는 아직도 헤겔의 철학에 의하여 많이 지배되고 있다. 대부분 헤겔의 철학을 전공하며 또 그의 모든 철학 체계와 사색 풍토를 이상으로 생각하고 있는 것이다. 여기서 내가 헤겔을 끄집어냄은 그의 사상을 트집 잡자는 것도 아니고 또 그의 사상을 개인적으로 배척함도 아니다. 아니 나 역시 헤겔의 철학을 좋아하는 학도다. 그러나 헤겔의 철학이 지금 시대에 와서 임의의 자의에 빠진 점도 한둘이 아니라고 누가 부인할 수 있는가? 더욱이 그의 철학이 철학사에 나타나는 현대의 다른 군소 철학자들보다 덜 자의적이라는 보장이 어디 있는가?

자의에 빠지지 않기 위해서라는 구실은 순간적인 변명에서 솟는 것이 아님은 물론이다. 그 까닭은 대부분의 철학인들은 그들의 학문이 주는 내재적 타성에 의하여 전체를 전부 말할 수가 없으면 부분적으로 어떤 것에 관하여 말할 수가 없는 것으로 생각하는 버릇에 깊이 젖어 있기 때문이다. 그러나 대부분의 비철학인들은 그러한 철학자들의 태도와는 반대로 몇 가지 어떤 것에 대하여 말할 수가 있다면 만족한다.

그런데 모든 철학인들이 다 그러하였던 것은 아니다. 소크라테스는 결코 온전히 전체를 전부 말하려고 하지 않고 중요한 어떤 것을 말할 수 있음에서 만족하였고, 공자나 맹자도 결코 전체를 추상적 언어 속에 집약하여 말하려고 생각지도 않았다. 마찬가지로 헤라클레이토스도 전체에 관하여 말할 수 있으려고 기도하였을 뿐이지 결코 전체를 언급하려고 생각하지 않았다. 그런 한에서 철학을 하는 시원적 조건은 단지 확실하게 느끼고 생각하고 믿는 것만을 진실하게 이야기함에 있는 것이지 전체의 전체에 관하여 확실한 확증이 설 때까지 침묵으로 기다려야 하는 것이 아님이 아닌가! 기하학적 방식으로 모든 것을 전부 다 증명하기를 바랐던 스피노자도 신과 세계에 관하여 전부 다 말하지 못하였으며 역사에 관하여 빠뜨리지 않고 온전히 체계와 설명화를 기도하였던 헤겔도 역사의 전부를 말할 수는 없었다. 그러나 관념론의 병리에 깊이 젖은 철학인들은 아직도 전체의 전체를 한꺼번에 말할 때를 기다리며 학문적 수련을 쌓는다고 스스로 다짐한다. 이것이 관념론자들의 병이다.

철학을 구체적으로 생각하는 사람의 눈에는, 철학한다는 것은 철학하는 사람이 아직 한 번도 가본 적이 없고 무기력하게 경영하도록 방임하여놓고 자기는 멀리 떨어져서 단지 경작지의 소유자로 생각하는 사람과 같은 방식으로 모든 것을 인식하는 것은 아니다. 그러면 언필칭 강단의 철학교수들이 주장하는 엄밀한 학문적 수련이라는 것은 무슨 뜻이 있는가?

누구든지 철학사에 조금이라도 소양이 있는 사람이면 17세기나 18세기 서양을 지배하던 대부분의 철학적 문제들은 그동안 물리학이나 정신분석학이나 경제정치학이나 역사학이나 생물학이나 기타 역사적 사건에 의하여 해결되었거나 또는 그것들에 의하여 이미 가루가 되었다는 것을 알고 있다. 그럼에도 불구하고 우리의 강단 철학 강의에서는 엄밀한 철학적 학문과 그것의 인식 이론을 논한다는 이름 아래 칸트의『순수이성비판』을 불변의 진리인 양 가르치고 있다. 칸트의 그 책이 불멸의 고전임에는 틀림없지만 그것이 불변의 진리는 아닌 것이다. 현대 물리학과 수학 이론에 의하여 칸트의 이론은 대폭 수정되어야 한다. 사정이 이러하다면 엄밀한 철학의 학문적 수련이란 오히려 객관적 지식의 정확한 전수도 제대로 수행하지 못함에서 더욱 비참하여진다.

그렇다고 하여 내가 한국 철학의 풍토와 기후를 이광수의『흙』과 같이 대중 계몽, 대중적 교양으로 그 성격을 바꾸어야 한다고 주장하는 것과는 거리가 멀다. 춘원의 문학 작품은 아직도 현대 소설 장르에 속하기 때문에 대중뿐만 아니라 지식인들도 읽고 평론한다. 그러나 개화기의 신소설인『혈의 누』나『자유종』같은 것들은 그것들이 국문학사에서 어떤 의미를 지니고 있기 때문에 거론될 뿐이지 결코 오늘의 지식인들에게 산 소설로서 평가받지 못한다. 마찬가지다. 오늘날 한국의 어떤 철학자들은 거의 위에서 말한『혈의 누』나『자유종』같은 스타일의 철학적 에세이를 즐겨 써오고 있다.

그런데 위의 신소설들은 그때에는 신문화에 심취하는 교양 대중뿐만 아니라 신문화에 앞장서 온 지식인에게도 공감이 간 내용이요 정신이었다. 그것으로서 신소설의 의의는 역사상에서 큰 것이다. 그러나 지금 전집류로 나오는 이른바 철학적 에세이는 개화기 시대에 신소설이 담당하였던 역할만큼 큰 비중을 사상적으로 수행하지 못하고 있다. 그 이유를 두 가지로 분석할 수 있는데 그 하나는 현대의 우리 사회가 신소설 시대와는 비교가 안 될 정도로 사회 제도와 인간의 의식 구조가 복잡하며, 또 다른 하나는 그러한 에세이 필자들의 지성적 각도가 복잡하게 얽힌 구조적 사회의 현실과 대응되지 못하고 있기 때문이다. 예를 들면 그들 필자들은 배금주의가 팽배하는 이 사회에서 윤리의 부재, 정직의 부재, 성실성의 부재를 탓한다. 그러나 그들이 탓하는 부재 현상은 상식인도 이미 알고 있는 그런 문제다.

요컨대 점잖은 사람의 기품으로 쉽게 그런 부재를 한탄함은 진실로 그 이름을 받을 만한 가치가 있는 철학자의 능사가 아니다. 무엇 때문에 어떻게 해서 윤리 부재의 현상이 생겼으며 또 그것을 초극하기 위하여 어떤 변혁을 구체적으로 하여야 하는가에 대한 심각한 창조적 고찰이 없다. 그들은 철학자가 지녀야 할 개척자적인 천재의 기질을 너무 무시하고 있다. 그래서 그들의 철학적 에세이는 오직 교양적 속물의 독서 취향에만 호흡의 일치를 볼 뿐이다.

내가 일전에 어느 대학의 철학교수와 환담을 하는 가운데 나는 귀국 후

수년 동안에 거의 철학 서적을 탐독하지 않았다고 말한 적이 있었다. 그때에 그는 놀라운 표정을 감추지 않으면서 그러한 태도는 철학자의 할 짓이 아닌 것으로 여기는 듯하였다. 그러나 내가 생각하기에, 아주 확증적 태도로써 철학자가 이른바 전문적인 철학 서적만을 읽는 경우에 그는 결코 철학자가 될 수 없으리라. 그리고 한국의 대부분의 철학인들은, 내가 아는 바에 의하면 잡지—외국 것이든 국내 것이든—를 읽지 않는 것으로 유명하다. 잡지라는 것이 문자 그대로 잡것이기 때문에 천하게 여겼기 때문일까? 물론 국내에서 나온 잡지들 가운데 대부분은 월간신문같이 얄팍하고 저질적인 정치 뉴스 일변도의 월간지가 대부분이다. 그러나 모든 것이 다 그런 것은 아니다. 잡지는 한 시대에 있어서 타인의 지적 경험, 타 분야의 문제점들을 흡수하는 데 최선의 도구다. 내가 그동안에 경제학과 정신분석학과 동양학에 관심을 가지고서 그 방면들의 책을 주로 탐독하였다는 것은 경우에 따라서 잡지를 통해 훌륭한 글들과 문학 작품을 읽는 것과 다른 것이 아니다.

사실상 정직하게 생각하여 보자. 철학자들은 그 깊이와 넓이에 있어서 그들이 극복하였다고 주장하는 다른 사람들의 이론에 의하여 종종 반박을 받게 되는 것이다. 내 자신 스스로 철학을 하는 몸이지만 지난 한 세기 이후로 특히 도래된 위대한 철학적 변혁들은 거의 경제학자들에 의해서거나 또는 자연과학자들에 의해서거나 또는 수학자나 의사들에 의하여 이루어진 것임을 고백하지 않을 수 없다. 나의 이런 주장을 수긍하는 철학인들은 아마도 과학철학을 전공한다는 사람들에게 많을 것이라고 나는 상상한다. 그러나 내가 생각하기에 이른바 과학철학자들은 사실상 과학을 하고 철학을 포기하여야 함이 온당하다. 과학의 성과를 분석하고 그것을 평가한다 함은 아름다운 주장인 듯 느껴지나, 따지고 보면 과학의 모든 이론 자체가 실험이요 분석이요 그에 따른 평가이니 거기에 무슨 철학적 평가라고 함은 완전히 군더더기에 불과하다.

헤겔이 철학자를 비유하여 '황혼에 날아다니는 부엉새'라고 하였는데 그러한 비유를 헤겔의 세계에서 해석함이 아니라 새로운 부대 속에 집어넣고 보면 사실 철학자들은 가끔 이상으로 '황혼에 나는 부엉새'처럼 우리 사회에 쓰이는 속어로 '형광등' 노릇을 하였던 것이다. 근대와 현대에 와서 철학자들은 전체의 전체를 알려는 체계의 관념적 신화에 사로잡혀 앞에서 언급된 지적 변혁에 적극적 기여도 하지 못하였거니와 또 대부분의 경우에 그러한 지적 변혁을 이해하는 데 아주 힘이 들었던 것이다. 그뿐만 아니라 실존주의적 사생관(死生觀)과 그것의 의미도 실제적으로 철학자들에 의하여 꽃피었다기보다는 오히려 문학인들에 의하여 번창하였던 것이다.

한국적 철학과 사상의 새로운 운동을 생각하면서 내가 철학인 가운데 철학적 문헌학자와 철학적 사상가를 혼동하는 것은 아니다. 철학적 사상가는 그의 작품이 학문이자 사상으로 견고히 성립하기 위하여 철학적 문헌학자의 도움을 받지 않으면 안 된다. 위대한 문헌학자가 없는 곳에 위대한 사상가가 탄생할 수는 없는 것이다. 그러나 여기서는 문헌학자의 가치와 그것의 현실적 위치는 약하기로 하자. 또 그것은 사실상 내가 다룰 수 있는 능력을 초월하고 있는 것이기도 하다.

그러면 한국 철학의 새로운 운동과 모색을 위하여 철학인들은 무엇에 신경을 쓸 필요가 있는가? 만약에 우리가 철학과 형이상학을 현실적으로 있는 것의 의미를 밝히는 것이라고 여긴다면 철학과 형이상학이 현실적으로 실존하는 것을 뛰어넘어 자신을 정립시킬 필요는 없는 것이다. 전문적이고 기술적인 형이상학으로 들어가기 전에 소크라테스나 플라톤, 공자나 맹자 등은 비철학인의 지성과 마찬가지로 먼저 정치에 대하여, 모럴에 대하여, 예술에 대하여, 사랑에 대하여, 그리고 그 시대의 궤변들에 대하여 말할 수가 있었다. 바로 그런 까닭으로 말미암아 그들의 형이상학은 날조된 관념에 의하여 대치된 것이 아니라 낱말의 파스칼적인 뜻에서 '섬세의 정신'과 '기하학적 정신'을 아울러 가지고서 참다운 지성적 초월을 수행할 수 있었던 것이다.

하이데거는 그의 저서 『숲길(Holzwege)』에서 예술 작품의 기원을 다루고 있다. 그와 동시에 하이데거는 반 고흐의 그림 〈농부의 신발〉을 분석한다. 하나의 신발이란 물론 도구로서, 하이데거에 의하면 현존재(Dasein)로서의 인간을 위한 하나의 존재자(Seiendes)이다. 그러나 반 고흐가 그린 그 신발은 그 자리에 고독하게 놓여 있기에 농부의 세계를 열어 밝히고 또한 우리에게 농부의 무거운 걸음걸이, 기름진 땅, 힘겨운 노동, 시골의 고독을 현존케 한다고 하이데거는 풀이한다. 한마디로 그에 의하면 예술 작품은 진리가 솟아오르도록 하는 것이다. 그런데 어찌 하이데거의 눈에 비친 고흐의 그림만이 그러하랴? 며칠 전 덕수궁에서 밀레의 그림 전시회가 있었다. 밀레의 그림 속에서 우리는 자연의 신비스러운 현존의 종교적 분위기—현대 도시인이 거의 망각한—를 느낄 뿐만 아니라 현실의 저항 많은 실재와 싸우는 노동자와 농민의 피로와 무거운 발걸음을 수다스럽지 않은 침묵의 공간 속에서 강렬한 농도로 느낄 수 있었다.

일반적으로 하이데거는 예술 작품을 존재의 개시(開示)라는 의미 연관 아래서 이해하고 있다. 그런데 존재, 하이데거적인 존재가 과연 무엇이냐 하는 물음에 하이데거가 자신도 구체적인 언급이 없었고 나 자신도 무엇이라고 지적하기가 곤란하다. 그렇다고 하여 존재의 기분과 분위기를 전혀 이해할 수 없다는 생각과는 다르다. 그런데 문제는 하이데거가 횔덜린의 시나 고흐의 그림을 통하여 존재를 이해하려고 하였다는 사실이 우리의 한국 철학인들에게 매우 개시적인 의미에서 농축을 지니고 있다. 왜냐하면 하이데거적인 존재는 관념의 추상 세계에서 솟은, 이른바 여러 가지 자물쇠에 다 통하는 열쇠가 아니기 때문이다.

프랑스의 경제철학자인 에밀 프루동이 있었다. 그는 "슬프다! 지식인들은 너무 경박스럽다"고 한탄하였다. 그런데 이러한 탄식은 우리 한국의 지식인들에게 지독하리만큼 정확하게 적용되는 듯하다. 이러한 관념적 유희의 풍토에 대하여 한국의 철학인들은 끊임없는 의식으로서 각성하여야 한다. 프루동은 이어서 인민은 성실하다고 말한다. 프랑스의 프루동뿐만 아니라 현대 한국의 함석헌 옹도 인민과 백성을 '씨올'로 보면서 그들은 진지하다고 외친다. 그런데 그러한 프루동의 주장이나 함석헌 옹의 외침도 불행히 오늘날에 와서 이미 진실이라고 받아들이기 어렵다. 왜냐하면 '씨올'이든 인민이든 모두 현대 사회생활에서 불가피하게 거의 퇴폐적이고 부패된 라디오나 속물 일간 및 주간지의 노예가 되어버렸기 때문이다.

물론 민심즉천심이라는 우리나라의 뿌리 깊은 의식구조에서 보면 그럴 법도 하다. 그러나 그러한 의식구조는 '씨올'이나 인민이 모두 다 자기 자신으로 존속하고 머무르는 한에서만 가능하며 또 그런 조건에서만 인민은 진실할 수 있는 것이다. 더욱이 우리의 현실에서 볼 때 '씨올'들은 점점 그들의 생활구조와 의식을 부르주아풍으로 닮아가려고 하는 현실에서 진지한 인민 또는 참된 '씨올'이란 거의 관념적 인상에 불과하게 된다. 생활양식의 부르주아화란 어떤 점에서는 불길한 요소가 없지 않고 또 다른 점에서 보면 그러한 부르주아화는 바람직스러운 것이기도 하다. 왜냐하면 그러한 태도는 각자의 생존 조건의 개선에 직결되기 때문이다. 그런 점에서 구체철학은 의식구조의 부르주아화에 대한 비극적인 이율배반 앞에서 큰 시련을 받게 되며 그러한 이율배반적 성격을 어떻게 극복해야 할 것인가를 쉽게 풀 수 없다.

지금까지 우리의 철학 풍토를 비판하고 그것의 비생산적 전문성과 그와는 정반대로 대중적 교양성을 지양하여야 함을 말하였다. 특히 한국의 현 실정을 감안하면 대중적 교양성이 전혀 무의미한 것은 아니로되, 거의 부르주아적 생활의 외부적 장식용이 될 위험이 큰 것이다. 그렇다면 새로운 한국적 철학과 사상이 헤쳐 나가야 할 신풍운동(新風運動)으로서의 구체철학은 어떤 원리에서 움터야 하는 것일까?

원리상으로 보아서 대개 그 이름을 받을 만한 가치가 있는 철학자들은 특수적인 것과 보편적인 것 위에 동시적으로 작용하면서 가능하면 모든 것을 보편적인 말 속에 형성시키려고 하여왔다. 그것을 본받아서 우리의 구체철학도 그러한 원리의 이념에 따르지 않을 수 없다. 그러나 철학자들이 즐겨 쓰는 보편성이라는 이름 밑에 구체철학이 사기당하지 않을까 하는 조심성을 언제나 지니고 있어야겠다. 왜냐하면 하나의 보편성은 그것이 흘러나온 연원으로서의 특수적인 것에 조예가 깊고 또 잘 정통한 사람들에 의하여 이해될 수 있어야 하기 때문이다. 더구나 하나의 철학적 체계─넓은 뜻에서─는 무엇보다도 먼저 암시의 체계이기에 그러한 암시의 체계가 가리키는 현실과 이해 불통한다면 그 의미를 잃어버리게 되며 철학 용어가 사용한 보편성의 뒤안길에서 그러한 보편성이 실재적으로 문제시하여왔던 특수성을 이해하고 파악하는 데 기여할 수가 없다면 그 철학은 아무런 쓸모가 없기 때문이다. 거기에 더하여 그러한 쓸모없는 추상 이론은 현대 한국 사회에서 자기도 모르는 사이에 심각한 악을 조장시킬 우려가 없는 것이 아니다. 이러한 우려는 철학자 마르셀의 말에서 비롯된다.

인간 일반이 자연의 주인 노릇을 많이 하면 할수록 특수 인간은 사실상 그만큼 그러한 정복 자체의 노예가 된다.

여기서 가브리엘 마르셀의 인용을 새로운 의미로 대치시키면 인간 일반이란 사회의 지배적인 인간으로서 편안한 관념의 생활을 하는 자요, 특수 인간이란 곧 그러한 안락한 관념의 지배 세계에서 잊힌 사람들이다. 그와 함께 자연을 현실이라는 뜻으로 탈바꿈시키면 곧 추상 이론으로 모든 현실의 진리를 담는다는 것은 바로 무거운 현실의 저항과 그것이 주는 중압감에 거의 짓눌리려는 사람들의 한숨을 무의미한 것으로 생각한다는 것이다. 철학사에서 가장 익살꾼은 볼테르다. 그는 그의 『철학사전』이라는 책 속에서 어떤 풍자든 서슴지 않고 하였다.

존경하는 말브랑슈 신부님이 말씀하신 성자와 친숙하게 대화하는 동안에 대지는 오직 그들의 생존만을 위하여 싸우며 어떠한 형이상학적 관념도 가지고 있지 않은 두 발 달린 짐승들로 가득 차게 되었다.

볼테르의 익살을 여기서 인용함은 말브랑슈의 철학을 비꼬자는 것이 아니다. 내 개인의 의견을 진술하면 말브랑슈의 사상은 현대적으로 데카르트보다 훨씬 더 배움을 많이 주는 풍부한 것이라 본다. 단지 볼테르의 말은 추상적 개념의 장난에 대한 메스꺼움으로 받아들이면 좋으리라.

　도대체 철학이 무엇이며 철학자는 무슨 쓸모가 있는가? 이러한 질문은 이 글의 시작과 더불어 도입된 말이다. 지금까지 전개된 이 글의 내용을 훑어 종합하여 미완결적인 답변을 할 필요가 있다. 그러한 도입된 물음은 곧 철학의 사명을 말함을 강요하는 것인데 철학의 사명은 철학사의 각 시대의 산 철학을 음미하여 보면 두 가지로 나뉜다고 볼 수 있다. 첫째로, 철학은 과학을 스스로 대신하는 학문도 사상도 아니고, 과학의 의미를 인간의 삶에 적용시켜 그것의 의미를 생각하는 것이다. 따라서 그러한 철학은 과학의 예비적인 지식과 정보에 근거한 반성의 문제를 중요시하지 않을 수 없다. 다음에 두 번째로, 철학은 나 자신의 정보와 경험의 한계 안에서 나 자신의 실존의 의미와 관련하여 나에게, 나의 주위에 일어나는 것들의 의미를 분석하고 생각하며 그러한 의미를 구체적으로 정립시키는 일을 수행하게 한다. 그리하여 지금 내가 실존적으로 살고 있는 바탕으로서의 나의 분위기에 대한 의미를 첫 번째의 뜻인 과학의 지식과 결부시켜 밝혀야 하는 것이다. 그래서 그러한 해명 속에서 역사의 의미, 예술의 의미, 모럴의 의미가 이 시대에 구체화되는 것이다. 만약 그렇지 않다면 철학은 편안한 생활을 하는 자들의 자기 장식이며 단지 고상하고 비생산적인 개념의 유물로 전락하여 희극작가 몰리에르의 풍자처럼 형상과 형식을 구별하여야 된다고 어리석은 한 양민에게 핏대를 올리는 희화(戲畵)로 채색될 것이다. 그렇다면 철학이라는 것의 사명은 엥겔스가 포이어바흐의 연구에서 선언한 것처럼

　　그렇게 정립된 철학의 사명은 특수한 철학자에게 인류 전체가 그의 진보적 발견 속에서 수행할 수 있는 것을 실현하도록 요구하는 것 이외에 다른 것일 수 없다.

라는 이데올로기로 끝나야 하는 것인가?

2. 현실의 이데올로기와 주체성의 탐구

저 편에서 나온 마지막 질문이 이곳에서 다루어질 것을 기대하며 우선 나 자신의 한 조그만 경험을 이야기하겠다. 몇 달 전 나는 어느 대학원 사회학과에서 '현상학과 사회학'이라는 제목 아래 특강을 한 적이 있다. 특강을 마치고 어느 학생이 나에게 질문을 하였다. 그 학생은 그동안 발표된 나의 글들을 읽었음을 말하면서 나의 글들 속에 전개된 내용 가운데서 하나의 큰 불만을 지적하였다. 그러한 그 학생의 지적은 사실상 타당성이 있는 것이다. 즉, 나의 글들 속에 도대체 어떻게 행동하여야 할 것인가에 대한 이데올로기적 강령이 없다는 것이었다. 사실 그러함을 수긍하지 않을 수 없다. 그러한 질문에 나는 다음과 같이 답변하였다. 즉, 나의 발표된 글들을 시기적으로 살펴보면 어떤 변화가 있는데 그 변화는 점점 더 추상적 관념의 것에서 구체적 현실의 것으로 가까워지면서 행동 강령을 인정하려는 추세다.

사실상 내가 철학에 관심을 가지면서 내 나름대로 매진할 때 가장 나에게 많은 영향을 준 사상가는 현대 프랑스의 가브리엘 마르셀이다. 그런데 이 사상가는 그의 세기를 살아가는 동안에 몇 가지의 이데올로기에 의하여 도발된 전쟁과 살육에 상처를 받았다. 그래서 그는 그의 모든 저술에서 이데올로기에 사로잡힌 '열광된 미친 의식(la conscience fanatisée)'에 대한 다함이 없는 경고와 그것의 새로운 도래가 가져다줄 위험성을 예고하고 있다. 미치고 열띤 의식은 단순한 자기 의식의 상태에 머무르는 것이 아니라 자기 의식과 다른 것에 관계하는 의식의 활동이기에 무서운 것이다. 그런데 미치고 열띤 자는 자기 자신이 열광적으로 미쳤다고 생각하지 않고 오직 다른 사람들에 의하여 그렇게 평가받기 때문에 열광주의자는 언제나 자기가 다른 이들에 의하여 업신여김을 받고 몰이해를 당한다는 생각에서 매우 공격적인 행동으로 표출된다. 그래서 대부분의 열광주의는 종교적 형태를 취하게 된다. 그렇다고 하여 참 종교가 곧 열광주의의 온상이라는 것과는 거리가 멀다. 그런데 우리가 플라톤의 철학이나 맹자의 철학에 영향을 받아서 진리는 곧 사랑이요 인(仁)이라고 말함이 수긍된다면 위에서 논술된 열광주의의 의식은 곧 진리의 적임에 틀림없다. 언제나 인류의 위대한 사상가들을 생각하여 보면―예를 들어 플라톤, 자사(子思), 원효 등―진리가 존중받지 못하는 곳에 정의가 이루어질 수 없다고 생각한다. 그들에게 있어서 진리란 인간에 의하여 도달될 수 있는 것이라기보다는 오히려 거기에 구체적으로 하나하나씩 접근될 수 있는 것으로 생각한다. 그리하여 마르셀은 진리의 이름으로 그리고 진리가 스스로 가능하게 생성되도록 하는 구조의 이름 아래서 모든 힘을 다하여 열광주의가 타도될 수 있도록 하자고 주장하여왔다. 이리하여 그의 그러한 영향을 받은 나는 미친 열광의 의식으로 쉽게 변할 수 있는 행동 강령으로서의 이데올로기에 대하여 겁 많은 소극적 자세를 취하지 않을 수가 없었다.

그런데 한국적 현실의 경험은 나로 하여금 마르셀적인 정신적 실재론으로부터 떠나야 할 것을 암시하고 있었다. 그와 동시에 구체적 상황에서 잉태되는 철학은 이데올로기적 측면을 결코 도외시할 수 없음을 깨닫게 되었다. 그러나 마르셀이 경고한 비열광적인 의식의 휴머니즘이 나의 의식세계에서 사라진 것이 아니라 하나의 새로운 비약이 생산되어야 함을 암시하는 구실도 하였다. 이즈음에 만난 사상가가 사회학자 카를 만하임이다.

주지하듯이 만하임은 이데올로기를 해석함에 있어서 두 가지로 분류하고 있는데 그 하나는 '특수적 의미의 이데올로기'요 그 둘은 '전체적 의미의 이데올로기'다. 한마디로 언급하면 부분적 이데올로기는 심리적 동인에서 발생하며 전체적 이데올로기는 그와 방대로 이론적이며 이성학적 동기에서 출발한다. 따라서 부분적인 이데올로기의 심리는 언제나 상대자와 그의 말을 거짓말이요 사실을 왜곡하는 것으로 여긴다. 그와는 달리 전체적 이데올로기의 이성과 이론은 세계관의 차이, 생활 경험과 그것의 해석 차이에서 오는 광범위한 사상 내용의 괴리를 담고 있다. 그러한 괴리가 일어나는 중요한 원인은 마르크스가 그의 『철학의 빈곤』에서 지적하였듯이,

경제적 범주만이 오직 생산관계의 사회적 표현이요 추상이다. 따라서

사회적 관계를 그들의 물질적 생산력과 일치하여 설치하는 자들은 또한 그들의 사회적 관계와 일치하여 원리와 개념 및 관념과 범주들을 생산한다.

는 말에서 이해되어야 한다. 그러므로 심리적 이데올로기는 만하임의 지적대로

양측에 공통되는 객관적 타당성의 표준을 받아들이게 함으로써 거짓을 추방할 수 있고 오류의 근거를 박멸할 수 있는 것이다.

그러나 이성적이고 이론적 바탕을 둔 이데올로기는 단순한 이해관계의 오해의 종식과 함께 사라지지 않는다. 그러므로 이러한 이데올로기는 사회의 생활의식과 그 구조를 재조정하는 다이내믹한 이데올로기로서 행동의 지침서가 된다.

그런데 만하임의 의견대로 이론적 이데올로기와 심리적 이데올로기로 양분하여 역사적 모든 의미 연관을 전자의 입장에서 평가하고 사색함은 사회과학적 차원에서 숙고할 만한 가치가 있다. 그렇기 때문에 역사의 추진 세력으로서의 엘리트의 사명과 행동력이 나올 수 있고 설명되기도 한다. 그렇지만 또 다른 한편으로 과연 심리적 측면과 이론적 측면을 분류함은 구체적 현실에 적용되는 것인가? 이런 물음도 가능하다. 왜냐하면 이데올로기의 발생 문제는 역사적 사실로 생각될 수도 있지만 그보다도 인간 의식의 구조와 그 의식이 펼쳐지는 현실의 실재와의 관계 아래서 비롯되기 때문이다.

현상학의 창시자 후설은 인간의 의식을 상태로 본 것이 아니라 하나의 지향성으로 파악하였다. 이 말을 설명하면 인간의 의식이란, 후설에 의하면—물론 성 토마스나 브렌타노의 사상에 그것이 벌써 비쳤지만—본질적으로 '~의 의식'이며 더 정확히 표현하면 '~로 향하는 의식'임을 뜻한다. 따라서 인간 의식은 추상적으로 분리되지만 구체적으로 결코 분리될 수가 없는 현실의 실재에로 언제나 향하고 있는 것이다. 즉, 인간 의식은 언제나 자기와 다른

것으로 운동하며 겨냥하고 있다. 이러한 까닭으로 이데올로기는 인간의 문제인데 그러한 문제의식은 바로 의식이 현실의 실재에로 향하는 방향에서 생긴다.

그런데 의식이 현실의 실재에로 향할 때 중성적으로 수학 방정식 같이 아무런 가치를 느끼지 않고 객관적으로 이루어지는 것은 아니다. 우리는 후설의 현상학이 밝힌 바와 같이 '삶의 세계(Lebenswelt)'에 살고 있기 때문에 좋다, 나쁘다, 사랑스럽다, 밉다 등의 감정이 우리의 의식에 시원적으로 솟아난다. 그리하여 좋은 것에 대하여 동류의식을 느끼고 미운 것에 대하여 경멸을 보낸다. 이와 같이 이론적 이데올로기의 이성적 사고 이전에 심리적 이데올로기의 개입이 필연적으로 따르기 마련이어서 '좋다 나쁘다'의 감정과 동시에 이해관계가 결부되어 이데올로기는 정신의 세계 속에 거의 필연적으로 제국주의적 기질을 낳고 만다. 그러한 제국주의적 기질은 감정과 이해의 편향에 따라서 모든 다른 현실의 복잡한 실재들 가운데서 어느 하나의 범주만을 두드러지게 내세워 결국 우리 자신을 '추상의 정신의 노예'로 전락시키게 된다.

지금 아사달의 나라, 이 반도를 남북으로 갈라놓은 이데올로기는 만하임적 분류보다는 오히려 심리적 이해와 이론적 세계관의 차이가 혼용되어 있는 그런 콤플렉스 상태다. 물론 만하임의 이론처럼 이데올로기 없이 역사 사회를 이해함은 또 다른 하나의 환상을 꿈꾸는 이상론에 불과하다. 그런데 북한 측이 한국전쟁을 야기시켰다. 이른바 이데올로기 전쟁이었다. 그런데 자세히 전쟁사를 가까이서 살펴보면 모든 종류의 전쟁은 거의 한결같이 거짓말과 사기행각이었다. 그러한 거짓은 결국 전쟁을 일으키는 자의 주체에 대한 자기 사기요 또 상대방에 대한 사기 행각이다.

그런데 전쟁의 경우 그리고 모든 전쟁사에서 언제나 메마르지 않는 선전술이 그러한 사기 짓을 은폐하고 있다. 그리하여 호전적인 정부나 권력층에 의하여 조직화된 거짓말에 의하여 사람들이 이미 벌어진 전쟁을 성전(聖戰)으로 생각하도록 유혹된다. 군사학자 클라우제비츠의 개념대로 이제 현대전은 '절대전쟁'·'개념전쟁'이 아니고 '상대전쟁'·'현실전쟁'의 상태를 띠고 있다. 그러함으로써 국민들로 하여금 전쟁을 수락토록 하기 위하여 오늘날 정치 선전은 전쟁의 유용성에 역점을 두는 것이 아니라 전쟁의 필연성이나 또는 전쟁의 준종교성을 강조하고 있다. 오늘날 이 지상을 여기저기 피로 물들이고 있는 많은 형태의 전쟁에는 거의 예외 없이 전쟁의 준종교적 성격이 가미되어 있다.

그러나 이익과 유용성이 없는 '현실전'에서 인간은 피로를 느끼기 시작하였다. 조병화의 시구절같이 이데올로기는 언제나 우리를 피곤하게 한다. 여기에서 탈이데올로기의 문제의식이 대두된다. 그런데 탈이데올로기라고 하여 인간의 의식이 역사에 있어서 영원히 이데올로기와 결별을 선언할 수 있다는 것은 아니다. 왜냐하면 이데올로기란 만하임의 정의대로,

이데올로기라는 개념은 정치적 갈등으로부터 솟아오르는, 다시 말하자면 지배계층이 그들의 생각에 있어서 하나의 상황에서 아주 강렬할 정도로 이해집단으로 형성되어서 그들의 지배 의미를 전복시키려는 어떤 사실을 단순히 앉아서 더 이상 방관할 수 없다는 생각을 반영한다.

이어서 만하임은 그러한 이데올로기는 사실상 인간들의 집단무의식에 깊숙이 관여하고 있음을 알린다. 그런 한에서 탈이데올로기라는 것도 이데올로기의 종말이 아니라 그것의 휴식인 셈이다.

이러한 시대적 특수한 상황 속에 처하여 한국의 철학과 그 사상은 어떠한 살길을 모색하여야 되느냐? 그러한 길을 모색하는 철학과 사상은 구체철학이어야 할 것이다. 구체철학은 언제나 삶에서의 경험을 반성하여 이념으로 승화시키고 다시금 그 이념을 실재적 삶의 경험 세계로 하강시키는 작업을 꾸준히 거듭한다. 그런데 해방 이후부터 지금까지 우리는 우리의 구체적 삶의 경험을 진지하고 깊이 있게 숙고하여 이념을 발견해내지 못하고 주위의 역사가 강요하는 이념에 의하여 살아왔고 또 싸워왔다. 그래서 그 이념들이

박식하게 많은 학자들에 의하여 정립되어왔지만 루소의 표현같이 그래도 그것들은 우리에게 어떤 점에서 서먹서먹하게 낯설었던 것이 사실이다. 이 제 정치적 상황이 낳은 분위기—국제적이든 국내적이든—에 의하여 그러한 이 념들이 다시 구체적인 우리의 생활 속에 하강하기 시작하였다. 이 기회에 한 국의 철학인들은 그들의 오랜 구각을 깨고 새바람을 맞이하여 우리의 생활 경험에서 엮어지는 주체성을 발견하여야 한다.

주체성은 곧 민족의 주체성이요 그러한 민족의 주체성은 가정생활의 주 체성에서, 그리고 가정생활의 주체성은 나 자신의 주체성에서 근거되어야 한다. 그러면 낱말의 보편적인 뜻에서 주체성이란 무엇인가? 우리가 상식적 으로 생각할 때 주체성을 강조함은 바로 독자적이고 독립적이며 즉자적인 의식의 양상으로 생각하려는 버릇이 있다. 그러나 상식적인 성격과는 달라 서 인간의 의식은 앞에서 부연된 바와 같이 본질적으로 지향적이다. 그러므 로 주체적 의식은 즉자적인 독자 노선을 말함이 아니고 언제나 자의식이 아 닌 다른 세계, 즉 현실의 실재들과의 연관성 아래서 전개된다. 그러기에 주 체성로의 철학적 접근은 의식의 측면에서와 동시에 현실의 실재적 사실의 측면에서 다 함께 고구되어야 하고 그것들의 결합관계에서 비로소 주체성 의 구체적인 뜻이 나타난다고 하겠다.

그러면 그처럼 상관관계를 지니고 있는 주체성은 어떤 것인가? 그런데 상관관계란 바로 주체성이 순수 주관주의로도 순수 객관주의로도 기울어질 수 없음을 암시하고 있다. 객관적 경험론은 외부적인 경험이 제공하는 내용 이 모든 주체성을 형성한다고 보며, 그와 반대로 주체적 관념론은 외부 경험 세계와는 관계없이 의식이 선천적으로 모든 현상을 독자적으로 구성하는 데 그 주체성이 있다고 생각한다. 요컨대 두 가지의 태도는 결국 주체성의 세계 가 이미 외계적 사물에 의해서거나 또는 내면적 관념에 의해서거나 이미 실 현된 것으로 본다.

그러나 이미 말했듯이 그 두 가지 주장은 우리에게 용납되어질 수 없다. 왜냐하면 주체성이란 곧 인간의 의식과 그가 살고 있는 세계의 관계 문제인데, 우리가 살고 있는 세계는 모두 완결되게 자기의 형성을 완료한 것이 아니요, 또 우리의 세계는 사물의 집합체도 아니요 관념의 집합체도 아니기 때문이다. 후설의 현상학에 영향을 받아서 이해한다면 인간이 사는 세계는 결코 완전히 체계 있게 잡혀지지 않는 플라스틱처럼 유연성이 있는 세계다. 따라서 주체성의 세계는 인간 의식과 주위 분위기의 공통적인 플라스틱 제품으로서, 그 세계는 우리의 지각(perception)과 타인의 지각의 연결에서 맺어진다. 그러므로 주체성이란 독자적 독존적 주체 노선이라는 상식적 이해를 넘어서 있으며 나와 타인들의 지각의 교차로 밖의 그 어디에서도 발견되어지지 않는 것이다. 그러므로 주체성의 세계는 인간의 경험이 끊임없이 짜고 또 짜는 시원적인 의미의 세계다.

주체적으로 산다고 함은 그 시원적 조건에 있어서 하나의 환경과의 부단한 교환 상태에서 실존함을 뜻한다. 그러므로 주체적 삶이란 일차적으로 결코 관념적 자치와 관념적 자존을 요구하는 성질을 띨 수 없음을 이해하여야겠다. 그러므로 주체성의 일차적 뜻은 세계와 의식을 분리시킬 수 없는 근원적 지각의 통일성에서 이해되어야 한다. 이 단계에서 주체성은 의식을 가지고서 능동적으로 형성한다기보다는 자기도 모르는 사이에 만들어지는 것이다. 그 까닭은 주체성의 형성에 대한 발생학적 시작은 메를로퐁티의 말 같이 '우리는 하나의 풀 수 없는 혼란 속에서 세계와 타인에 섞여 있기' 때문이다. 이어서 이 프랑스의 철학자는,

참 철학적 반성은 나 자신을 한가하고 독존적이어서 쉬이 접근할 수 없는 주체성으로 생각하는 것이 아니라 나 자신을 타인과 세계에 대한 나의 현존적 노출로서 생각한다.

고 말하였다.

이처럼 주체성은 우리가 일차적으로 그 발생의 시작을 보면 결코 그것은 드높은 자존·자성(自成)의 내면적 세계가 아니라 주위의 분위기가 낳고 주무

르는 가소성의 세계다. 그래서 이러한 문제를 좀 전문적으로 표현하면 내향적 인간은 외면성의 매개에 의하여만 형성된다는 뜻이다. 그러므로 순수한 내면성의 주체라는 것은 인간에게 존재할 수가 없으며 주체적 의식은 세속적 내용 없이는 존재할 수가 없다.

그러나 인간의 주체적 의식은 전부 다 온통 세속적이며 인간 의식은 분위기가 만드는 사건의 연속이며 세계의 단순한 극장 무대에 불과하다고만 할 수 있겠는가? 그러한 일차적 생각으로서 인간의 주체성이 완전히 구성되어진다고 만족할 수 있겠느냐? 만약에 인간의 주체성을 환경에 의한 타치(他治)의 개념에만 그 무게를 두고 생각함은 인간의 주체적 의식을 마침내 세계의 노예로, 전문적으로 표현하면 세계의 실체로서 만드는 것이 아니냐? 그리하여 드디어 주체성의 위기를 가져오며 새로운 환경 위주의 객관성이 대신 그 주인 노릇을 함이 아닐까? 그렇다면 현상학과 메를로퐁티의 사상은 의식의 주체성이라는 문제에서 너무 원시인의 밀림적 감정을 강조한 나머지 문명인의 성벽적 이성을 등한시한 한계를 지니고 있다고 볼 수 있다.

프랑스의 시인 랭보의 말에 다음과 같은 구절이 있다.

인간에게는 의식의 중심이 있는데 그것에 의하여 우리는 세계에 속하지 않게 된다.

이러한 랭보의 말을 되새기면 좌우간에 의식의 중심은 궁극적으로 인간의 주체성이 세계에 전적으로 속하지 않고 거기에서 벗어나는 부분이 있음을 가리키는 것이다. 다시 말하자면 인간은 자기를 주무르는 세계에 대하여 비판과 판단도 할 수 있는 중심이 있다. 그러한 중심은 주체의 원시적 감각이나 지각의 예술이 낳는 밀림적 풍요가 아니라 성벽과 성벽을 분리하고 갈라놓는 문명인의 논리 세계다. 거기에는 차가운 비판의 등장과 함께 주위에서 벗어나려는 독자적 논리를 찾게 된다. 이러한 독자적 논리의 노선을 찾으려는 주체 의식은 랭보적 의미에서 '보이지 않는 중심'에서 발달되는 것인데,

그것에 의하여 인간은 세계 안에 속하게 되는 실존적 감정이 아니라 오히려 자기 안에 세계를 잡아넣으려는 독립적 논리가 된다.

여기서 지금까지의 주체성에 관한 철학적 반성을 정리하여 보면 일차적으로 주체성은 실존적 느낌의 차원인데, 그러한 차원에서의 주체성이란 바로 반성 이전의 꿈꾸는 의식 상태와 비슷하여 예술적이고 감각적이며 무의식적이고 체험적이어서 세계와 분리되지 않는 뭉뚱그려진 동의와 다른 것이 될 수가 없다. 그런데 인간의 주체성은 자신의 꿈을 해석하고 자신의 무의식의 말을 읽으려는 존재이기도 하여서 주체성의 이차적 의미는 세계와의 분리며 그것이 과학적 분석과 독자적 노선과 자치권의 논리를 주장하게 된다. 즉, 이 단계에서는 무의식에 의한 동의보다는 의식에 의한 자기 세계의 자유를 부르짖는다.

이렇게 주체성에 관하여 정리하여놓고 또다시 좀 생각하여 보자. 도대체 무엇 때문에 인간이 자기의 주체성을 발견하려고 그토록 애를 쓰는가? 단적으로 그 까닭은 참인간으로 살기 위하여, 인간으로서 소외되고 버림받지 않는 참 삶을 누리기 위해서가 아니겠느냐? 그렇다면 참 인간의 이상, 참삶의 이상은 다른 것이 아니라 바로 진리를 찾아 생활화하자는 것이 아닌가! 그렇다면 모든 인간의 생활이 상대적인 모습을 지니고 있듯이 생활의 진리도 시간과 공간 속에서 피고 지는 상대적인 성격을 가지고 있을 수밖에 없다. 그런데 진리란 근본적으로 상대적인 것인가? 그 뿌리까지 상대적인 진리는 과연 정직하게 사유되어질 수 있는가?

우리는 어떠한 논리적·과학적 판단도 시간과 공간을 초월한 영원한 불변성을 고집할 수 없음을 잘 안다. 예를 들면 역사 속에 솟았다가 사라진 모든 과학적·논리적 학문도 다 흥망성쇠의 기폭을 지녔음이 그것을 증명하여주고 있다. 그런데 모든 학설도 주장도 이론도 다 역사 안에서 상대적으로 개연성의 뜻밖에 지닐 수 없지만 그래도 하나의 이론이나 학설이 나왔을 때 그것은 절대적인 것으로 언급되는 것이다. 이러한 현상이 참 이상스럽다. 또 이러한 현상에 어떤 정신적 어려움이 있는 듯하다.

그러한 어려움이란 다음과 같다. 즉, 모든 이상적 판단이 상대적이며 따라서 그가 사실상 홀로 주장하는 절대성이란 결국 하나의 환상에 지나지 않는 것인가? 또 그러한 판단이 절대적 가치에 도달하였다면 어떻게 상대적인 생활의 진리가 될 수 있는가? 만약에 우리의 진리가 온전히 상대적이라면 결과적으로 그러한 진리는 체험의 자기화 이외에 무엇일까? 그런데 우리는 왜 진리를 말하려고 하는가? 무엇이 진리를 만들어주는가?

절대적인 것이 없다면 모든 판단의 관념 자체도 무의미하다. 그렇다면 진리는, 주체성을 이루고 있는 진리는 동시에 절대적이며 또 상대적이고 논리적이며 동시에 경험적이고 독존적이며 동시에 세속적인 것이다. 이러한 주체적 진리는 매우 중요한 의미를 함축하고 있는데 그 이유는 곧 주체성이 최후로 겨냥하는 진리의 성격이며 실존적 예술이며 동시에 논리적 과학이기도 함을 암시하고 있다. 그리하여 그러한 진리는 결국 주체성의 원시성과 자각을 동시에 포함하는 성질과 같다. 그러한 진리가 바로 주체성의 존재론적 진리인 것이다. 왜냐하면 존재는 원시적 융화이기도 하며 자각이 낳는 문명의 개별성이기도 하며, 절대적인 성격도 지니고 역사 안에서 세속적으로 상대적 표현 수단을 마다하지 않기 때문이다.

3. 주체성의 한국적 표현

앞에서 단계적으로 따져온 주체성의 철학적 반성을 집약하면 주체성의 세계는 실존적, 논리적, 존재론적 세 과정을 거쳐서 형성되어진다. 그러므로 우리가 일반적으로 주체성을 말할 때 독립적 의지와 독자적 자결을 생각하기 쉬우나 그 실상인즉 그러한 생각이 틀린 것은 아니로되, 단지 부분적인 이해에 불과하게 되는 것이다. 그러므로 주체성이란 헤겔의 표현같이 "단번에 명석하게 자기의 사상을 소유하는 의식이 아니라 자기 자신을 이해하려고 노력하는 의식에 주어지는 하나의 생(生)인 것이다." 그러면 그러한 생인 주체성은 어떻게 펼쳐지나? 이 점에 관하여 내가 앞에서 쓴 글들이 도움을 준다고 믿는다.[1] 거기서 나는 메를로퐁티의 말을 인용하였는데 다시금 그 말을 재인용하고자 한다.

태어난다는 것은 세계로부터 태어나는 것이고 또 동시에 세계로 태어나는 것이다.

말할 필요도 없이 '~로부터'라 함은 자기가 태어난 세계에 대한 원심적 독립 의지며, '~로'라 함은 자기가 태어난 세계에로의 구심적 귀속 성향을 뜻한다. 폴 리쾨르는 전자를 '의지적인 것'이라고 할 것이요, 후자를 '무의지적인 것'이라 할 것이다. 하여튼 우리가 주체성 자체의 생을 독립에의 의지와 귀속에의 무의지로 얽어지는 과정이라고 본다면 개인의 주체성이든 민족의 주체성이든 그것은 자유가 주는 독립 의지의 여는 행위와 귀속적 성향이 주는 필연의 닫는 의지와의 종합임을 알게 된다.

그런데 그러한 종합은 결국 앞에서 나온 용어로 바꾸어놓으면 주체성은 실존적인 느낌의 경험적 체험 세계와 논리적인 사고의 이론적 세계와의 끝없는 반복을 거듭한다. 그러므로 어느 면만을 강조하고 다른 면을 무시하면 그 주체성은 추상적인 성격을 벗어나지 못하고 구체적 생활 속의 믿음을 불러일으키지 못한다.

사실상 인간이 생활한다는 것은 언제나 그 밑바탕에 있어서 무엇에 기대고 또 그 어떤 것에 의존하며 따라서 그것을 믿는 것이다. 즉, 산다는 것은 그것의 전체적 의미에서 곧 믿는 것이다. 그러므로 자기 주체성의 목적은 자기 믿음의 현실화를 뜻함과 마찬가지다. 인간이 무엇을 믿는다는 것, 즉 자기의 생에서 무엇을 믿는다는 것은 자기의 전부를 다 쏟아서 바치는 것이다. 진실로 한 사람이 누구를 믿는다든가 또는 그 무엇을 믿는다든가 할 때 자기의

---

1) 이 책에 실린 「한국인의 의식사 개설」 참조.

존재의 한 부분만을 떼어서 믿는다는 것은 있을 수 없다. 그런데 주체성의 궁극적 목표가 진리이듯이 주체적으로 산다 함은 곧 그 진리를 믿는 것과 같다. 진리를 믿음은 애매하고 황홀한 원시적 경험만도 아니요, 또한 이상적이고 반성적인 논리의 이론적 결과만도 아니요, 그 둘을 동시에 가져야만 진리에의 믿음이 생긴다. 그러한 현상의 과정은 개인에게서나 민족에게서나 다 공통적이다. 만약에 우리가 다음과 같은 점을 가정하여보자. 한 개인의 경우든 한 민족의 경우든 간에 실존적 느낌의 세계와 논리적 이론의 세계가 주고받고 하는 순환의 계속적 관계에 있지 못하고 실존적 느낌의 세계는 그 세계대로 원시적 야생의 소박성 그대로 따로 놓고 또 논리적 이론의 세계는 그 뿌리를 자기의 출발점이어야 할 특수한 실존의 느낌 세계에 두지 않고 멋대로 따로 놓을 때 진실로 주체적 진리와 그것에 대한 믿음이 존재론적으로 생활화된다고 볼 수 있겠는가?

앞에서 내가 구체철학의 성격은 삶에서 사유로 상승하고 또다시 사유에서 삶으로 하강하는 순환성을 띠고 있다고 말하였다. 이것을 다시금 주체성과 결부시키면 주체성을 보는 구체철학은 생의 실존적 느낌에서 논리적 반성으로 올라가고 다시금 그러한 이론의 반성은 실존적 경험계로 내려온다는 것을 자기의 고유한 성질로서 가지고 있다고 말할 수 있다. 그렇지 않고는 그 어떠한 사유의 논리적 체계와 철학과 이념이 있다 하더라도 루소의 표현같이 우리에게는 낯설고 서먹서먹한 이념이요 철학일 수밖에 없다. 왜냐하면 그러한 이념의 논리, 이념의 철학도 그것들이 출발되어야 할 특수한 실존의 체험세계와 분리되어 있기 때문이다. 또 그러한 실존적 느낌의 원시적 경험과 괴리된 한 민족의 이데올로기적 논리는 낱말의 순수한 뜻에서 그 민족의 것이 될 수 없고 수입된 외제품인 것이다. 그래서 그러한 괴리 현상에서 한 민족의 자연적이고 순수한 민족적 믿음이 솟아오를 수 없는 것이다. 만약에 한 민족 안에 그러한 믿음이 있었다면 그것은 자연발생적인 표현이 아니고 강요된, 조작된 믿음일 수밖에 없다.

그렇다면 남북이 분단된 우리 민족의 현실 앞에서 구체철학은 무엇을 말해야 옳을 것인가? 남북을 갈라놓고 있는 이념으로서의 이데올로기는 과연 우리 민족의 실존적 느낌에서 출발하여 사유된 주체성인가 아니면 외제품인가? 이데올로기는 역사를 변형시키는 힘이다. 그런데 만하임이 이데올로기를 심리적인 면과 이론적인 면으로 나누었지만 우리의 눈에는 그 두 가지로의 분류보다는 혼용되어 있음이 진실에 가깝다고 하였다. 그래서 주체성을 띤 민족의 참 이데올로기의 관점에서 보면 심리적 면은 주체성의 실존적 면에, 그리고 이론적 면은 주체성의 사고적 면에 해당할 것이다.

그러나 우리의 현실에 대립되어 있는 이 두 가지의 이데올로기는 모두 민족의 공통적인 실존적 느낌—신화, 민담, 예술—에서 솟은 것이 아니고 그것과 연관 없이 국제 정치의 역학관계에 의하여 수입된 외제품인 것이다. 따라서 그것들이 수입품이기 때문에 우리 민족의 원시적 느낌에서 사유화된 보편성을 지니지 못하고 또 그러한 느낌에서 단절되어 굳어진 제도의 화석화를 위한 도구로만 변할 수밖에 없었던 것이다. 그리하여 우리 민족은 제도의 경직된 화석 아래서 이론적 대립과 심리적 증오—드디어 전쟁까지—만 주입받고 그것을 행동시켰던 것이다.

슬프다! 그러한 비주체적 현실에 파묻히는 동안에 우리 민족은, 그중 특히 이 민족 속에서 사색하여야 할 한국의 철학인들은 진실로 이 민족의 주체성이 겨냥하여야 할 진리가 무엇인가를 물어보지도 않았고 그러한 진리를 탐구하려는 노력은 아직도 강단 철학인들의 비본래성 속에서 시련을 받고 있는 것이다. 진실로 이 나라의 철학인들이 이 민족의 주체적 진리를 생각하여보았느냐? 그러한 주체적 진리가 곧 민족의 믿음과 직결된다. 민족의 믿음은 곧 그 민족의 파토스와 로고스가 다 함께 산 생명으로 맺어질 때 꽃핀다.

지금 우리는 수입된 이데올로기의 대립과 싸움에 피로를 느끼기 시작하였다. 그러한 피로가 내부의 자각에 의해서든 외부의 역학관계가 준 것이든 하여튼 탈이데올로기 시대로 생각을 돌리려고 한다. 그러나 탈이데올로기라고 하여 이데올로기의 영원한 종말은 아니고 새로운 이데올로기를 준비하는 기간이다. 그런데 그 이름을 받을 만한 가치가 있는 철학자는 언제나 이데올로기가 낳을 수 있는 악(惡)인 미친 열광주의 의식을 경계하여야 한다. 그렇다고 이데올로기를 무시할 수는 없으니 그 이유는 역사의 변혁 때문이다. 그러므로 한국의 철학인들은 민족적 주체의 진리와 그것에 대한 역사 속의 믿음을 발견하도록 하여야 한다. 그러한 주체적 이데올로기의 새 진리는 내가 이미 밝힌 바와 같이[2] '하나의 사회란 그것이 강제적으로 어떤 것으로 존재해야 한다는 원리의 결정이 아니라 그 사회가 만드는 인간 상호관계의 실재요 현실'이라는 생각에서 과연 얼마나 거리가 멀 수 있을까 하고 여겨진다.

그런데 여기 하나의 큰 문제와 시련이 있음을 결코 간과해서는 안 된다. 민족적 주체성이 믿는 진리는 결코 미치고 열띤 의식이 낳는 열광주의와는 공존할 수 없다. 열광주의는 정신의 제국주의고 전쟁의 원인이다. 우리는 이 민족의 북반부에 불행하게도 전대미문의 열광주의가 사라지지 않고 있음에서 제국적 침략과 도발을 우려하지 않을 수 없다. 여기에 우리 철학인들은 그들의 민족적 믿음을 발견하는 과정에서 무거운 현실적 체증을 경험한다. 전쟁의 철학은 없다. 거기에서 모든 빛 모든 이상은 함께 죽고 만다. 전쟁사(戰爭史)는 철학자를 조롱한다. 전쟁을 막기 위해 현실에 참여한 율곡의 정신에서 한국의 철학인은 그들의 사고 범주를 넓혀야 한다. 군사학적 지식은 한국의 철학인에게 필요한 정보이기도 하다.

여기서 다시 한 번 강조하건대 20세기에 나타난 모든 철학적 변혁이 철학자에 의해서 이루어진 것이 아니고 경제학자나 과학자나 문학가들에 의하여 수행되었음을 결코 가볍게 볼 것이 아니다. 지금에 와서 민족의 주체적 진리를 찾으려는 철학인들은 원효 시대나 퇴계나 율곡 시대나 실학 시대보다 몇 배로 복잡한 의식 구조와 실재적 문제의식에 직면하여 있음을 알아야 한다. 그러므로 단지 순수 철학에만 의지하여 우리 민족의 공통적 믿음을 찾으려는 작업은 성공하지 못한다. 그러므로 오늘의 한국 철학인들은 그들의 구체철학에서 경제학, 심리학과 정치학 및 문학 등에 대한 성과와 문제의식

2) 《文化批評》, 1971년 가을호.

에서 다시 배워야 하는 것이다. 그런 한에서 현재의 민족적 주체의 진리와 그 믿음은 한국적인 파토스와 로고스의 전통을 바탕과 질료로 삼아서 서양적 문제의식과 사고를 그 형상으로 삼아야만 성공할 수 있다.

그러면 끝으로 한국적인 파토스와 로고스의 전통이 주는 바탕과 질료가 무엇이며 새로운 철학사상의 운동으로서 구체철학은 어떻게 그것에 산 해석을 두어야 할 것인가를 보아야 하겠다. 그런데 한국적인 파토스에 관하여 여기서는 설명할 수가 없다. 이 책에 실린 「한국인의 의식사 개설」을 이 글의 보조 재료로 삼기로 하자. 그러면 간략하게 민족의 전통적 로고스로서 원효의 사상, 퇴계와 율곡의 사상에 대하여 구체철학의 한 조그만 예제(例題)로서 적어보기로 한다.

구체적으로 원효의 사상에 접함에서 우선 그가 당 유학을 포기하고 '모든 법은 모두 마음에서 이루어진다(諸法一切唯心造)'는 주체적 자각에서 신라 사회에 대승불교를 수립하고 불교의 이상국인 불국토와 평화 사회의 창조에 일생을 바쳤다는 사실이 떠오른다. 그리고 그가 지도한 사상은 무엇보다도 신라 통일의 중요한 산 요소가 되었다는 점이다. 이미 앞에서 산 구체철학은 보편적 말로써 체계화되지만 그러한 보편적 언어는 그것이 출발되었던 근원으로서의 특수성을 언제나 존중한다고 보았다. 그래서 그 철학의 체계는 특수성에 대한 암시의 체계가 된다. 우리가 원효의 사상을 접근할 때 불교의 고승으로서가 아니고 한 위대한 구체철학자로서 제한한다면 그의 사상의 밑바닥에는 신라 사회의 현실에서 느껴온 실존적 체험과 그것의 이론화, 또한 신라인의 이상과 믿음을 창조한 주체성의 생명이 강렬하게 풍김을 볼 수 있다. 내 자신이 아직 불교를 이해하지 못하는 입장이니 그의 불교 사상에 대하여 구체적으로 접근할 능력은 없다. 여기서는 오직 단편적으로 그의 구체철학 정신을 보는 방향으로 접근하는 연습을 간략하게 살펴볼 수밖에 없다.

원효의 철학 정신은 '화쟁(和諍)의 논리'다. 그런데 박종홍 박사는 그의 『한국사상사』에서 "백가(百家)의 이쟁(異爭)을 화합하여 서로 다른 견해를 귀일시킨 것이 원효사상의 가장 기본적인 특색"이라고 한다. 그런데 원효의 '합이문지동귀(合二門之同歸)'에서 이문이란 '생기지문(生起之門)'과 '귀원지문(歸原之門)'의 이름이요, 동귀로서 '성만덕문(成萬德門)'과 '귀일심문(歸一心門)'을 뜻한다. 그리하여 그 이문은 서로 위배되지 않고 모두 불가적 진리인 무애(無碍)의 법문을 나타낸다. 원효 철학의 사상은 평화요 통일이다. 평화와 통일은 힘이 없이 이루어지는 것이 아니라 한 사회에 등장되고 있는 이질적인 느낌과 사고들을 하나의 주체적 진리의 믿음 속에 통일하는 것이다. 그러한 통일을 구현하기 위하여 원효는 신라인의 실존적 느낌과 경험을 버린 외래적 불교의 논리화가 아니라 신라인의 감정에 솟은 불교의 논리화로서 민족 믿음을 잉태시켰다.

그러면 그러한 주체적 신앙에서 보면 생기(生起)의 문과 귀원(歸原)의 문을 어떻게 보아야 할까? 그것은 이미 앞에서 비쳐진 메를로퐁티적인 원심과 구심력, 또는 주체성의 삶에서 펼쳐지는 자유에의 의지(비판과 반성)와 필연에의 귀속(생활의 무의식)으로 봄이 타당하지 않겠는가. 그러므로 '생기'와 '귀원'은 구체철학의 성격과 같이 삶에서 사유로 상승하고 다시금 사유에서 삶으로 복귀하는 그러한 이문(二門)이다. 그러한 이문을 통하여 원효는 구원의 믿음과 철학으로서 '무애의 법문'을 존재론적 통일 신앙으로 부각시킨다.

이러한 '생기'와 '귀원'의 이원론적 변증법은 구원의 믿음으로서 '귀일심문'으로 통일되는데 이러한 원효의 구체철학과 그 사상이 어떻게 '화쟁의 논리'를 더 확장시켜나가는가를 볼 필요가 있다. 화쟁 사상의 논리적 가능 근거로서 '개합(開合)과 종요(宗要)', '입파(立破)와 여탈(與奪)', '이변비중(離邊非中)'의 방법론 등이 있다. 그러나 여기서는 가장 대표적인 한 방법으로서 '동이(同異)와 유무(有無)'에 관한 것을 보기로 하자.

원효의『금강삼매경』에서 다음과 같은 평화의 사상과 통일의 원리를 볼 수 있다.

여러 가지 이견의 쟁론이 생겼을 때에 유견(有見)과 같이 말한다면 공견(空見)과 다를 것이요, 만일 공집(空執)과 같이 말한다면 유집(有執)과 다를 것이다. 그리하여 같은 바와 다른 바가 자기들의 논쟁만 더욱 야기시킬 것이다. 그렇다고 또 동이의 둘을 같다고 한다면 자기 내부에서 상쟁할 것이요, 동이의 두 가지가 다르다면 그 둘이 서로 상쟁하게 될 것이다. 그러므로 동(同)도 아니요 이(異)도 아니라고 말한다. 동이 아니라고 함은 말 그대로 모두가 불허하기 때문이며, 이가 아니라고 함은 뜻을 밝히어 허용하지 않음이 없기 때문이다. 정(情)에 어그러지지 않고 동이 아니라고 하는 만큼 도리어 어긋나지 않는다. 그리하여 정(情)에 있어서나 이(理)에 있어서나 서로 나눌 수 없는 관계에 있어서 어그러지지 않는 것이다.

여기서 동이의 두 가지를 동일자와 이타자라는 개념으로 풀이하면 동일자는 이타자가 있음으로써 즉자적 동일성을 유지하고 또 이타자는 동일자에 대한 대자적 존재로서 동일자가 있음으로써 자기 자신이 밝혀지는 것이므로 동일자와 이타자는 서로 상보적 교육을 실시하고 있는 것이다. 이것은 하염없이 자기 주장만이 옳고 다른 것은 말살되어야 한다는 비공존의 철학이 아니고 둘이면서 하나가 되는 즉자대자적 이론이요 그것이 또한 평화를 위한 철학이다. 이러한 평화의 철학은 무기력한 안일무사의 사고가 아니요 실로 역사를 변형시킬 수 있는 다이내믹한 힘을 지니고 있다. 그러한 힘을 진리이게 하는 정신이 무엇인가 하면 "본래가 평등이요 한맛인 까닭으로 성인(聖人)은 다를 수 없음이요, 그렇지만 통함이 있으나 구별이 있는 까닭으로 성인은 같을 수 없는 것이다"[3]라 하였다.

여기에서 우리가 성인을 진리로 생각한다면 이미 앞에서 본 바와 같이 진리란 절대적이요, 동시에 상대적이며 논리적이며 동시에 경험적이고 독존적이고 동시에 세속적인데 원효의 성인관(聖人觀)은 바로 역사 속에서의 진리요 그것에 대한 가장 평화적인 믿음을 나타낸 것이 아닌가! 더욱이 원효는 진속여일(眞俗如一)을 말하였는데 그 말의 참뜻은 역사 속에서의 진리를

---

3) 元曉, 『金剛三昧經』. "平等一味故 聖人所不能異也 有通有別故 聖人所不能同也."

열어 밝힌 구원의 철학이 아니고 그 무엇이랴! 우리는 아직도 광복 이후 민족적으로 도대체 우리의 주체적 진리가 무엇인가를 정직하게 물어보지도 않았다. 원효 그는 지금도 살아 있는 위대한 정신이다.

다음은 퇴계의 구체철학의 위치를 관견하여보자. 퇴계가 살았던 시대를 '사화(士禍)의 시대'라고 한다면 율곡이 살았던 시대는 '당쟁(黨爭)의 시대'다. 사화와 당쟁이 한국 역사상에서 서로 관계가 없는 것은 아니지만 그러나 뉘앙스의 차이가 있다. 사화가 권력층과 학자층 간의 싸움이요 갈등이라면, 당쟁은 정치인과 정치인의 권력투쟁이다. 이미 퇴계는 그의 나이 19세에 처절한 민족적 비극을 목도하였다. 이른바 을묘사화였다. 이렇게 권력이 정의를 잃고 짓밟는 시대에 자란 퇴계는 그의 사상이 자연히 종교적이고 논리 지상주의고 교육적인 신앙을 가지지 않을 수 없었으리라.

우리는 퇴계의 철학정신을 플라톤의 그것과 비교해봄직도 하다. 왜 플라톤은 현실의 감각 세계를 싫어하고 이데아 세계를 그리워하게 되었는가? 불의스러운 조국 아테네는 죄 없는 소크라테스를 죽였다. 이것을 어떻게 설명하여야 하나? 순진무구한 어린아이가 형언할 수 없는 고통 끝에 죽어갔다고 하자. 그때 모성애에 몸부림치는 어머니는 두 가지의 가능한 반응을 느낄 것이다. 그 첫째의 반응은 죄 없는 아기가 의미도 없이 죽어가는 이 세계의 부조리와 무의미성에 반항한다. 이러한 태도가 카뮈적인 것이다. 그다음 신의 영원한 품, 고통과 불행이 없고 행복과 기쁨만이 넘치는 그러한 세계로의 갈망이다. 이러한 태도가 플라톤적이다. 그런데 퇴계는 카뮈적인 태도보다도 플라톤적인 것을 더 자신의 철학적 경험으로 느꼈다.

물론 플라톤과 퇴계와의 사이에는 두 가지의 다른 점이 있음을 간과할 수는 없다. 그 하나는 퇴계는 성리학자이기 때문에 내세관적 이데아 사상이 없다. 그러나 그의 사상의 밑바닥에 언제나 '이귀기천(理貴氣賤)'·'이존무대(理尊無對)'의 신앙이 있음에서 플라톤적인 이데아 신앙과 비슷하다. 그 둘은 플라톤은 소크라테스의 죽음에서 그의 일생의 큰 변혁을 혁명시켰지만 퇴계의 생애에서 그런 극적인 요소는 강하지 못하다. 그러나 정의를 위한 조광조의 도학 사상이 무참하게 짓밟히는 데서 그는 플라톤적 쇼크를 어느 정도 아니 느낄 수가 없었으리라.

이리하여 퇴계는 천리(天理)를 추구하여 천리를 실천하는 구인성성(求仁成聖) 사상을 그의 구체철학의 정신으로 삼지 않을 수가 없었다. 따라서 그의 이존종교(理尊宗教)는 다음과 같이 표현되었다.

이(理)의 근본은 그 홀로 높아서 그와 상대할 것이 없으므로 만물을 명하나 결코 만물에 의하여 명을 받지 않고 기(氣)가 마땅히 이길 바가 아니다.⁴⁾

그리하여 인간의 가장 인간적인 것은 형이상(形而上)의 도(道)요 형이상의 이(理)이며, 현실세계에서 인간이 그토록 추악한 까닭은 기와 칠정욕(七情欲)에 근거를 둔 것이다. 그러므로 이가 칠정을 다스리는 교육을, 선의 세계관을 하루빨리 민족의 주체적 정신으로 삼을 것을 호소하였다.

이 점에서 퇴계의 윤리 사상의 저변에는 그 당시 민족적 경험의 특수한 느낌에서 솟아난 논리와 그 둘을 종합하려는 믿음이 있었다. 그러나 이러한 믿음이 역사적 이데올로기로 성공하였는가 실패하였는가는 또 다른 하나의 구체철학의 과제다.

율곡의 눈에 비친 퇴계의 믿음은 역사적인 변혁을 위한 이데올로기로는 너무 관념적이었는지 모른다. 그래서 율곡은 정치적 역학관계가 모든 것을 결정짓는 당쟁의 시대에 구체철학을 사색하면서 퇴계와는 다른 실재적 역사 속에 참여하는 이데올로기를 주체성의 진리로서 발견하려고 하였다. 그렇지만 그 역시 성리학자이기 때문에 카뮈적인 '정오의 사상'과 '반항의 철학과는 거리가 멀다. 하여튼 그는 대담하게 퇴계와는 달리 이기불상리(理氣不相離)의 철학을 내세웠다. 그리하여 "본체의 가운데 구체가 흐르며 구체가 흐르는 가운데 본체가 존재한다"⁵⁾라고 주장하였던 것이다.

---

4) 理本其獨尊無對 命物而不命於物 非氣所當勝也.

그리하여 율곡은 이원적 일원론을 주장하여 '이(理)는 무위(無爲)이고 기(氣)는 유위(有爲)이며, 이는 기의 본(本)이고 기는 이의 기(器)'라는 정의에 의하여 역사의 현실을 설명한다. 그래서 '이통기국(理通氣局)'의 이데올로기에 의하여 윤리와 경제의 상호 변증법을 형성하였다. 이것이 이른바 '이기지묘(理氣之妙)'다.

율곡은 이와 같이 자기 시대의 특수한 실존적 느낌을 보편적 언어 속에 체계화하면서 그의 사상은 민족의 주체적 진리와 그 믿음을 성공적으로 통일시키기 위하여 모든 '성명(誠明)'과 '치중화(致中和)'를 다하였다. 요컨대 그의 사상은 그의 시대정신일 뿐만 아니라 동시에 구원의 철학이었다. 그의 사상 체계가 그것을 암시하고 있다. 그러나 그의 구체철학은 역사를 변형시키는 데 퇴계와 마찬가지로 성공을 거두지 못하고 좌절되었다.

나는 그러한 실패가 성리학의 자기 한계를 의미하는 것인지 아니면 하이데거가 말한 '역사의 운명' 때문인지 아직까지 잘 모르겠다. 그렇지만 율곡의 구체철학과 그것의 정신은 민족 주체사상의 역사에서 지극히 높이 찬양되어야 마땅하다. 그래서 그들의 철학정신은 궁핍한 이 시대에 하나의 산 증언이 된다. 원효나 퇴계 또는 율곡 가운데서 어느 한 사람이라도 가난한 이 시대에 다시 등장된다면 도대체 철학은 무엇이며 철학자는 무슨 쓸모가 있는가 하는 질문에서 출발하는 것이 아니라, 이 민족의 평화와 통일과 번영을 위한 구체철학의 이기지묘를 벌써 착수하려고 하였을 것이다.

---

5) 本體之中流行具焉 流行之中本體存焉.

오늘의 한국 지성, 그 향방
'역사와 민중'의 해석과 관련하여

1. 역사의식의 지성적 척도

스물세 살의 여자에게 있어 우주라는 것은 그렇게 넓은 것은 아닙니다. 스물세 살의 여자에게 있어서 행복이라는 것은 그렇게 사치스러운 것이 아닙니다. 꽃수레의 포장만 있으면 됩니다. 스물세 살의 여자에게 있어 평화라는 것은 피를 흘리며 빼앗아야 하는 것이 아닙니다. 그것은 아주 조용한 신방에 켜진 촛불입니다._킴 안

위에 인용된 글은 「사이공 최후의 목소리」이다.[1] 이 처절하고 진실에 찬 외침에서 우리는 무엇을 느낄 수 있는가? 우리는 30년 전쟁에서 시달린 베트남 지성인들의 상처와 몸부림이 어떤 색채를 지녔는가를 정확히 알지 못한다. 그러나 적어도 그들 베트남 지성인들의 모든 노고와 몸부림이 결과적으로 '23세 처녀의 넓지도 않은 행복의 꿈'을 갈가리 찢어놓은 상처의 아픔에 대하여 단 1분간의 안정을 위한 진정제도 줄 수 없었다는 것을 우리는 진단할 수 있으리라.

지성인들은 너무나도 쉽게 '역사'를 관념적인 원고지 위에서 마음대로 도용하는 폐습을 지니고 있는 듯하다. 프랑스의 경제학자 프루동이 "슬프다! 지식인들은 너무 경박하다"고 한탄하였을 때 그의 탄식은 오늘의 우리나라

---

1) 《文學思想》, 1975년 6월호.

지성의 풍토에서 솟아나오는 한숨인 것같이 보인다. 그런데 우리나라의 지성 풍토라는 표현에 대하여 그 외연을 정의할 것을 성급하게 요구하지는 말자. 단지 이 글을 읽고 거기에 해당되지 않는다고 생각하는 이는 그 지성 풍토와 다른 것을 모색하기 위해 새로운 길을 찾기로 하자.

너무도 자주 우리는 '역사의 심판', '역사의 의미', '역사의 흐름', '민중의 역사', '해방의 역사'라는 말을 남용한다. 그런 용어를 쓸 때 어떤 이론적 정초(定礎)를 밝히는 각(角)을 조명하지 않고 두루뭉술하게 아전인수 격으로 자기의 위치를 정당화하려 한다. 요컨대 감격적인 용어의 슬로건이 현수막처럼 지성계에 판을 친다. 그 일례로 어떤 신학자는 평화의 이데올로기라는 이상야릇한 표현을 웅변적으로 사용하고 있다. 그런데 모든 평화는 그것의 의미가 타락되지 않는 한에서 이데올로기적이 아니다. 또 일군의 신학자들은 몰트만의 일방적 영향 아래서 '민중을 위한 정치와 교회가 아니라 민중의 정치, 민중의 교회를 위한' 역사의식을 해방의 이데올로기로 강조하고 있다. 그리고 또 몰트만은 참다운 사회주의는 오직 '민중의 사회주의'밖에 없다고 하였다.[2] (물론 오역이 아님을 전제로 해서)

그러면 도대체 몰트만에 의하여 영향을 받은 신학자는 '민중의 사회주의'가 무엇을 말하는지 생각하여 보았는가? 우리는 그 말이 지니고 있는 슬로건적인 매력이 무엇이라 할지라도 도대체 '민중의 사회주의'가 어떤 내용을 지니는지 알 길이 없다. 말할 나위 없이 그것은 민중이 주체가 되는 사회주의적 정치 형태일 것이다. 나의 질문은 오히려 이 땅의 신학자들에게보다는 더 원천적으로 몰트만 교수에게 향한다. '민중의 사회주의'라는 정치 형태가 구체적으로 무엇인가? 그것이 '민중을 위한 사회주의'와 다를진대, 시장 속의 민중, '거리의 사람'들이 마구 모두 정치를 한다는 뜻인가?

그러면 먼저 앞에서 언급된 역사의식의 문제부터 살펴보고 우리 시대, 우리나라의 역사의식을 어떻게 해석함이 그 신뢰도와 책임성에 있어서 가장

---

2)《기독교사상》, 1975년 4월호.

타당할 수 있을 것인가 하는 점을 모색하여보자. 그런 모색은 역사의식에 대한 지성의 역할을 전제로 한다. 그러면 우리의 상황에서 밝혀져야 할 역사의식에 대한 지성적 척도는 어떤 성격을 띠어야 할까?

우리는 어떤 상황에서 역사의식을 해명하고 개발할 때 옳은 역사의식, 틀린 역사의식을 지성적으로 가늠할 수 없다. 왜냐하면 사실의 객관성은 자연과학적 객관성과는 다르기 때문이다. 자연과학적 사실에 대하여서는 우리는 검증의 결과에 의해 '맞다 또는 틀렸다'라고 말할 수 있다. 그러나 적어도 역사의 인식에 있어서 가장 타당한 지성의 척도는 '맞다'·'틀렸다'로 이분화될 수가 없다. 그런 불가능성은 역사의 이해, 역사의 인식에는 근원적으로 사가(史家)의 주관성이 개입되어 있기 때문이다. 따라서 역사의식은 엄밀한 객관성을 고집할 수 없다. 그런 점에서 엄밀한 객관성을 조립하려고 하는 구조주의의 방법론이 역사를 별로 크게 중요시하지 않음은 옳을지도 모른다.

하여튼 역사의식은 우리의 현재 역사적 현실에 대한 발상법에 달렸고 그 발상법에 따라서 역사를 어떻게 선택하느냐에 의존한다. 그러므로 역사의식은 역사적 사건과 요소의 주관적 취사 선택에 의하여 이룩되는 중요성의 판단과 같은 차원이다. 다른 말로 바꾸어 말하여 역사의식을 역사 이념이라고 한다면 역사의 이념은 '중요성의 판단'에 걸리게 된다. 이 점에서 프랑스의 사회학자 레이몽 아롱의 '이론은 역사를 앞지른다'는 견해를 높이 평가하지 않을 수 없다. 따라서 우리는 역사를 도매금으로 또 정략적으로 아전인수화시키는 정치인들과 지식인들의 생각을 경계해야 한다. 그렇기에 역사가는 현재의 자기 경험, 자기 철학을 가지고서 과거를 이해하고 설명하여가는 길밖에 다른 도리가 없다.

역사의식의 인식에 있어서 중요한 인식의 문제는 사가의 주관성이다. 왜냐하면 결국 역사는 사가의 주관성을 반영할 수밖에 없으므로 사가와 역사의식을 이해하고자 하는 지성인은 먼저 자기들의 주관성을 교육시켜야 한다. 사가가 역사를 만드는 만큼 역사도 사가를 형성시킨다. 따라서 역사의식의 개발을 위한 역사의 논리는 역사가의 윤리와 불가분의 관계에 놓이게 된다.

그러면 역사의식의 형성을 한 상황 속에서 논의할 때 그런 논의에 참여하는 모든 이들(사가, 지성인, 정치인)의 지성적 척도가 무엇이어야 할까? 이미 언급한 바와 같이 그것은 '옳다 그르다'의 이분법에 의하여 정립될 수 없다. 그렇다면 우리가 추구해야 할 역사의식은 얼마만큼 '책임성이 있느냐', 또 얼마만큼 '믿을 수 있느냐' 하는 문제에로 귀결된다. 역사의식의 형성에서 그것의 지성적 척도로 제기되는 '책임성'과 '신뢰성'은 최근의 사회철학에서 무겁게 논의되는 개념들이다. 책임성이란 역사의식의 내포가 얼마나 충실한가에 그 기준을 두며, 신뢰성이란 역사의식의 외연이 얼마나 타당하게 설정되었는가에 관한 문제이다.

그러나 아직도 두 가지의 해명해야 할 문제가 남아 있다. 역사의식의 형성에 지성적 척도가 되는 것이 '책임성'과 '신뢰성'이라면 도대체 그런 개념의 표준이 되는 기준이 무엇이냐 하는 인식론상의 문제가 필연적으로 부상된다. 그리고 또 왜 역사의식의 형성에서 책임성과 신뢰성이 중요한 가치 기준으로 여겨져야 하는가 함도 아울러 제기된다. 이와 같은 두 가지 의문에 답변하기 위하여 두 번째의 질문에 대한 답변부터 하면서 역으로 거슬러 올라감이 쉬울 듯하다.

이 점에서 헤겔과 메를로퐁티의 역사철학이 우리의 입장을 돕는다. 왜냐하면 우리가 매일매일의 일상적 생활에서 체험하는 역사적 경험은 바로 정치적 경험이기 때문이다. 헤겔과 메를로퐁티도 역사적 경험의 원본을 정치적 경험이라고 하였다. 그런데 낱말의 넓은 의미에서 정치적 경험이란 곧 타인과의 접촉이다. 타인과의 관계는 낱말의 헤겔과 메를로퐁티적인 뜻에서 두 가지의 국면을 지닌다.

그 하나는 주인과 노예의 관계이고 또 다른 하나는 상호주관적 공동체의 관계이다. 타인과의 관계에서 그 타인은 의식이고, 그래서 타인의 의식적 저항은 바위의 저항보다 더 강하다. 그러므로 나의 자유는 타인의 세계와 출현 속에서 늘 소멸될 위험률을 안고 있다. 왜냐하면 만약에 타인이 실존한다면 나는 실존의 위협을 받고 또 내가 실존의 승리를 쟁취한다면 타인은 이미 나의 물건에 지나지 않게 될 가능성을 짙게 지니게 된다. 이리하여 내가 타인으로부터 받는 역사적·정치적 경험은 죽음에의 경험에 비유되기에 역사의식에서 주인과 노예의 변증법이 생기게 된다.

그러나 또 다른 한편에서 볼 때 그와 같은 투쟁이 발생할 수 있는 조건은 우리 모두가 공통적인 인간성, 하나의 '코기토', 하나의 인류라는 데서 생긴다. 그러면 어떻게 현실의 역사를 이해하나? '더불어'의 역사의식, 상호주관적인 공동체의 역사의식에서 이해할 수밖에 없다. 여기에서 역사의식의 이율배반이 생긴다. 왜냐하면 역사는 각 실존에게 죽음의 경험을 주며 동시에 '더불어 있음'의 경험을 준다. 그러한 이율배반적인 역사의 경험은 역사가 우리에게 명확한 길을 제시하지 않기 때문에 오는 것이며 무수한 상호주관적 갈등의 관계에서 발생한다. 역사는 한 가지만의 명징한 의미를 지니고 있지 않다.

역사 안에서 인간 생활의 조건을 지탱시켜주는 고귀한 형이상학적 이념이 그 실천에 있어서 폭력 없이 수행되어본 적이 거의 없다. 그러한 폭력은 의식들이 서로 원하는 죽음과 같다. 마치 악마의 마법처럼 역사에 있어서 미움은 사랑과 동시에 성립하고 또 사랑은 사회생활의 평화를 낳는다. 그러나 불행하게도 평화는 현실적으로 전쟁의 위협 없이 이룩되지 않는 듯하다. 그런 점에서 폴 리쾨르가 잘 지적하였듯이 역사에서 의미의 형성은 무의미 아래에 감추어져 있다. 그렇기에 역사를 논리적 사유도 형이상학적 사유도 완결되게 정리하지 못한다. 왜냐하면 역사 속에 지나가는 모든 사건과 구조는 진리와 동시에 비진리를 늘 함께 나타내고 있기 때문이다. 이래서 헤겔이 '말살되는 것만이 또한 정시(呈示)되는 것'이라고 말했는지도 모른다.

역사는 현실적으로 불확정성의 공화국이다. 인간은 무수히 많은 갈등이 상충하는 상황 속에 싫든 좋든 던져졌다. 그러므로 한 가지의 획일적이고 유일 체제의 노선을 역사에서 지성적으로 발견함은 무리다. 어쩌면 사회 투쟁도 불확정성의 원리에 적용되는지 모른다. 왜냐하면 구질서를 파괴하기에 강력하였던 혁명의 이념도 신질서를 창조하는 데 지극히 쓸모가 없는 경우가 대부분이기 때문이다. 거의 모든 혁명의 공리(公理)가 구악을 쓸어버리기에는 강력하였으나 신악을 미연에 방지하는 데는 지독히 어리석었음을 우리는 안다.

마술에 홀린 세계에서 문제는 누가 옳고 누가 가장 바로 가는가를 아는 것이 아니라 누가 위대한 거짓말쟁이의 척도에 따라서 존재하며 어떤 행동이 마술에 홀린 세계를 이성에 올려놓을 만큼 유연하며 견고한가를 아는 데 있다.

라고 메를로퐁티가 그의 저서 『기호』에서 말하고 있다. 그러므로 '마술에 홀린 세계'에서의 역사의식은 결국 '옳고 그르고'의 이분법적 형식 논리에 중요성의 판단을 둘 것이 아니라 '위대한 거짓말쟁이의 척도'인 애매성의 불확정성 원리에 따라서 그 세계를 이성으로 길들이는 데 중요성의 가치 판단을 놓아야 한다. 바로 그러한 중요성의 판단이 이미 앞에서 언급된 '책임성'이요 '신뢰성'이다.

이제 우리는 또 남은 한 물음에 대한 답변을 할 수 있는 가능성에 접근하였다. 책임성과 신뢰성의 기준은 곧 이성이다. 이성이라는 낱말보다 더 많이 철학자의 입에 회자되어온 것은 없으리라. 그러나 또 그것만큼 많은 상처를 받아온 것도 없다. 우리는 여기서 역사적 경험에서 이성이 무엇인가를 철학적으로 해명하지는 않겠다. 이성은 인간의, 참으로 인간적인 것의 행복을 위하는 중도(中道)로 이해되어도 좋다. 그 중도의 위상을 어떻게 찾을까? 이미 앞에서 매일매일 인간들이 겪는 역사적 경험은 타인과의 투쟁이요 동시에 '더불어 있음'이라고 하였다. 그 점에서 중도의 위상도 역사적 경험 속에서 개인의 실존적 존재 이유와 구조적 사회공동체의 조화에서 찾아야만 한다. 개인의 실존적 존재 이유는 일인칭의 요구이고, 사회 체계의 구조적 세계는 삼인칭의 논리다. 루소가 아무리 그의 『인간 불평등 기원론』에서 사회 체계의 문명을 싫어하여도 인간은 단독자로서 자연의 세계 속에 살지는 못한다. 헤겔이 잘 꼬집었듯이 루소의 사상은 내용이 공허한 데가 있다.

예를 들면 역사에서 구체적으로 평화란 무엇인가? 그것은 루소가 꿈꾼 개인적 실존의 자유스러운 야성 생활이 아니다. 슬프게도 그것은 무력의 균형이 없이 유지되지 않는다. 그래서 군(軍) 조직이 마치 역사의 필요악처럼 요구된다. 이미 '무(武)' 자 자체는 '지(止)+과(戈)'의 합성어로서 전쟁을 막게 한다는 뉘앙스를 지니고 있다. 실존으로서의 개인이 군대 조직에 흡수되면 일인칭의 요구는 거의 유보되고 삼인칭 중성의 논리에 의하여 지배당한다. 군대생활에 경험이 있는 자는 누구든지 그것을 안다. 더구나 우리나라처럼 전쟁의 위협을 피부로 느끼면 그만큼 군대의 필요성과 그 강도가 짙어질 수밖에 없다. 전쟁을 막고 평화를 보위하기 위해서다. 여기서 개인적 실존의 존재 요구와 전체적 구조의 논리 사이에 필연적인 갈등이 수반된다. 우리는 그 두 가지 가운데서 한 가지만을 강조해서는 안 된다. 그런 강조는 이 시대의 비이성이다. 훌륭한 군의 지휘관은 그의 군 조직 속의 모든 구성원의 실존적 존재 이유와 요구가 상처를 받지 않고 좌절을 당하지 않도록 인권에 대한 깊은 배려를 해야 한다. 그렇지 않고 국방을 위해서 구조적 군 조직만을 늘 강조할 때 그 속에 포함된 각 실존들의 고통과 상처는 크다. 그와 동시에 모든 군인은 평화를 실질적으로 확보하기 위하여 군의 조직상 명맥과 군 내재의 논리에 협력해야 한다. 이것이 우리의 역사의식에 있어서 인간적인 것을 파괴시키지 않으려는 중도의 이성이다.

우리는 오늘날 우리나라에서 체험하는 정치적 경험에서 일방은 너무 군 조직의 필요성만을 강조하는 나머지 각 실존의 존재 이유와 요구의 좌절을 야기시키는 어리석음을, 그와는 반대로 타방은 조직의 논리, 구조의 질서를 무시하고 각 실존의 일인칭적 요구만을 내세우는 어리석음을 범하고 있지 않나 생각한다. 그러한 어리석음이 고집으로 변할 때 일방은 역사의식의 신뢰성을 잃고, 타방은 역사의식의 책임성을 망각한다. 우리 모두는 적어도 30년이라는 한 세대까지는 아니라도 향후 10년간이나마 우리나라를 다각도로 살리기 위한 신뢰성 있는 행동, 책임성 있는 발언을 신중하게 해야 한다. 우리는 정치적·지성적 주변에서 그런 책임성과 신뢰성이 결핍된 경솔한 행동과 발언을 너무 자주 본다. 도대체 그런 무책임한, 믿을 수 없는 발언과 행동이 적어도 앞으로의 10년간 우리나라를 살리게끔 하는 자신을 가졌느냐? 아니라면, 좀 더 원천적으로 연구하자.

2. 지성의 본질과 한국의 지적 환경

앞에서 우리는 모색해야 할 역사의식이 어떤 성격을 지녀야 할 것인가를 보았다. 이제부터는 우리에게 필요한 지성과 한국 지성계의 환경을 비교하면서 우리의 지적 환경의 위기를 밝히려 한다.

우리가 생각하는 지성의 본질은 단적으로 '창조적 상상력과 초월적 행동력'으로 요약된다. 이 점에 있어서 그런 지성의 의미는 필자가 이미 「지식인의 철학 원리」라는 글에서 밝힌 것과 다른 것이 없다(이 점에서 독자들은 그 글을 참고하기 바람).[3] 그러면 '창조적 상상력과 초월적 행동력'이란 무엇인가? 그것에 대한 답변은 위의 논문의 해설에 지나지 않음을 미리 밝힌다.

지성의 본질은 양자택일적인 강요의 성격을 띠는 단가적(單價的) 발상법이 결코 될 수 없다. 단가적 발상법은 삶의 구체적 사유 구조에서 근원적으로 성립하는 '~일 뿐만 아니라, 또한 ~(not only, but also)'라는 양가성을 외면한다. 사실상 우리에게 거듭거듭 새로운 사유의 처녀림을 신선하게 제공하여주는 모든 위대한 사상은 늘 양가성의 논리를 간직하고 있다. 칸트의 철학세계에서 양가성의 뜻은 인간의 유한성과 오류가능성에 직결된다. 따라서 양가의 철학은 곧 정직한 유한성의 철학과 이웃한다.

에마뉘엘 무니에도 그의 『성격론』에서 심리적인 양가의 구체성을 낳고 있다. 그에 의하면 양가성의 논리는 인격의 제한 불가능(정의 불가능)한 '넘쳐

---

3)《文學思想》, 1975년 1월호.

흐름(débordment)'에 그 근원을 둔다. '넘쳐흐름'의 감정은 '나는 늘 나 자신보다 그 이상의 것(Je suis toujours plus que moi-même)'이라는 현상을 증언한다. 그리하여 부끄러움과 수치감은 '나는 나의 육체 이상의 것'을 뜻하며, 수줍음은 '나는 나의 제스처나 나의 말 이상의 것'을 알리며, 풍자와 해학은 '나는 나의 관념 이상임'을 암시하고, 너그러움은 '나는 내가 소유한 것을 넘어 있다'는 초월의 의식을 전제로 한다. 그런 점에서 '넘쳐흐름'에서 나온 양가성은 이데올로기적인 제한성과 정의성을 훨씬 넘어서 있다. 그렇기 때문에 모든 평화는 '넘쳐흐름'의 운동이고 그래서 어떤 신학자가 말한 '평화의 이데올로기'는 낱말의 장난이 아니면 전혀 내용이 공허하다. 그것도 아니면 역사에서 기독교가 자주 범한 전투적·독선적 유일 사상의 발상법인지도 모른다.

레비나스의 이론에 도움을 청할 필요도 없이 단가적 행동주의의 교조화는 상상력의 에너지를 죽이는 전쟁의 사상이다. 양가적 상상력이 단절된 곳에 전쟁의 존재론이 있게 되고, 모든 전쟁은 전체성을 전제로 하는 진리가 찢어질 때 일어난다. 왜냐하면 단가적 행동주의 철학은 '다른 것'을 배격하고 '같은 것'만을 동지로 삼기 때문이다. 이리하여 '피아(彼我)의 노이로제', '적과 동지'의 이분법적 대립이 고조된다. 단가의 발상법은 정신적 독재의 표현이다. 정치 제도에만 독재가 있는 것이 아니라 모든 반독재 투쟁에도 독재적 발상이 있다.

예를 들면 쿠바의 카스트로는 게릴라전을 통하여 구질서의 부패한 독재 체제를 전복시키는 데 성공하였다. 산 속의 '빨치산'이었을 때 그는 언필칭 독재 타도 운동이라고 스스로 슬로건을 내세웠다. 그러나 그는 구질서를 파괴한 다음에 넉살좋게 새로운 독재 체제로 치닫게 되었다. 심리적으로 자기의 과거 행적에 대한 정신적 보상으로 아마 그는 독재를 원하였으리라. 여기서 우리가 알아야 할 것은 거의 모든 구국 동지적 행동주의가 양가성의 지성과 결혼을 맺지 못할 때에 으레 단가적 단순 논리로 만사를 해결하려 한다는 점이다. 우리의 지성 풍토에서 강력히 대두되는 관료적·지사적 발상의 지성적 유치함은 관료나 지사들이 애오라지 단가적 논리의 노예가 된 현상에서 온다고 여긴다.

지성의 사회화가 이성적이기 위하여, 지성의 발상법이 구체적인 역사의식 형성에서 '책임성'과 '신뢰성'을 보여주기 위하여, 현실 참여(engagement)와 현실 반성(dégagement)의 양가적 태도를 지성은 갖추어야 한다. 그런 지성은 참여와 반성을 저울의 두 끝으로 생각하여 평형을 유지하도록 해야 한다. 2~3년 전에 우리의 문단에서 참여파와 순수파의 논쟁이 가열되었음을 기억한다. 그런 논쟁은 모두 '넘쳐흐름'의 양가성을 도외시한 단가적 획일성의 표현이다. 칼 포퍼가 늘 경고한 '엉뚱한 문답 놀이'의 악순환만 거기에 되풀이될 뿐이다. 말할 나위도 없이 인간의 정신 구조는 습관이 엉글어놓는 관습에 의하여 자기가 먼저 선택하는 한 가지 유형만을 절대화하려는 경향을 갖는다. 그래서 현실 참여와 비참여는 제각기 자기의 것을 절대시하려는 항구적 고집으로 치닫는다. 그와 동시에 지성은 중도의 위상을 포기하고 탈락된다. 물론 중도의 위치는 기회주의와는 다르다. 왜냐하면 기회주의는 지성의 산물이 아니라 이해 득실을 노리는 정략의 산물이기 때문이다.

좀 더 지성의 본래적 모습을 그려보자. 지성은 창조적 상상력이다. 상상력은 인간의 미래적 가능성에 대한 개척과 예견의 기능을 가지고 있다. 상상력은 인간의 가능성에 대한 구성력이기에 창조적이다. 폴 리쾨르도 말했다.

상상력은 우리의 세계관을 결정적으로 변하게 하는 노동력이다. 모든 현실 개혁은 먼저 지도적 상상의 수준에서 이루어지는 혁명이다. 인간은 자신의 상상력을 변화시킴으로써 그의 실존을 변화시킨다.

위의 인용은 매우 무거운 의미를 지닌다. 왜냐하면 먼저 지도적 수준(대학에서나 언론계에서)에서 상상력의 창조적 변화를 선행시키지 않고 결행하는 모든 사회 개혁의 운동은 거의 예외 없이 부실로 끝날 위험을 지니게 됨을 리쾨르는 가르쳐주기 때문이다. 우리의 대학 문화와 언론 문화는 단순 논리의 행동주의에만 집념될 것이 아니라 먼저 자신의 상상력을 변화시켜야 한다.

먼저 우리가 역사의식으로서 형성해야 할 유토피아가 무엇인가를 조명하지 않는 즉각적 개혁 운동은 부실과 깊은 후유증을 잉태하게 되리라. 정치, 경제, 사회, 문화 등에 대한 다각도의 종합적 유토피아 의식이 없는 감상적 대중 논리는 책임성과 신뢰성을 갖출 수 없다. 늘 대중은 책임을 지지 않는다.

그러므로 상상력의 창조적 변화를 통한 역사의식의 형성은 이성적으로 현재의 일인칭적 실존과 삼인칭적 구조를 변형시키려고 겨냥하는 '꿈틀거림'의 행동과 통한다. '꿈틀거림'은 꿈의 솟음이다. 이것이 초월적 행동력이다. '꿈틀거림'과 같은 창조적 상상력에서 단절된 모든 단가적 행동은 '관료 근성'과 '지사 근성'을 부채질한다. 관료 근성은 삼인칭 중성대명사의 구조와 조직 속에서 무인격적이고 집단적·전체적 체계와 질서만을 표방하는 권위주의에 살고 있고, 지사 근성은 일인칭적 개인의 실존적 요구만을 전면에 부각시키려 한다. 이미 앞에서 비유된 군 조직을 다시 상기하면 더 쉽게 이해되리라.

일인칭과 삼인칭의 대립을 다시 조화하는 '황금의 중정(中正)'이 필요하다. 그런 '중정'은 마르셀이 남긴 '문지방 위에 선 사상'과 벗한다. 한 범주에 갇힌 인간의 한계(섬)에서 새로운 차원으로 옮겨가려는 꾸준한 노력이 바로 초월적 행동력이요 '문지방 위에 선 사상'이다. 그런 사상의 표현은 모든 현실의 사상(事象)에 대하여 'Oui ou non, mais(yes or no, but)'로 이어진다. 만약에 이 '그러나'를 배제할 때 모든 지성은 상상력과 초월력을 잃고 절대긍정과 절대부정의 패싸움으로 이용된다.

바로 이 점에서 우리는 한국의 지성적 환경의 위기를 너무도 두드러지게 본다. 우리나라의 지성계는 관료 근성적 절대긍정형과 지사 근성적 절대부정형의 타협할 줄 모르는 긴장감 속에서 날로 경직화·화석화되어간다. 한 사회에서 절대적으로 관료 계층도 필요하고 지사 계층도 필요하다. 관료는 테크노크라트며, 지사는 사회의 역사의식의 타락을 방지하는 저항 세력이다. 테크노크라트와 지사는 상보적일 수도 있고 상충적일 수도 있다. 그러나 가장 바람직한 이상형은 대립과 저항을 위한 양극화가 아니라 차원 높은 창조로 가기 위한 상호의존성이다. 그것은 앙리 드 뤼박 신부가 묘사하였듯이 '통일하기 위하여 분리하고, 분리하기 위하여 통일하는' 자세다.

> 참다운 통일은 그것이 모으는 모든 존재를 서로서로 해체시키는 것이 아니라 서로서로를 완성시키는 일이다.

라고 드 뤼박 신부는 『가톨리시즘』에서 밝히고 있다.

　자유당 정권은 관료와 지사가 상호 주체적 의존성을 성공시키지 못한 케이스다. 관료(친일적 성격을 지녔던)들은 맹목적인 긍정형으로서 이승만 대통령에게 아부만 할 줄 알았다. 그와 반면에 이 박사와 사이가 뒤틀어진 항일 지사들은 관료적 지위를 누리지 못했던 탓인지 저항의 일변도로만 매진하였다. 그리하여 관료들의 아첨하는 '절대긍정'과 지사들의 저항의식에 찬 '절대부정'은 건국 초기에 우리에게 산더미처럼 산적된 창조의 작업을 거의 하지도 못하게 했다. 식민지 세력이 물러가고 우리의 힘으로 나라를 적극 창조해 가야 하는 역사의 시점에서 자유당 정권(재야 세력을 포함하여)은 정치적 민주주의, 경제적 자립 의지, 강력한 사회 개획, 교육 문화의 창의적 여건 조성, 자주국방의 기틀을 만들어놓지도 못하였다.

　우리의 모든 지성 교육은 관료 근성 아니면 지사 근성으로 굳어지는 이분법을 탈피하지 못하고 있다. 그런 경직 현상 속에서 메를로퐁티가 말한 '마술에 홀린 세계'를 이성에 맞추는 지성의 상상력과 그것이 지니는 유연을 '사쿠라'로 몰고 만다. 이것이 심각한 지적 풍토의 위기다. 그런 위기는 바로 '흑백논리'로 만성화한다. 우리의 역사에서 부끄러운 당쟁사, 항일 독립의 내분사, 한국전쟁사, 현대 한국의 지성사, 정치적 경험사, 이 모두가 흑백의 노이로제에 빠지지 않았던 것이 거의 없다.

　그런 흑백론적 행동주의는 이미 단순 논리의 유치한 해답만을 가지고 있기 때문에 '울분', '짜증', '만족'만 있을 뿐 모색을 통해 창조하려는 지성의 고뇌는 없다. 우리는 '고뇌'와 '울분'·'짜증'을 혼동하지 말자. 창조의 지성은 물론 저항의 지성을 포함해야 한다. 그러나 저항의 지성이 창조의 지성으로 승화되지 못했을 때 그런 지성은 저항의 대상이 사라지면 허탈감의 후유증을 앓게 된다. 파괴하기에 힘이 있었던 지성도 창조하기에 지극히 보잘것없을 수가 있다. 우리의 역사의식이 적어도 다각적으로 우리의 살길을 슬기롭게 찾기 위한 '책임성'과 '신뢰성'으로 집약되어야 한다면 우리는 단가적인 발상법에 동의할 수 없다.

슬프게도 우리의 대학 지성도 그러한 이분법의 결정론에 빠졌다. 지사만이 있고 지성인은 없는 듯하다. 만약에 지성의 공백이 저항 세력으로 정당화된다면 뒤에 남북 통일의 기회가 올 때에 정치적·경제적·사회적·문화적 통일을 위한 창조적 청사진을 어떻게 형성할 것인가? 우리는 해방 이후에 도래된 창조의 결핍을 다시 반복해서는 안 된다.

우리의 지성계는 신라 통일기를 전후한 시대의 지성을 본받자. 그때에 원효가 있었고, 의상이 있었고, 김유신이 있었다. 원효처럼 십문(十門) 사이에 쟁론을 제거하고 화(和)하게 하는 '화쟁 사상'을 다시 배워서 긍정해야 할 면과 부정해야 할 점의 두 가지를 원융하게 활용하여야 한다. 자기 것만 옳고 다른 것은 외도(外道)라고 하여 나가는 파사현정(破邪顯正)만 고집하면 엉뚱한 문답 '이(二)'의 투쟁이 끊일 사이가 없다. 원효의 융이이불일(融二而不一)의 논리는 양가의 '개합' 사상이요 'oui ou non, mais'의 정신이다.

3. '민중'에 대한 성찰

앞에 이어서 우리는 그것들의 연속으로서 최근에 크게 '민중신학', '해방신학'에서 대두된 '민중'의 개념을 살펴보자. 민중이란 무엇이며 또 과연 민중이란 존재하는가?

근대 서양사상사에서 민중의 개념이 정치철학적으로 부각된 것은 루소의 덕택이다. 루소는 근대 시민국가의 이론을 정립하기 위하여 사회계약론을 생각한다. 바로 이 사회계약론이 문제다. 각 시민은 자유와 평등을 위하여 새로운 계약을 체결해야 하는데, 그러한 계약의 보편성을 정치적으로 어떻게 찾아야 하는가가 루소의 큰 고민이었다. 이리하여 루소는 그런 보편성을 '일반의지'라고 명명하였다. 이 '일반의지'의 개념은 사실의 측면에서 존재하지 않는 매우 추상적이고 허구적인 성격을 지닌다. 일반의지는 민중의 다수 의지보다 더 포괄적이고 초월적인 뉘앙스를 지닌다. 그 까닭은 다수 의견이 반드시 옳은 것은 아니며 그들의 판단이 틀릴 수도 있기 때문이다. 그러나 일반의지는 인민이나 민중의 집약적이고 불가오류적(不可誤謬的) 의지를 포함한다고 루소는 주장한다. 여기서 주권재민의 불가침설이 나온다.

우리는 루소가 말한 근대 시민사회의 민중(인민)과 일반의지를 어떻게 보아야 하나? 그런 개념들은 추상적이고 익명적인 '법의 문제'이지 경험적이고 구체적이며 인격적인 '사실의 문제'는 아닌 것이다. 그러므로 사실의 측면에서 '민중(people)'이 무엇인가 하고 그 내용을 물으면 법률적 개념 이상의 구체성을 띠지 못하게 된다. 그렇기 때문에 '민중'이라는 개념을 현수막으로 삼고 그토록 많은 민주주의의 정치 제도가 지구상의 지도를 다양하게 꾸밈은 바로 그 개념이 허구적이고 추상적인 데서 온다. 공산주의의 일당 독재를 공산당들은 바로 인민의 민주주의라 자칭하지 않는가! 따라서 일부 신학자들이 섬기는 '민중'이란 정확히 분석하면 법적 개념의 적용 대상 이외에 다른 것이 아니다. 그것은 마치 자연인도 아닌 기업체를 법인으로 간주하여 법률상으로 자연인과 똑같은 권리와 의무를 적용시키는 익명의 사고방식과 같다. 구체적인 법인이 어디 있는가? 제도의 법적 기구 이외에 다른 어디에도 없다.

그러면 근대 시민사회에서 '민중'의 개념이 지닌 가치가 무엇인가? 누군가는 마치 내가 '민중' 개념의 가치를 전적으로 인정하지 않고 플라톤적인 '철인제왕(哲人帝王)' 정치를 찬양하는 것처럼 착각하고 있다. 근대 시민사회에서 추상적·법적 개념으로서의 민중은 절대군주 정치제도와의 차이점을 밝히기 위한 법학적 가설로서의 가치를 지니고 있을 뿐이다. 그러므로 일부의 신학자들처럼 민중을 역사의 구체적 실체로서 오해해서는 안 된다. 바로 민중이 실체가 아니기 때문에 민중의 이름을 내건 많은 사이비 체제가 루소의 본디 생각과는 다른 이현령비현령(耳懸鈴鼻懸鈴)으로 채색된다. 또 민주주의는 그처럼 추상적 형식만 지니고 있기 때문에 이른바 서구식 부르주아 민주주의 체제를 갖춘 많은 후진국들이 그 내용을 실질적으로 채울 줄 몰라 혼미에 헤매게 된다. 그런 한에서 링컨 대통령이 말한 '국민의, 국민에 의한, 국민을 위한 정부'는 하나의 정치 이념의 형상이요, 법적 타당성의 규범일 뿐이다.

민족과 민중을 구별하는 것은 자명한 생각이므로 더 왈가왈부할 생각이 없다. 그러나 '민중'이라고 어떤 신학자가 말한 것은 사실상 대중(大衆)이다. 이 점을 분명히 밝혀야 한다. 인민이나 민중은 'people'로서 법률적 개념이지만 대중의 개념은 현실적 실재다. 그 신학자는 민중을 대중과 혼동했지만 좌우간 그 대중으로서의 '민중'이 문제다. 예수는 버림받고 힘없고 소외된 사람들의 휴식이요 위안이었다. 그런데 바로 그런 사람들이 대중으로서 하루아침에 예수를 십자가에 못 박도록 미친 듯이 고함을 질렀다. 왜 그는 대중인 민중을 숭배하면서 바로 그들 대중이 예수를 죽이라고 한 사실을 언급하지 않는가? 소설가 송영 씨는 「민중」이라는 제목으로 다음과 같은 칼럼을 썼다.

프랑스 혁명은 민중에 의한 것이라고 말하나 민중과는 아무런 관계도 없어요. 당시 부르주아 불평분자들이 모여 이룩했고, 러시아 혁명도 결국 같은 유형이었다고 생각해요. (중략) 전후 독일의 민주주의에 대해 사람들이 운위하고 있지만 바로 전후의 민주주의를 지탱하던 똑같은 민중이 히틀러를 지지하고 있었던 셈이죠. (중략) 원래 존재하지도 않는 것을 존재하고 있는 듯이 말하니까 무슨 일이 생기면 모두 도망칩니다.[4]

또 일부 신학계는 3·1운동과 맹자의 '민심즉천심'의 경우를 가지고 나에게 이의를 제기한다. 확실히 기미년 3·1운동은 하나의 대중봉기임에는 틀림없

---

4) 《서울신문》, 1975년 4월 10일.

다. 그러나 그 대중봉기의 밑바닥에는 민족적 자존의 요구가 독립 의지로 펼쳐진 민족운동이지, 민중의 자발적 운동은 아니다. 민족운동과 '민중운동'이 혼동되고 있다. 또 일부에서 말하는 홍경래의 난과 동학란도 두루뭉술하게 표현되는 이른바 '민중운동'이 아니라 계급감정, 로컬리즘, 종교운동, 민족감정이 한데 어울려 폭발된 것이다. 우리 모두가 계급주의 철학에 동조하는 것이 아닐진대 그 문제는 더 이상 언급하지 않겠다.

맹자의 '민심즉천심'에 대하여 이미 내가 간단히 해명한 바가 있다.[5] 그러나 맹자가 말한 '민심즉천심'이 현대 대중사회에서 이미 그 효력을 상실하였다는 나의 이론이 제대로 의사전달이 안 된 것 같다. 그래서 여기서 다시 설명하겠다. 맹자가 생각하였던 민본주의는 '위민사상(爲民思想)'이지, 몰트만 교수가 말한 바와 같은 대중의 정치, 대중이 주체가 되어 스스로 자기 자신을 형성한다는 것이 아니다. 우리는 '백성을 위한다'는 정치 사상과 몰트만 교수가 말하는 민중의 사회주의를 혼동해서는 안 된다. 왜냐하면 맹자의 사상에는 그 실질적 내용이 있지만 몰트만의 말은 선거 유세 시의 정치가의 선동처럼 아무런 뜻도 없기 때문이다. 명동거리에 오고가는 대중이나 시장바닥에서 돈 10원 때문에 신경을 쓰는 대중이 직접 정치를, 직접 교회를 이끌어나간다는 뜻인가? 알지 못할러라 그 진의를!

또 민심즉천심은 백성이 요순 사회처럼 자연법의 질서대로 살 수 있었던 때의 이야기다. 이른바 백성이 자연의 질서와 현존적 신비감을 형성하고 또 물 흘러가듯이(이미 '法' 자 자체가 물이 흘러간다는 것을 상징함) 자연법의 선천성(孝, 悌, 忠, 信)대로 살기만 하면 다른 사회성이 생길 수 없는 농경 시대의 철학이 맹자의 민심즉천심의 개념이다. 우리는 산업 시대와 더불어 등장된 대중사회에 대한 새로운 인식을 해야 한다. 어떤 신학자가 대중을 민중으로 혼동하고, 그리하여 대중을 우상화하다시피 높이 평가함으로써 '유언비어는 하느님의 말씀'이라고까지 생각한 전율할 만한 발상법을 공언하게 되었다.

---

5) 《文學思想》, 1975년 4월호.

이리하여 하느님의 로고스는 익명의 '얼굴 없는' 거리의 사람들의 잡담으로 타락하였다. 이미 이규호(李奎浩) 교수는 논문 「언어에 대한 불신」[6] 가운데서 다음과 같이 지적하였다.

이 사회에 널리 깔린 언어의 불신은 슬로건주의에서 오고 그런 풍조는 자기 말과 주장에 대하여 충분한 근거의 제시와 논리적인 이론 전개, 그리고 가능한 결과들에 대한 고려 등을 생략해버린 데서 온다.

어째서 유언비어가 하느님의 말씀인가? 모씨가 그렇게 생각하게 된 동기는 관료와 지사의 대결에서 오는 지사의 시사적 관심이 아닐까? 사실상 불행하게도 우리의 지성계는 너무 시사적 스타일에 빠져 그것을 초월하지 못하는 병폐를 안고 있는 듯하다. 유수한 월간지들이 월간신문 정도의 시사성에만 집착하는 형편이고 보니 지성 본래의 기능이 월간지를 통하여 제대로 꽃피지 못하게 된다. '유언비어는 천심'이라는 생각은 시사성의 단가적 발로이기에 우리는 그런 생각에서 책임성과 신뢰성을 느끼지 못한다.

그러면 지성인들은 대중에 대하여 어떤 생각을 가져야 하나. 필자는 「현실 앞에 선 철학자의 고민」이라는 제목으로 대중과 철학자의 관계를 논한 적이 있다.[7] 지금의 생각이 그때의 생각과 별로 다름이 없다.

철학자는 명상하고 사유한다. 그러나 대중은 사유하지 않고 막연한 소문(유언비어)과 그럴 듯한 느낌으로 판단한다. (중략) 대중은 평준화를 바라지만 철학자는 평준화를 가장 싫어한다. 한마디로 대중은 철학 없이도 산다. 그러나 철학자에게는 대중이 난제로 등장된다. (중략) 오늘날 한국에서 일군의 지식인들이 대중 예찬론을 한국사의 대중 반정을 실례로 들

---

6) 《月刊中央》, 1975년 4월호.
7) 《文化批評》, 1971년 봄호.

어가면서 전개하고 있음이 가끔 보인다. 그러나 나는 그들의 견해 속에 플라톤적인 콜라케이아(아첨)가 대중의 신화와 더불어 무비판적으로 용인되고 있는 것이 아닌가 생각하여본 적이 있다. (중략) 철학자는 대중을 도외시할 수 없다. 그 까닭은 대중이 철학자의 고향이기 때문이 결코 아니라 역사의 조건이기 때문이다. (중략) 대중의 철학이란 이미 철학이 아니다.

지성인이 부당한 정치권력에 아첨 안 하기는 어렵다. 그러나 대중의 인기와 요청에 아첨 안 하기는 더 어렵다. 지성이 부당한 권력에 의하여 박해를 받은 일도 많았지만 대중에 의하여 핍박을 받은 일도 그만큼 많았음을 망각해서는 안 된다.

우리는 산업 시대의 대중사회에서 가면을 벗긴 대중의 본 모습을 알기 위하여 스페인의 철학자 오르테가 이 가세트의 유명한 『대중의 반역』을 생각하지 않을 수 없다. 오르테가에 의하면 오늘날의 대중은 자신의 영혼이 스스로 진부하다는 것을 알면서 도처에 범속의 권리를 건방지게 주장하며 또 그것을 남에게 강요하려 한다. 이리하여 대중은 자기와 같지 않은 모든 것, 즉 우수하고 개인적이며 자질이 있고 선택된 모든 것을 깡그리 지우려 한다. 그렇다고 오르테가는 현대의 대중이 우민(愚民)이라고 낙인찍지는 않는다. 이 스페인의 철학자는 오늘의 대중이 과거 어느 시대의 대중보다도 더 자각되어 있다고 인정한다.

그러나 그런 능력이 실상 창조적인 것에 조금도 쓰이지 않는 데 심각한 문제가 있다. 왜냐하면 오늘의 대중은 우연히 얻은 공허한 말이나 관념의 단편적 조각들을 완전한 것으로 결정짓고 결정론적 행동주의로 치닫기만 하기 때문이다. 이들 대중의 관념을 오만하게 조장하는 것은 현대 사회에 있어서 TV, 신문, 라디오, 영화이다. 오늘의 현실에서 언론의 가장 불길한 영향은 주체의 존재 자체 속에 있는 실재적 모든 근본으로부터 벗어난 방계적 이미지나 내용이 없는 관념을 근본적인 실재에 대신하고자 재빨리 윤전기를 돌림에 성립한다. 이리하여 대중은 쉽사리 획일화되고 수월히 광신적으로 변하게 된다. 이 점에 대하여 모씨는 어떻게 생각하는지?

또 모씨는 "부자와 권력자는 주기도문을 드릴 자격이 없게 되어 있는 것이 기독교다"라고 다시 한 번 더 강조하면서 나의 비평에 대하여 수정하지 않겠다는 결심을 나타내 보인다. 여기에 대하여 나는 분명히 다시 그런 발상법—그것의 원천이 몰트만 교수든 다른 신학자든 관계없이—은 전투적 '추상의 정신'에 말려들어갈 위험을 간직하고 있다고 다시 주장한다. 물론 '추상의 정신'은 낱말의 마르셀적인 뜻에서 이해되어야 한다.

① '추상의 정신'은 원한을 담고 있는 사고방식이다. 요컨대 추상의 정신은 정신의 획일성을 말하는데, 그 까닭은 모든 구체적 현상에 관한 양가적 가치를 무시하고 적의에 의하여 한 단가만을 특별히 의도적으로(정략적으로) 강조한다. ② '추상의 정신'은 전쟁의 요인이다. 적의의 관념으로만 남지 않고 열광성을 띤 행동으로 표현된다. ③ '추상의 정신'은 대중사회를 흥분시키고, 대중의 사고방식을 더욱 이분법적 흑백의 논리로 경직화시킨다.

어떤 사회 제도도 경제적으로 대중을 잘 살게 하기 위한 목적으로 설정되었다. 공산주의도 자본주의와 마찬가지로 여기서 예외는 아니다. 도대체 무조건 '부자와 권력자는 예수를 믿을 수 없다'는 방식의 논리는 무엇을 뜻하는가?

한완상(韓完相) 교수가 '청부(淸富) 예찬'을 하였는데 그것은 지극히 정당한 역사의식이다. 우리는 '청부'를 사랑하고 그 윤리를 대중에게 확대시켜야 하는데 그 반면에 일부 신학계의 이론은 너무도 열광적인 듯하다. 이미 비판된 '평화의 이데올로기'라는 말에는 영혼의 자유를 상실한 굳은 전투성이 도사리고 있지 않은가?

우리가 앞에서 밝혔지만 그러한 발상법이 나오게 된 근거는 한국 지성계의 지사적·관료적 대립이 낳은 의식의 화석화라고 생각한다. 우리는 베트남이나 크메르와 같이 되지 말아야 하는 중대한 명제를 안고 있다. 과연 우리나라를 험난한 파도 속에 침몰시키지 않고 안전하세 항해케 하기 위한 지성의 사회적 '책임성'과 '신뢰성'을 어떻게 성숙시켜나갈까?

화해를 위한 사상

1. 진리가 무엇이냐

재판받기 위하여 예수가 빌라도 앞에 끌려갔다. 이리하여 빌라도의 심문은 시작된다.

> 빌라도: 도대체 네가 왕인가?
> 예수: 네가 말한 대로 내가 왕이다. 그리고 나는 오직 진리를 증언하기
>   위하여 이 세상에 왔고 태어났다. 진리의 편에 있는 이는 누구든
>   지 나의 목소리를 듣는다.
> 빌라도: 진리가 무엇인가?
> 이 말을 묻고 그는 다시 밖으로 나가 유태인들에게로 갔다(요한, 18:37-38)

'진리가 무엇인가'라고 묻고 예수의 해답도 없이 로마의 총독 빌라도는 곧장 밖으로 나가 예수를 처형할 의사가 없음을 밝혔다. 우리는 '진리가 무엇인가라는 빌라도의 질문에 왜 예수의 답변이 없었는지에 대한 몇 가지의 가능한 추리를 생각할 수 있다.

① 빌라도는 예수가 답변을 할 수 있을 시간적인 여유를 주지 않았다.

② 빌라도가 비록 그런 질문을 던지기는 하였어도 그는 이미 정의할 수 있는 범주를 넘어선 진리를 어렴풋이 그러나 이심전심으로 깨닫고 있었다.

③ 예수는 그런 질문에 대하여 세 치 혀끝의 말로써 진리를 정의할 수 있

다고 여기지 않았다.

④ 톨스토이가 지적했듯이 '자기 스스로가 진리인 사람은 결코 진리에 대하여 언급을 하지 않는다.' 예수도 여래나 공자나 소크라테스처럼 스스로의 존재 자체가 진리이기 때문에 진리에 대한 객관적인 논술이나 저술을 하지 않았다(인류의 4대 성현은 직접 한 편의 저술도 남기지 않았다).

이상의 네 가지 가능한 추리를 생각하여볼 때 제일 첫 번째의 경우를 제외하고는 모두 진리에 대한 논리적 단정인 정언적(定言的) 판단(진리는 ~이다)이 '진리란 무엇인가'에 대한 해답의 양식으로서 충분하게 될 수 없음을 암시하고 있다. 물론 '~이다'라는 정언적인 논리의 판단이 진리 탐구에 등록될 수는 있다. 그러나 진리는 단순한 정언 판단의 세계를 한없이 초월하고 있다는 것을 우리는 요한복음의 대화에서, 그리고 일상생활의 잘 숙고된 경험을 통하여 알 수 있다. 또 여래세존이 제자 가엽(迦葉)에게 나타낸 염화미소(拈華微笑)의 참뜻은 바로 정의될 수 있는 영역을 늘 초월하고 있는 진리의 본질을 상징한 고사다. 그뿐만이 아니다. 『논어』에서 공자는 '인(仁)'으로서의 진리에 대한 딱 잘라진 정의를 한 곳이 아무데도 없지 않은가! 언제나 그는 '인(仁)은 ~에 가깝다'고만 말하였을 뿐이다.

그러면 우리는 왜 이런 이야기를 여기서 하는가? 예상되는 독자들의 의문에 답변하기 위하여 독자들은 이미 발표된 나의 글 「혼미 시대에 그리는 한 철학」[1]을 다시 인용함에 양해하여주기 바란다.

우리의 현실은 말이 많고 동시에 말이 없는 시대다. 한 마디 말로 천 냥의 빚을 갚는다는 격언이 역설적으로 말하듯이 우리는 말이 모두 공짜라는 생각에 젖어 있다. 그래서인지 이 시대에 말 많은 사람은 성직자요, 정치가요, 학자요, 학생이요, 깡패요, 자칭 애국자들이다. 이미 셰익스피어의 햄릿도 말하기 쉬움의 허영심을 진저리나게 느꼈다.

'말! 말! 말!' 범람하는 말의 중독 현상에 걸려서 우리는 이제 거의 보통 말

---

1) 《基督教思想》, 1974년 11월호.

과 그것의 예사스러운 표현에 불감증이 되었다. 그와 동시에 '참'의 말은 거의 듣기 어렵다. 우리에게 의미의 무게를 주는 '참' 말의 부재라 함은 곧 말의 빈곤과 철학의 빈곤을 그 근원에 두고 있다. 홍수가 나서 어디에나 물은 많지만 정작 마실 수 있는 물은 아무데도 없다. 이처럼 우리의 현실 사회에서 가벼운 빈껍데기 말의 범람과 무거운 알맹이의 말이 거의 없다는 현상은 우리로 하여금 반사적으로 실천적 노동만이 유일한 의미라고 생각하게 한다. 그래서 우리의 사회에서 비등하는 말은 마실 수 있는 말로 여겨지지 않아서 무시되어도 좋고, 중요한 것은 실천적 노동이라고 여겨지게 된다. 이런 발상이 재야 세력(정치적 야당을 포함하여)의 말에 대하여 집권 세력의 실천 우위를 유도케 한 것 같다.

'아는 것만이 힘이 아니라, 실천하는 것이 힘이다'라는 지하철의 복도에 붙은 구호가 얼마나 정당한가 함은 불문에 붙이고, 좌우간 그 말은 이 현실에서 말의 전율할 만한 타락과 불신을 두드러지게 오려내고 있다. 그런데 그런 타락, 그런 불신은 이 나라에 두 개의 큰 거북스러운 재앙을 결과적으로 야기시키고 있다. 그 하나는 '프로파간다'의 범람이요, 또 다른 하나는 경제 성장을 유일한 실천적·노동적 가치로 생각함이다. 그런데 이 두 가지 현상은 사실상 서로 깊은 연관성을 지니고 있다. 왜냐하면 모든 프로파간다는 내용이 없는 정략적 구호이거나 아니면 눈에 보이는 가시적 생산만을 위한 말이므로 결코 그것은 정신을 부르는 말이 아니기 때문이다.

'자유는 전제조건이 없다'는 야당의 말은 정략에서 나온 것이 아니면 그것은 아무 내용도 없는 공허한 외침이다. 또 '80년대 국민소득 1천 불'의 구호도 혼미한 이 현실을 구제하는 정치적 진리가 아니다. 이미 프랑스의 사회학자 뒤르켐이 그의 『자살론』에서 언급하였듯이 가난의 불행을 극복하기 위한 정치 행동은 바로 직선적으로 경제적 부의 축적과 성장을 반사적으로 생각하게 한다. 그러나 가난의 부자유와 불행을 진실로 극복하려는 정치는 먼저 가난한 삶 속에서도 국민의 떳떳한 삶의 긍지를 잃지 않도록 해야만 성공한다. 가난이란 죄악도 수치도 아니다. 단지 그것은 삶의 불행이요 불편일 뿐이다. 만약에 가난이 곧 부끄러움이라고 일반적으로 여겨지게 될 때 뒤르켐이 지적한 '사회적 일탈관계'가 발생하여 사회적 적대감정과 원한이 너무도 수월하게 사회적 도덕심과 화해를 쓰레기통에 버리게 된다.

우리는 지성이 사랑해야 할 진리와 정략을 조금이라도 혼동해서는 안 된다. 지금 우리 사회는 '진리의 정신'이 정략에 의하여 그 기력을 잃어가고 있다. 그리하여 가부의 어느 편에 서는 정략적 이론이 아니면 어떤 이론이든지 이른바 '사쿠라'로 지목받을까 하는 걱정거리 때문에 자기의 생각을 완결하게 정의하여 제한시켜야 한다고 어렴풋이 느낀다.

본디 정의하는 태도와 제한하는 태도는 어원상으로 같다. 이래서 우리에게는 여백과 초월의 정신(진리는 본디 초월적이 아닌가?)이 메마르게 된다. 이미 앞에서 우리에게 물이 많되 정작 마실 수 있는 물이 거의 없다고 하였다. 마찬가지다. 우리에게는 자유가 많다. 그러나 진실로 의미 있는 창조적 자유는 거의 없다. 이것이 문제다.

최근 이규호 박사와의 사담에서 그는 나에게 우리의 정치 주장, 문화 논설에는 이론적 정초가 전혀 없다고 말하였다. 동감이다. 주장과 고집과 위협과 비분강개는 많되 설득력과 초월적·포괄적 이성은 거의 없다. 우리는 '조급한 개괄의 오류'라는 고착된 발상법을 시정해야 한다. 가브리엘 마르셀의 저서에 『편력하는 인간(Homo Viotor)』이 있다. 곧 편력하는 인간은 '나그네'의 정신이다. 끝없이 초월하는 나그네는 '진리의 정신'에 따르는 내면적 정신의 탈바꿈을 겪기 때문에 한 시공에 고착하여 경직화되는 편벽증을 갖지 않으리라.

2. 원효와 율곡, 두 위대한 화해의 얼

바로 이 점에서 우리 민족에게는 상대적으로 모든 정의 가능성(제한 가능성)을 넘는 초월적 나그네의 정신이 크게 결여되어 있는 듯하다. 이 점은 우리 민족의 의식 구조가 너무 '현세적'이라는 현상과 직결된다. 한국 사상사를 연구하면 할수록 그런 생각은 더욱 뚜렷해진다. 모든 현세적 관념 구조는 자연히 정치적 구조와 밀접한 연관을 짓고 그런 관련성은 쉽사리 타락되어 '현세적 이해관계=정치적 이해관계'로 치환된다. 그리하여 현실에서 '이것 아니며 저것'이라는 양자택일의 비상상적 일원론의 도식주의적 논법은 우리의 민족 문화를 비화해적으로 몰고 왔다.

한국의 여명기에 싹튼 고대 초기 사상은 다 같이 공통점을 안고 있다. 단군 신화에서의 '재세이화(在世理化, 인간 세상을 理法으로 다스린다)', 고구려 광개토왕비의 '이도여치(以道興治, 道로써 정치한다)', 신라 박혁거세의 '광명이세(光明理世, 광명으로 세상을 교화한다)'는 다 함께 우리 민족의 이상상(理想像)이었다. 그런 이상상은 모름지기 현세 정치의 근본을 '참'되게 한다는 뜻이다. 그러나 현세와 이상이 불일치한다는 것은 인간의 경험이 변함없이 남긴 역사적 운명이다. 그러므로 그런 이상이 나그네의 초월적 정신에 의하여 끝없는 재생의 탈바꿈을 겪지 않을 때, 그리고 바로 그 순간에 '현세의 이법(理法)은 우리의 주장'이라는 편협한 아집에 빠지게 된다. 이래서 우리 민족은 단 한 편의 참회록도 남기지 않았다. '잘되면 자기 탓, 못 되면 조상 탓'이라는 탓의 심리는 한국 사상에 비화해적 요인을 엉글게 하였다.

조선의 한 선각자의 소리를 귀담아 듣자. 장유(張維)는 그의 『계곡만필(谿谷漫筆)』에 다음과 같은 글을 남겼다.

중국에서는 학술이 다기(多技)해서 정학(正學. 유학)이 있고 선학(禪學. 불교)이 있고 단학(丹學. 도교)이 있다. 정주를 배우는 사람도 있고 육씨(陸九淵)을 배우는 사람도 있어 문경(門經)이 획일적이 아니다. 그런데 우리나라에서는 유식자 무식자 할 것 없이 책을 끼고 독서하는 자는 모두 정주를 칭송하고 욀 뿐, 다른 학문이 있다는 것은 듣지 못하였다.

신라 말기에 불교의 교종이 쇠퇴하고 선종이 득세하니까 고려 불교에 가

서는 드디어 선·교 간의 대립·갈등이 생기게 되어 지눌 스님이 교·선 간의 공
방을 초월하려 하였으며, 또 조선조에서는 숭유억불 정책으로 오직 주자학
만이 교조화되어 다른 사상과 발상은 사문난적(斯文亂賊. 요즈음의 사쿠라 발상
보다 더 극악하다)으로 정략화되었다. 주자학의 지성이 정략화된 것이 바로
당쟁이다. 심지어 우리의 대철학자 퇴계마저도 양명학을 이단으로 몰아붙
였다는 것은 단적으로 우리 민족에게 조급한 정의로 생각이나 행동을 완결
(종결)시키는 발상이 얼마나 의식의 밑까지 뿌리깊이 박혔는가를 입증한다.
해방 후의 좌우 세력의 극단적 피 흘림, 그것은 드디어 내란까지 확대되었고
또 계속되어온 여야의 각각 완결된 결론으로 대결하려는 발상법은 모두 비
화해적 비민주의식의 단면을 보여준 보기다.

우리는 이 시점에서 모두 진실로 보편적인 화해의 철학 사상을 이 민족사
에서 꽃피운 두 사람의 '진리의 정신'에서 다시 깊이 자신을 반성하여보아야
한다. 원효와 율곡은 적어도 우리나라 역사에서 화해를 위한 정신의 두 거봉
이다.

원효, 이 높은 스님은 통속적으로 말하여 불가의 어느 종파에 치우침이 없
이 삼장(三藏. 經, 律, 論) 전체를 섭렵하였을 뿐만 아니라 불가의 철학적 두 대
종인 공론(空論)과 유론(有論)을 아울러 보편적으로 꿰뚫은 원융(圓融)의 사상
을 대성시켰다. 또 원효는 성속일여의 정신을 몸소 구현하여 '일체무애인 일
도출생사(一切無碍人 一道出生死. 어떤 것에 편벽하여 구애를 받지 않는 사람은 한
길로 생사를 초월한다)'의 뜻을 노래로 지어서 천촌만락(千村萬落)에 유포시켜
대중을 불법에 귀의하게 만들었다. 또 이론적으로 화쟁의 논리를 전개시켰
는데 그것이 바로 곧 화해의 사상이다. 그의 '화쟁 논리'는 박종홍 박사가 그
의『한국사상사』에서 난삽하지만 간명하게 밝혔듯이 '개합(開合)과 종요(宗要)',
'입파(立破)와 여탈(與奪)', '동이(同異)와 유무(有無)', '이변비중(離邊非中)'의 사
상이다.

낱말의 원효적인 뜻에서 '개합'과 '종요'는 같은 것이다. 불교에서 정신을
열면(開) 한없는 뜻(無量無邊之義)이 전개되지만 합치면 무한한 모든 것이 하

나로 융화되니, 연다고 번잡한 것이 아니요 합친다고 획일적으로 좁아지는 것이 아니다. 또 '입파'와 '여탈'도 같은 진리의 차원이다. '입'과 '여'는 같은 찬성과 정립의 세계이고 '파'와 '탈'도 역시 반대와 반정립의 같은 세계이다. 이리하여 '입'과 '여'에만 집착하는 것이 '관료적 긍정형'이고 '파'·'탈'에만 집착하는 것이 '유아적 부정형'이다. 그래서 두 세계의 왕래를 알지 못하면 논쟁과 불화가 끊이지 않게 된다. '동이'와 '유무'의 세계도 마찬가지다. 원효의 말을 인용하자.

　　쟁론은 집착해서 생긴다. 여러 의견이 서로 싸울 때에 유견(有見)이라 말하면 공견(空見)과 다르고 공에 집착함이라 말하면 유에 집착함과 다르다. 그리하여 '같다', '다르다' 하는 논쟁만 더욱 가열된다.…그러므로 같은 것도 아니요, 다른 것도 아니라고 말한다.

　이리하여 원효 큰스님은 '이변비중'의 사상을 보이면서 '유도 아니요 무도 아니요 그 두 가지 변을 멀리 떠나면서 그렇다고 중도에 집착하지 않는(非有非無 遠離二邊 不着中道)' 화해의 사상, 화쟁의 사상을 증언하였다.

　원효가 우리의 불교 사상에서 우뚝 솟은 화해의 진리라면 율곡은 우리의 유교 사상에서 찬연히 빛나는 보편정신이다. 경직화되기 시작한 조선 사회의 주자학 교조 시대의 큰 선비 율곡은 불교·도교 그리고 양명학마저 통달하였다. 그의 보편정신은 이미 이 큰 선비가 금강산에서 하산할 때 보응산인(普應山人)에게 준 시에서 나타나 있다.

　　도를 배움에서는 곧 집착이 없는 것이니 인연을 따라 어디든지 노니노라.

　또 『율곡전서』에 실린 시(詩)에서 볼 수 있는 율곡과 스님 간의 대화는 맹자의 '성선지도(聖善之道)'와 '심즉불(心卽佛)'의 불교적 진리가 근본적으로 원융의 가락지를 형성할 수 있다고 천명하고 있다. 이런 그의 화해 사상은 진리가 당략으로 전락하는 시대에 잠을 못 이루는 불면의 고통을 그에게 주었다.

어느 정도 공부의 기초를 익힌 이면 누구나 원효와 율곡을 다 안다. 그러나 이 시대에 원효와 율곡을 자기의 정신 속에 산 이는 드물다. 모든 화해는 먼저 근본을 깊이 조명하여보려는 '진리의 정신'이 숨을 못 쉴 때 결코 생기지 않는다. 어떤 특정한 정의로 제한되지 않는 진리가 비진리로서 염색될 때 어떻게 화해의 진리가 나타나겠는가? 그런 발상이 원효와 율곡을 죽인다.

'새나라' 만들기와 사상의 모음
지나간 우리의 실패사를 반성하며

플라톤은 그의 『공화국』 속에서 "선택은 선택하는 이의 책임성이지 신이 거기에 책임을 지지 않는다"(X. 617E)고 말하였다. 이 말은 토인비의 사관인 '도전과 응답'의 역사철학과 맞먹는다. 지금의 우리 사회는 근본적으로 어떤 도전이 우리에게 충격을 주었으며 또 거기에 대응하는 응답의 문화철학이 무엇이어야 하는가에 대한 이론상·실천상의 체계를 구조적으로 갖추고 있지 않다. 그런 도전에 응답하는 체계가 성공적으로 체계화되지 못할 때 무거운 형벌을 우리가 당하게 되리라. 왜냐하면 새 사조, 새 사상의 체계가 옛 문화를 무자비하게 파괴하는 혁명이 일어나든지 아니면 새 문화가 지닌 악마적 요소가 경직화된 옛 문화의 차원에 침투하여 옛 질서, 옛 사고방식을 썩게 만들기 때문이다.

그러면 우리는 어떻게 옛 모습의 전통 문화를 새 모습으로 적응시켜야 할까? 우리 사회가 크게 받고 있는 충격들이 과연 무엇인가? 우리는 먼저 그러한 충격들에 대한 체계적 분류와 성격을 규명해야만 거기에 대응하여 그것들을 창조적으로 탈바꿈시키는 응답의 종합적 지혜를 발견할 수 있으리라. 그러기 위해서 우리는 불교문화권의 동질성이 실질적으로 무너지기 시작하는 대한제국에서 오늘의 대한민국까지 이어온 문화의 도전과 거기에 상응하는 응답을 한 번 정리해보아야 한다.

이 논설은 그 문제에 대하여 미리 의도적으로 정리된 연구의 결과가 아니고 단지 하나의 발상법으로서 가정적으로 던져질 뿐이다. 물론 그런 발상법의 발표는 오늘의 우리 사회가 근본적으로 필요로 하는 사상이 어떤 작용을 가져야 하는가를 알아보기 위함이다.

①대한제국이 새 시류를 타고 나타나기 조금 전에 조선은 하나의 도전을 체험했다. 바로 실학 사조의 잉태다. 그 도전이 청조의 북학에서 온 것이든 조선 내부의 새 움직임에서 솟은 것이든 예학으로 기울어진 성리학에 대항한 사회사상적 반작용임에 틀림없다. 이 말은 실학이 성리학의 철학과는 전혀 이질적이라는 해석과는 다르다. 그런데 성호 이익을 제외하고는 거의 모든 실학파들은 대체로 사상적으로 주기적(主氣的) 경향을 띠고 있다. 그래서 그들은 첫째로 주자학의 '생리(生理)=도리(道理)', '자연=인륜'의 철학적 등식을 부정하고 자연의 세계와 인간의 세계를 분리시켰고 물리의 법칙과 심리의 법칙을 갈라놓았다. 둘째로 과학기술을 중시하는 사상의 함양과 경제적 생산성을 지성의 참 기능으로 그들은 생각하였다. 셋째로 화이(華夷)의 개념을 거부하고 근대적 국민경제의 구조 개혁을 주장하였다.

②실학의 서양적 발상법과는 달리 실학 사조의 말기에 일어난 동학사상이 있다. 최제우의 '만고에 없는 무극대도(無極大道)'를 대중화한 동학은 민간신앙으로 퍼지면서 무교적 '신바람'을 힘으로 하여 서학의 이론과 종교에 대응하여 '인내천(人乃天)'이라는 민족 고유의 정신을 다시 선양하였다.

③한편으로 전통적 주자학은 다시 주리파(主理派)와 주기파(主氣派)로 이론적 분화를 이루었다. 주리파의 거두 이항로의 제자인 최익현이 척사파로 사상을 잇는다. 한편 주기파인 최한기는 실학을 이어서 온다. 개화파의 김옥균이 실학 → 주기론의 정신을 실천화하려 한 사상의 소유자임이 귀납적인 뜻에서 가설로서 정립된다.

④기독교의 유입은 주로 미국 선교사에 의해서 수행된다. 천주교는 프랑스 신부에 의해서 포교되나 문화적으로 기독교에 비하여 그 힘이 약하다. 미국 등지의 선교사들은 우리에게 과학, 기술, 민주주의, 자유, 평등 등의 서구적 가치를 이식시킨다. 기독교의 힘찬 도전에 원래부터 민간 신앙의 기반이 약했던 유교는 거의 퇴색하고 단지 민간 신앙의 전통이 깊었던 불교만이 소극적으로 대응한다.

⑤ 공산주의 사상이 유물사관의 이론을 배경으로 하면서 이 땅의 문화에 또한 충격을 준다.

⑥ 기미년 3·1운동은 우리의 전통 문화인 유·불교와 동학의 변신인 천도교, 그리고 기독교가 합일하여 일어난 민족독립운동이다. 이리하여 민족주의 사상이 또한 스스로 배태된다.

⑦ 서양에 지식인들이 유학가게 됨으로써 다양한 서양의 정치, 경제, 사회, 문화를 분업적으로 또는 총체적으로 연구한 서양 사상이 이 땅에 큰 세력을 이룬다. 그런 사양 사상은 여러 갈래를 지니고 있기 때문에 체계적으로 정리하기가 퍽 어렵다. 거기에 대하여 한국 또는 동양의 정치, 경제, 사회, 문화를 연구하는 한국학 또는 동양학의 자기 발견도 뒤늦게 움튼다.

이상으로 우리는 우리의 근대사에서 생긴 충격적 도전과 거기에 대한 응답의 관계를 사적으로 관견하였다. 그러나 그와 같은 도전과 거기에 응답하는 우리 문화의 성격은 기미년 3·1운동을 제외하고 한결같이 성공하지 못하였다. 3·운동도 문화의 창조라는 점에서 볼 때 하나의 찝찝한 문제를 던진다.

그러면 앞에서 산만하게 언급된 도전과 응답의 실패사를 좀 더 체계적으로 정리하여보자. 물론 도전이 없으면 응답도 없다. 그렇기 때문에 새 생각의 도전이 새 응답을 가져오고 또 그 응답 양식이 새 도전을 야기하여 상호간에 새끼줄처럼 꼬여질 수 있다.

① 실학의 도전은 전통 예학 중심 사회에 대한 반작용이다. 그래서 실학사상은 자연의 객관화, 과학기술의 중시, 경제적 생산성과 지성의 연결, 국민경제의 근대화적 개혁을 주장하였다. 그러나 실학의 도전에 대응하여 그 사상을 현실적으로 흡수·소화하여 실천하려는 성숙의 정신이 그 당시에 결여되었다. 그러다가 뒤늦게 동학이 나타나서 실학의 도전과는 전혀 별도로 반서학적인 전통 사상을 고취하여 지성적 면보다는 민간 신앙적인 측면으로 기울어졌다. 실학과 동학이 시의에 맞는 '도전-응답'의 문화로 꽃피지 못하고 각각 별도로 수면에서 물거품처럼 사라지고 잠재력으로 우리 사회의 문

화의식 속에 감추어졌다.

② 성리학의 주리 그룹과 주기 그룹은 서양의 도전 앞에서 각각 위정척사와 실리개화로 나누어졌다. 한일합방이라는 치욕은 척사와 개화의 정신적 대립이 처절하게 실패하였음을 보여준다. 의리 존중의 척사 정신과 실리과학 존중의 개화 정신이 조화의 묘처를 발견하지 못하였다.

③ 기독교 사상은 세계 근대사에서 동양보다 우월한 지위를 누렸던 서양의 세력을 배경으로 비교적 정신적 우월감을 가지고 이 땅에 포교되었다. 그리하여 동양이 거의 사용하지 않던 민주주의, 자유, 평등, 시민사회 등은 기독교가 이 땅에 심어놓은 자산이다. 그러나 기독교는 서양에서 잘 자란 나무를 이식함에 있어서 이 땅의 토질과 하부구조를 조사하지 않고 식목하기에 급한 나머지 한국의 지질과 조화되지 않는 현상도 빚는다. 여기에 대응하는 불교는 기독교만큼 근대 교육의 배경을 지니지 못했고 소극적 운둔의 자세를 거의 역사 속에 표출하였으며 그 결과로 기독교만큼 인재를 이 사회에 크게 배출하지 못하였다. 그래서 기독교나 불교는 아직도 새 한국 속에서 보편적으로 조화되지 못하여 '기독교적 인간상=서양적 정신 배경', '유교적 인간상=전통적 정신 배경'이라는 관념의 특수성을 넘어서지 못하고 있다.

④ 3·1운동으로 우리는 '독립'이라는 지상명제 때문에 유교·불교·기독교 삼교와 동학이 힘을 합쳤다. 이것이 민족주의 세력으로 항일 투쟁사에서 나타난다. 그러나 국제 사회주의의 이름으로 나타난 공산주의의 세력은 항일독립사에서나 건국 준비사에서나 남북한 전쟁사에서 끈질기게 민족주의 진영을 괴롭혀온 존재였다. 일본의 무력적 도전에 대한 응답으로서의 민족주의와 공산주의의 대립은 가장 참혹한 민족 창의력의 실패를 증언한다.

⑤ 한 시대의 문화를 재는 척도인 철학은 오늘날 동양 철학과 서양 철학으로 갈라져서 우리의 가치 창조를 어떻게 해야 할지 공통의 진지한 심포지엄을 가진 바도 없다. 그래서 철학과 사회과학은 각자 자기의 특수성의 배경 아래서만 우리 시대를 논의하나 보편적 공감의 결여로 백가쟁명이요, 중구난방이다.

오늘의 우리 사회가 안고 있는 사상의 복잡성은 마치 홍수가 나서 물은 많되 마실 물은 찾기 어려운 상황에 대응된다. 오늘의 우리에게 자존을 위해서 통일된 것은 반공 하나밖에 없다. 우리의 반공은 이 현실에서 정신적 자존을 위한 자구적 수단이다. 그 이외는 모두 사상적으로 우리의 현실에 대해서 십인십색이다.

① 이 시대를 성숙시키는 사상을 경제제일주의에서 찾는 경향이 있다. 그래서 정신문화를 제2경제라는 말로 표현하는 용어도 튀어나왔다. 민족적 가난 추방의 이념을 실리와 실사(實事) 그리고 과학 부흥에서 찾으려 한다. 실학(공리공담의 배격)과 주기적 이용후생을 그 배경으로 갖고 있다.

② 이 시대를 성숙케 하는 사상을 '민중'의 힘, 서민의 애환에서 찾으려는 경향도 있다. 이 점에서 동학사상은 여전히 잠재적인 매력의 힘을 지니고 있다. 동학란과 전봉준이 연구된다. 그리고 서양의 좌파 사상과 연결시켜 진보적임을 자부하려 한다.

③ 경제주의(성장 위주든 복지 위주든)에 대항하는 윤리주의·정신주의의 사상을 크게 강조하는 사상도 있다. 유교의 주리적 경향을 받은 사상가·종교인들이 '경제주의=배금주의'로 치닫는 사회 현상을 우려하면서 제각기 자기가 믿는 정신적 신앙대로 정신의 부흥을 부르짖는다.

④ 정치적으로 '서구식 민주주의'를 주장하는 세력과 한국의 군사적 상황에서 '한국적 민주주의'를 옹호하는 세력 사이에 잠재적 긴장이 있다. 이 긴장이 여야의 정치권을 가늠하는 최대의 쟁점을 낳는다.

⑤ '민족 주체' 정신의 선양을 크게 고무·찬양하는 사상 경향과 또 '민족 주체'의 클로즈업을 위험시하는 사상적 경향도 있다. 그러나 후자의 경향이 반민족적이라는 뜻은 아니다.

⑥ 우리나라의 종교들은 외부적 필요성이 있을 때에 서로 회동한다. 그러나 내면적으로 각 종교가 공통적으로 만날 수 있는 정신적 요체가 무엇이며 어디에서부터 독자성을 찾을 수 있는가 하는 깊은 뜻에서의 회동이 이루어지지 못하고 있다. 그래서 내면적으로는 동상이몽의 현상을 각 종교가 표출

화시키고 있다.

　현대사의 여명기에서부터 오늘에 이르기까지 우리는 낱말의 엄밀한 의미에서 내외적 도전의 세찬 충격에서 한 번도 응답의 성공을 거두지 못하였다. 그러면서 일이관지하게 체계화되지 못한 단편적 요인들이 무질서하게 얽혀 있다. 이제 우리는 체계화를 통한 사상적 동질성을 확보해야 할 당면의 과제를 안고 있다. 사상적 동질성이라면 사상의 획일성을 지닌 독재성을 연상하게 될지 모른다. 그러나 우리에게 필요한 사상의 동질성 창조와 정신의 독재성은 다르다. 그 까닭은 두 가지다.

　첫째로, 천하에서 분열이 오래면 통일이 오고 또 통일이 오래면 사상적 분열이 온다. 우리는 대한제국의 전야부터 지금까지 3·1운동이라는 단 한 번의 독립의지를 빼놓고 정신적 통일을 가져본 적이 없다. 이제 우리는 각개약진의 분열보다는 사상의 동질성을 확보하는 논리를 찾아야 할 때다. 둘째로, 사상과 철학은 달리 표현될 수 있다.

　공동체의 동질적 사상의 기초 위에서 철학문화의 다양한 꽃들이 필 수 있다. 그러나 적어도 한 사회·민족의 운명공동체가 사상적 동질성을 확립하지 못할 때 어떤 역사적 발전도 현실적으로 이룩되지 않는다. 대한제국의 전야부터 오늘의 대한민국까지 우리는 '새나라'를 만들기 위해 부단히 꿈틀거려 왔다. 그러나 '새나라 만들기'에 필요한 사상의 최대공약수적인 동질성을 찾지 못하고 각 이념들 간에 아무런 맥락도 없이 각자가 자기 고집과 아성을 굳게 하여왔을 뿐이다.

　'새나라 만들기(새마을+새마음)' 운동을 성공시키기 위하여 우리는 기존의 관점들을 하나의 지평 속에 펼치는 작업을 먼저 시도하여 적어도 우리의 생각들을 한 번 체계적으로 정리하여보아야 한다. 왜냐하면 실학적, 동학적, 주리적, 주기적, 민족주의적, 기독교적, 불교적, 서양 사상적(가장 다양한 관점) 등 온갖 요소와 관점을 그 깊이에서 모아야 한다. 여태까지 한 번도 모여진 적이 없다. 마음의 생각이 모이지 않았는데 행동의 모임이 생길 까닭이 없다.

'새나라(새마을+새마음)'를 만들기 위하여 경제 질서와 정신 질서를 분리시키거나 서열의 차례를 매길 수 없다. 경제 질서는 천민자본주의인데 그것과는 다른 정신 윤리 질서를 주장함은 산에서 물고기를 구함과 같다. '새나라 만들기'에서 독재적 정치 발상법은 아예 금물이다. 또 우리의 구체적 상황을 도외시한 구심점 없는 각개약진의 사회 체제도 금물이다. 철학과는 달리 사상은 '생활관(生活觀)'이므로 대중의 교육과 믿음을 전제하지 않는 지성인들의 관념이어서는 안 된다.

사상은 대중적 참여를 전제한다. 그렇다고 민중이라는 이름으로 대중의 세력에 무조건 아부해서도 안 된다. 또 있다. 동양 사상과 서양 사상이 다른 점을 지닌다. '새나라 만들기'는 서양적일 수도 없고 전통적일 수만도 없다. 더구나 서양 사상은 무수히 복잡한 맥락도 갖는다. 그리고 이 땅을 기독교, 불교 등이 교세 확장의 장소로만 생각해서는 안 된다. 먼저 이 땅의 사람들은 모든 종교가 어디에서 공통적으로 모여지며 어디에서 갈라지는가를 혼란 없이 알도록 해야 한다. 그래서 각자의 자유 선택에 맡겨야 한다.

이미 앞에서 보았듯이 많은 충격적 도전들에 우리는 한 번도 체계적인 응답의 슬기를 엮지 못하고 단편적인 사상의 폭발만을 한때 가졌었다. 그 여파로 지금의 우리 지성인과 정치인들도 동질적 체계 의식 없이 거의 모두 폐쇄적이고 단편적이다. 낱낱의 눈송이로는 굴러 커지지 못한다. '새나라(새마을+새마음)' 만들기가 성공하기 위해서 모여야 한다. 그러나 그러기 위해서 우리는 학문이나 정치에서 사심이 없어야 한다. 사심이 낳는 악의(의도적, 정략적)가 모임을 방해한다.